"十二五"职业教育国家规划教材修订版

高职高专财务会计类专业精品规划教材

审计学基础
（第五版）

王守龙　王珠强　主　编
杨玉龙　鲁学生　副主编

清华大学出版社
北　京

内容简介

本书是"十二五"职业教育国家规划教材修订版,为广东省高等教育自学考试指定使用教材。本书鉴于审计事业的不断发展,依据教育部最新制定的"高职高专基础审计课程教学基本要求"、最新颁布修订的国家审计准则、独立审计准则、内部审计准则及相关会计法律制度规范的要求,按照"理论篇"(第1章)、"工具篇"(第2~第5章)、"实务篇"(第6~第11章)的结构,概述了审计学的基本知识和基本理论,阐述了审计组织与审计人员、审计准则与审计依据、审计方法、审计证据与审计工作底稿等工具,按照会计课程中会计要素的结构讨论了资产、负债、所有者权益、收入、成本和费用、利润及利润分配的审计。

本书可以作为高职高专院校经济管理类专业的教材,也可作为审计工作人员和其他经济管理人员学习的参考用书。

本书封面贴有清华大学出版社防伪标签,无标签者不得销售。
版权所有,侵权必究。举报: 010-62782989, beiqinquan@tup.tsinghua.edu.cn。

图书在版编目(CIP)数据

审计学基础/王守龙,王珠强主编. —5版. —北京: 清华大学出版社,2019(2023.2重印)
高职高专财务会计类专业精品规划教材
ISBN 978-7-302-53593-5

Ⅰ. ①审… Ⅱ. ①王…②王… Ⅲ. ①审计学—高等职业教育—教材 Ⅳ. ①F239.0

中国版本图书馆 CIP 数据核字(2019)第 181868 号

责任编辑: 左卫霞
封面设计: 傅瑞学
责任校对: 李　梅
责任印制: 曹婉颖

出版发行: 清华大学出版社
　　　　网　　址: http://www.tup.com.cn, http://www.wqbook.com
　　　　地　　址: 北京清华大学学研大厦 A 座　　邮　编: 100084
　　　　社 总 机: 010-83470000　　邮　购: 010-62786544
　　　　投稿与读者服务: 010-62776969, c-service@tup.tsinghua.edu.cn
　　　　质量反馈: 010-62772015, zhiliang@tup.tsinghua.edu.cn
　　　　课件下载: http://www.tup.com.cn, 010-83470410
印 装 者: 三河市龙大印装有限公司
经　　销: 全国新华书店
开　　本: 185mm×260mm　　印　张: 15　　字　数: 364 千字
版　　次: 2004 年 3 月第 1 版　2019 年 11 月第 5 版　　印　次: 2023 年 2 月第 3 次印刷
定　　价: 46.00 元

产品编号: 082786-01

第五版前言
FOREWORD

《审计学基础(第四版)》自2014年8月出版以来,受到广大读者的认同和喜爱,赢得了广泛的社会声誉。表现在以下几方面:一是本书继续作为广东省高等教育自学考试指定教材。我国改革开放最前沿、职业教育非常发达的广东省从2013年1月至今,将本书作为农村财会与审计(专科,专业代码:A090604)和财务会计与审计(独立本科段,专业代码:B020157)高等教育自学考试指定使用教材,足见本书的社会影响和市场价值。二是入选"十二五"职业教育国家规划教材。根据教职成函〔2014〕12号文件,2014年本书入选第一批"十二五"职业教育国家规划教材。三是由本书主编负责的"创新与突破——'审计学基础'课程建设与改革成果的运用"项目获得2017年安徽省教学成果二等奖。

为了珍视本书荣誉,不辜负广大读者的厚爱,按照清华大学出版社的要求,本书作者根据审计准则、制度的变化及读者在使用过程中反馈的问题对本书再次修订。本次修订体现在以下几个方面。

(1) 本次修订的原则依然是"微调"。尊重本书第三版所确立的价值理念和体例结构的创新成果,以保持连续性和稳定性。

(2) 更加凸显内部审计的价值,增加内部审计的内容。随着经济市场化程度的深入,各类组织对内部审计的重视程度日益提高,对内部审计人才的需求大大增加,本次修订在第三版、第四版"加大了企业内部审计例证线索的分量"的基础上,对内部实务内容有所充实、增加,以满足培养企业需要的应用型审计人才的需求。

(3) 把握新变化,体现时代性,突出前瞻性。本书第四版出版以来,我国的审计、会计准则、税法制度及相关法律、法规发生了较大的变化,特别是税法制度,本次修订完善,把握了这种变化,体现了时代性。

本书第五版由王守龙、王珠强及杨玉龙、鲁学生完成。修订过程中,参阅了大量相关法律、法规、准则制度和国内外同行的有关论著文献(详见书后参考文献),得到了安徽省省级重大教学研究项目(2017jyxm0749)、安徽高校人文社会科学研究项目(SK2018A0787)的支持,在此一并致以诚挚的谢意。本书为第五版,第一主编从事审计一线教学三十载,对读者的需求感同身受,相信修改后的第五版能使教师更好教、学生更好学。

由于时间匆忙及水平所限,本书疏漏之处在所难免,恳请广大读者提出批评和建议,以利于下次修改和补充。

编　者
2019年7月

第三版前言
FOREWORD

　　根据清华大学出版社 2010 年 4 月"杭州教材会议"的精神要求，本书作了再次修订。本次修订的内容主要体现在以下几个方面。

　　(1) 现行国内审计学各种版本的教材基本是以民间审计例证为线索的。本书本次修订加大了企业内部审计例证线索的分量，更加符合企业对高技能、应用型审计人才的需求。企业是创造社会财富最重要的主体，社会主义市场经济运行机制要求企业不仅要自主经营、自负盈亏，而且更要自我约束、自我发展。内部审计既具有对前者进行经济监督的职能，又具有对后者进行经济评价和服务的职能。随着我国市场经济制度的深化、完善，内部审计的价值越来越显现。

　　(2) 审计准则、会计准则及相关法律、法规不断修订完善，教材应当体现这种变化。在修订过程中，每个章节按照新准则的要求重新表述，从而体现新准则的变化。

　　(3) 体例结构上的创新。本次修订按照"理论篇""工具篇""实务篇"的结构对教材体例重新进行设计，思路结构更加清晰，能提高读者驾驭教材的能力。

　　(4) 另外，本次修订还对案例、习题重新进行设计、完善，以便教师和学生更好地使用。

　　本次修订由王守龙、王珠强及杨玉龙完成，在修订过程中，参阅了国内外同行的有关论著文献(见书后参考文献)，同时采用了第二版部分作者的建议，在此一并向他们致以诚挚的谢意！本书为第三版，第一作者从事审计一线教学 20 余年，相信修改后的第三版能使教师更好教、学生更好学。

　　由于时间匆忙、水平有限，本书疏漏之处在所难免，恳请广大读者提出批评和建议，以利于下次修改和补充。

编　者

2010 年 12 月

目 录
CONTENTS

第1章 审计总论 ·· 1

  1.1 审计的概念 ·· 1
      1.1.1 审计概念的表述 ·· 1
      1.1.2 审计概念的把握 ·· 1
      1.1.3 审计与会计的关系 ·· 4
  1.2 审计的产生与发展 ··· 5
      1.2.1 审计产生的原因与社会基础 ··· 5
      1.2.2 国家审计的产生与发展 ·· 6
      1.2.3 民间审计的产生与发展 ·· 8
      1.2.4 内部审计的产生与发展 ·· 9
  1.3 审计的职能、作用与任务 ··· 12
      1.3.1 审计的职能 ··· 12
      1.3.2 审计的作用 ··· 13
      1.3.3 审计的任务 ··· 13
  1.4 案例及分析 ·· 14

第2章 审计类型和审计程序 ·· 20

  2.1 审计类型 ··· 20
      2.1.1 审计的基本分类 ··· 20
      2.1.2 审计的其他分类 ··· 23
  2.2 审计程序 ··· 26
      2.2.1 审计程序的含义和意义 ··· 26
      2.2.2 审计程序的准备阶段 ·· 26
      2.2.3 审计程序的实施阶段 ·· 30
      2.2.4 审计程序的终结阶段 ·· 31
  2.3 案例及分析 ·· 33

第3章 审计组织的形式、审计准则与审计依据 ······································ 39

  3.1 审计组织的形式 ·· 39
      3.1.1 审计组织 ·· 39
      3.1.2 审计人员 ·· 43

3.2 审计准则 … 46
3.2.1 审计准则概述与作用 … 46
3.2.2 审计准则的一般内容结构 … 47
3.2.3 我国的审计准则体系 … 48

3.3 审计依据 … 50
3.3.1 审计依据概述 … 50
3.3.2 审计依据的分类 … 51
3.3.3 运用审计依据的原则 … 51

3.4 案例及分析 … 51

第4章 审计方法、审计证据与审计工作底稿 … 56

4.1 审计方法 … 56
4.1.1 审计方法概述 … 56
4.1.2 审查书面资料的方法 … 56
4.1.3 证实客观事物的方法 … 64

4.2 审计证据 … 66
4.2.1 审计证据概述 … 66
4.2.2 审计证据的分类 … 68
4.2.3 审计证据的运用 … 70

4.3 审计工作底稿 … 73
4.3.1 审计工作底稿概述 … 73
4.3.2 审计工作底稿的编制与复核 … 74
4.3.3 审计工作底稿的管理 … 79

4.4 案例及分析 … 81

第5章 内部控制及其评审 … 86

5.1 内部控制概述 … 86
5.1.1 内部控制的产生与发展 … 86
5.1.2 内部控制制度的概念与特征 … 87

5.2 内部控制制度的内容 … 88
5.2.1 内部控制的要素 … 88
5.2.2 内部控制的种类 … 90

5.3 内部控制制度的描述与评价 … 93
5.3.1 调查了解内部控制制度 … 93
5.3.2 描述内部控制制度 … 95
5.3.3 评价内部控制制度 … 98

5.4 案例及分析 … 99

第 6 章　资产审计 ………………………………………………………………… 106

6.1　流动资产审计 ………………………………………………………………… 106
6.1.1　货币资金审计 ………………………………………………………… 106
6.1.2　应收款项审计 ………………………………………………………… 112
6.1.3　存货审计 ……………………………………………………………… 117

6.2　非流动资产审计 ……………………………………………………………… 123
6.2.1　长期股权投资审计 …………………………………………………… 123
6.2.2　固定资产审计 ………………………………………………………… 125

第 7 章　负债审计 ………………………………………………………………… 138

7.1　流动负债审计 ………………………………………………………………… 138
7.1.1　流动负债审计概述 …………………………………………………… 138
7.1.2　短期借款审计 ………………………………………………………… 139
7.1.3　应付账款审计 ………………………………………………………… 141
7.1.4　预收账款审计 ………………………………………………………… 144
7.1.5　应付职工薪酬审计 …………………………………………………… 145
7.1.6　应交税费审计 ………………………………………………………… 148

7.2　非流动负债审计 ……………………………………………………………… 151
7.2.1　长期借款审计 ………………………………………………………… 151
7.2.2　应付债券审计 ………………………………………………………… 153
7.2.3　长期应付款审计 ……………………………………………………… 155

第 8 章　所有者权益审计 ………………………………………………………… 161

8.1　所有者权益审计概述 ………………………………………………………… 161
8.1.1　所有者权益审计的意义 ……………………………………………… 161
8.1.2　所有者权益审计的目标 ……………………………………………… 161

8.2　投入资本审计 ………………………………………………………………… 162
8.2.1　投入资本业务中一般存在的错弊分析 ……………………………… 162
8.2.2　投入资本内部控制的基本要求 ……………………………………… 162
8.2.3　投入资本的实质性测试 ……………………………………………… 163

8.3　资本公积审计 ………………………………………………………………… 166
8.3.1　资本公积业务中一般存在的错弊分析 ……………………………… 166
8.3.2　资本公积的实质性测试 ……………………………………………… 166

8.4　盈余公积审计和未分配利润审计 …………………………………………… 167
8.4.1　盈余公积审计 ………………………………………………………… 167
8.4.2　未分配利润审计 ……………………………………………………… 169

第9章 收入、成本和费用审计 ··· 174

9.1 营业收入审计 ··· 174
9.1.1 主营业务收入审计 ··· 174
9.1.2 其他业务收入审计 ··· 181

9.2 成本费用审计 ··· 183
9.2.1 制造成本审计 ··· 183
9.2.2 税金及附加审计 ··· 188
9.2.3 期间费用审计 ··· 189

第10章 利润审计 ··· 196

10.1 利润审计概述 ··· 196
10.1.1 投资收益审计 ··· 196
10.1.2 营业外收支审计 ··· 197
10.1.3 所得税费用审计 ··· 198

10.2 利润分配审计 ··· 200
10.2.1 利润分配项目常见的错弊分析 ··· 200
10.2.2 利润分配审计的目标 ··· 201
10.2.3 利润分配的实质性测试 ··· 201

第11章 审计报告 ··· 206

11.1 审计报告概述 ··· 206
11.2 审计报告的编制 ··· 210
11.3 民间审计的审计报告 ··· 213
11.4 内部审计的审计报告 ··· 226
11.5 案例及分析 ··· 227

参考文献 ··· 232

第1章 审 计 总 论

【学习要点】

※ 了解审计的产生与发展。
※ 理解审计的概念。
※ 理解审计与会计之间的关系。
※ 理解审计职能、作用与任务的关系。
※ 掌握审计的职能、作用与任务的概念。

1.1 审计的概念

审计具有悠久的历史,现代审计又是一门新兴的学科。研究审计首先应理解掌握审计的含义。

1.1.1 审计概念的表述

审计的原始含义,从字义讲,"审"就是审查的意思,"计"就是会计、计算的意思。"审"与"计"连在一起,审计的词义就是审查会计资料,即通常所讲的查账。但是这种理解只反映传统财务审计的含义,而不能反映现代审计的本质特征。

必须明确以下问题,才能完整地理解审计的概念。

(1) 审计的主体是谁?
(2) 审查谁?
(3) 审查的依据是什么?
(4) 审查的内容是什么?
(5) 如何审查?

审计是由独立的专门机构或人员依据职权或根据授权或接受委托,对国家行政、事业和企业单位及其他经济组织的会计报表和其他资料及其所反映的经济活动的真实性、合法性、效益性进行审查,并出具审计报告的监督、评价和鉴证活动。

1.1.2 审计概念的把握

审计概念可以从以下几个方面来把握。

1. 审计的主体

审计的主体即审计人,是指"专门机构或人员"。"独立的专门机构"是指国家审计机关、内部审计机构和民间审计组织;"独立的专门人员"是指民间审计的注册会计师,我国现行的会计审计体制决定了注册会计师只能是事务所的注册会计师,因此,独立的专门人员事实上是不存在的。

只有专门机构或人员所从事的审查活动才可以称为审计;由专门机构或人员进行的审查才是审计。这是审计区别于其他经济监督的重要标志。由此可知,审计不只是查账。

2. 审计的客体

审计的客体即被审计人,是指接受审查、监督与评价的被审计单位,包括各级政府机关、金融机构和企事业单位及其他经济组织。

3. 审计的对象

审计的对象即审查的内容,就是审计客体的经济活动。通常把审计的对象高度概括为被审计单位的会计资料和其他资料及其所反映的经济活动。

具体来说,审计的对象包括以下两个方面的内容。

(1) 被审计单位的财政财务收支活动及其有关的经营管理活动。不论是传统审计还是现代审计,都要求以被审计单位客观存在的财政财务收支活动及其有关的经营管理活动为审计对象,对其是否真实、合法、合规进行审查和评价,以便对其所负受托经济责任是否认真履行进行确定、证明和监督。

(2) 被审计单位各种作为提供财政财务收支活动及其有关的经营管理活动信息载体的会计资料和其他资料,如会计报表、会计账簿、凭证等会计资料及计划、预算、统计、合同、章程等相关资料。除此以外,还有经营目标、预测、决策方案、经济活动分析资料、技术资料等其他资料,都是审计的具体对象。

4. 审计的依据

审计的依据,就是对所查明的事实进行评价和判断,据以提出审计意见、作出审计结论的客观标准。按照审计依据的性质和内容不同,审计的依据可以分为四大类。

(1) 国家颁布的法律、法规和各项方针、政策,如《宪法》《民法通则》《会计法》《审计法》等。

(2) 中央相关部委、地方行政主管部门制定的规章制度,如企业会计准则、会计制度、成本管理制度等。

(3) 国家、地方各级政府和企事业单位编制的预算、计划,签订的经济合同等。

(4) 国家、中央各部委、地方各级政府和企事业单位制定的业务规范、技术经济指标等。

5. 审计的目的

审计的目的,就是审计工作预期要达到的目标。审计的目的取决于审计的职能和审计授权人或委托人对审计工作的要求。本书以内部审计为例证线索,其审计的目的是通过审查和评价组织的业务活动、内部控制和风险管理的适当性和有效性,促进组织完善治理、增加价值和实现目标。

6. 审计的特征

审计主要具有以下三个方面的特征。

(1) 独立性

独立性是审计的最重要特征,是审计区别于其他管理活动的本质属性,也是审计的精髓。审计人员在实施审计过程中要做到客观、公正、实事求是,必须保持独立性。正是因为具有该特性,审计工作才能深受社会各界人士的重视,从而赢得社会的信任。

所谓独立性,就是秉公、按原则办事。审计人员在执行审计业务、出具审计报告时应当在实质和形式上独立于委托单位与其他机构,不受外力的干扰和影响。具体地说,独立性包含以下四个方面的内容。

① 机构独立。机构独立,即审计机构要独立于被审计单位之外,与被审计单位没有组织上的隶属关系。审计机构要依据国家的法律规定,独立行使审计监督权,在审计过程中不受任何部门、团体和个人的干涉。机构独立是审计工作独立性的保障。

② 人员独立。人员独立,即审计人员应当独立于被审计单位之外,与被审计单位之间没有任何利害关系,不参与被审计单位的行政或者经营管理活动。这是保证审计工作客观、公正的前提。

③ 工作独立。工作独立,即审计人员业务工作不受任何部门、单位和个人的干扰,并且审计人员要保持形式和实质上的独立,对被审查事项作出评价和鉴定。工作独立是审计独立性的本质要求。

《中华人民共和国审计法》(以下简称《审计法》)第十三条明确规定:"审计人员办理审计事项,与被审计单位或者审计事项有利害关系的,应当回避。"应当回避包括以下事项。

- 曾在委托单位任职,离职后未满两年的。
- 持有委托单位股票、债券或在委托单位有其他经济利益的。
- 与委托单位负责人和主管人员、董事或委托事项的当事人有近亲关系的。
- 担任委托单位常年会计顾问或代为办理会计事项的。
- 其他为保持独立性而应当回避的事项。

④ 经济独立。经济独立,即审计机构从事审计业务活动需要的经费,应当有合法的来源和法律保证,不受被审计单位的牵制。经济独立是审计工作保持独立性的物质基础。《审计法》第十一条明确规定:"审计机关履行职责所必需的经费,应当列入财政预算,由本级人民政府予以保证。"该规定体现了国家对审计事业的重视和支持,也是独立行使监督权的保证。民间审计组织实行有偿服务,依据国家规定的计费标准计算审计费用,作为经济来源,保证其生存和发展的需要。

(2)权威性

审计的权威性是指审计机构在《宪法》中所明确的法律地位,依法独立行使职权,不受任何干涉,其审计结论和审计决定具有法律效力。审计的权威性是保证有效行使审计权力的必要条件。

审计的权威性来自两个方面:法律赋予的权威和自身工作树立的权威,见表1-1。

表1-1 审计的权威性

审计的权威性	具 体 内 容
法律赋予的权威	各国为了保障审计的权威性,分别通过《公司法》《商法》《证券交易法》《破产法》等,从法律上确认和赋予审计的监督权力 一些国际性的组织为了提高审计的权威性,通过协调各国的审计制度、准则以及制定统一的标准,使审计成为一项世界性的权威的专业服务 我国《宪法》《审计法》也明确规定,国家实行审计监督制度。审计监督处于较高地位,受法律保护

续表

审计的权威性	具 体 内 容
自身工作树立的权威	审计的权威性与审计的独立性是相互联系的。审计机构、审计人员独立于审计委托人和被审计人进行工作,独立地做出客观公正的审计结论和决定,树立了审计工作的权威 审计人员具有较高的专业知识和政治素质,这就保证了其所从事的审计工作具有准确性、科学性和权威性

审计的权威性与独立性相关,它离不开审计组织的独立设置与审计人员的独立工作。审计的独立性不存在时,其权威性也就没有了。

(3) 公正性

与权威性密切相关的是审计的公正性。从某种意义上说,没有公正性,也就不存在权威性。审计的公正性反映了审计工作的基本要求。

审计人员只有同时保持独立性、公正性,才能取信于审计委托人及被审计人,才能真正树立审计权威的形象。

1.1.3 审计与会计的关系

审计与会计都属于经济管理范畴,两者既有联系,又有区别。

1. 审计与会计的联系

(1) 两者起源密切相关。传统财务审计主要是审查会计资料及其反映的受托经济责任的履行情况,会计资料是审计的直接审查对象。从这种意义上讲,会计是产生审计的基础,审计是会计的质量保证。没有会计,无须审计;没有审计,无法保证会计的质量。

(2) 两者彼此渗透、融会。审计与会计虽然是两门各自独立的学科,但无论在理论与方法上都有彼此渗透、融会之处。审计标准、审计证据与会计有密切的联系,表现为审计标准的制定和审计证据的取得绝大多数依赖于会计资料。因此,会计的发展与变化必然引起审计的发展与变化。

(3) 两者的最终目的一致。审计与会计尽管各自具体业务不同,但两者都以维护财经法纪、加强经济管理、提高经济效益为最终目的。

2. 审计与会计的区别

(1) 产生的基础不同。会计是社会生产发展到一定阶段而产生的管理活动,它的产生是基于经济管理的需要;审计则是由于财产所有权和经营管理权的分离,为适应财产所有者检查监督财产经营者经济责任履行情况的需要而产生的监督活动,它的产生是基于经济监督的需要。

(2) 职能不同。会计的职能是核算与监督,会计监督是财会部门进行的内部检查,以达到对企业进行管理的目的,对外不起"公证"作用;审计的职能是监督、鉴证和评价,审计监督是独立于财会部门之外的专门机构或人员进行的外部监督检查,有较大的独立性、权威性和公正性。

(3) 方法不同。会计的核算方法包括设置会计科目、复式记账、填制和审核凭证、登记账簿、成本计算、财产清查、编制会计报表;审计的方法包括检查、审阅、监盘、观察、函证、复算、抽样、评价、分析性复核等。

（4）工作程序不同。会计的工作程序是按照经济业务的时间先后顺序分别进行，即

$$\boxed{填制审核会计凭证} \rightarrow \boxed{登记会计账簿} \rightarrow \boxed{编制会计报表}$$

审计的工作不考虑经济业务发生的时间顺序，一般是按照下列程序进行。

$$\boxed{准备阶段} \rightarrow \boxed{实施阶段} \rightarrow \boxed{报告阶段}$$

1.2 审计的产生与发展

1.2.1 审计产生的原因与社会基础

1. 审计产生的原因

（1）受托经济责任关系是审计产生的客观基础

社会经济环境决定着审计的产生与发展。当社会经济发展到一定程度，必然出现经济组织规模扩大，经济活动过程复杂，管理层次增多，致使财产所有者无法亲自掌管全部经济活动，只好委托他人代为经营，这样就形成了财产所有权与经营管理权的分离及受托经济责任关系。

受托经济责任关系是指受托者即财产的经营管理者接受财产所有者的委托，代其行使经营管理权，并通过法则、合同、组织原则等手段所形成的责权利相结合的责任关系。

受托经济责任关系是产生审计的客观基础，它为审计的产生提供了可能性。

（2）经济监督导致审计行为发生

当财产的所有者将其财产委托他人代管或代为经营时，委托者出于对其财产安全与完整的关心，需要经常对受托者进行经济监督。

由于时间、地点和条件的限制，委托人很难亲自对具体业务行使经济监督权，于是便产生审计意识，设置专职机构和人员代其行使审计监督权。

财产经营管理者，即受托者必须向委托者如实报告经济责任履行情况并接受监督。这样，就提出了经济监督的要求。

2. 审计产生的社会基础

两权分离或经营管理者内部分权制是审计产生与发展的社会基础。审计产生的社会基础见表1-2。

表1-2 审计产生的社会基础

类型	产生的社会基础
国家审计	在奴隶社会和封建社会中，由于生产力的发展，出现了大量的剩余产品，使财产的所有权与经营管理权相分离，官厅（国家）最高统治者将其私有的财产资源委托所属专职官吏或机构代为管理，代理官吏或机构就对官厅（国家）最高统治者负有受托经济责任，最高统治者是责任委托者，代理官吏或机构是责任受托者，两者之间便产生了一种受托经济责任关系。在民间，奴隶主、封建主与财产代理人也产生了同样的受托经济责任关系。这时，财产的所有者需要授权或委托独立于经营管理者之外的第三者，代表他们对受托者进行监督检查和鉴证，以便证明受托者诚实地承担了自己的受托经济责任，这正是最早出现的官厅（国家）审计得以产生的客观基础

续表

类型	产生的社会基础
民间审计	在资本主义社会中,随着近代资本主义股份公司的大量兴起,股东对公司的财产拥有了所有权,但股东并不直接参与企业生产的经营管理,而是委托经理人员行使管理的职能,这时就使财产的所有权与经营权进一步明显分离。公司经理人员对财产所有者,即股东及债权人在内的各方人员所承担的经济责任更为加重,经理人员要以会计报表形式定期向股东报告公司的经营情况和财务成果。这些会计报表是否真实、正确,能否证明经营管理人员恪尽职守,切实地履行了他们所承担的经济责任,更加需要作为第三者的审计人员来进行审查,以保证股东和债权人的正当权益不受侵犯,这正是民间审计得以产生并迅速发展的客观基础
内部审计	19世纪末20世纪初,资本主义经济的发展,使生产和资本高度集中,企业的规模越来越大,企业内部开始采取分级、分散管理体制,即内部分权制 内部分权制就是一个大规模的组织内部,在集中领导下实行多层次的分权管理或分权经营。例如,政府内部实行中央、地方各级政府的分层次管理;企业内部实行总公司、分公司的分层次经营管理 内部分权制的普遍推行,促使企业最高管理者设立专门机构,对所属各级经营管理者应承担的经济责任进行审查,以履行他对财产所有者的受托经济责任,这就为内部审计的产生与发展提供了重要的客观基础

1.2.2 国家审计的产生与发展

1. 我国国家审计的产生与发展

国家审计也称政府审计,是指由国家审计机关代表国家依法进行的审计。

我国国家审计经历了一个漫长的发展过程,大体上可分为六个阶段:西周初期初步形成阶段,秦汉时期最终确立阶段,隋唐至宋日臻健全阶段,元明清停滞不前阶段,民国时期不断演进阶段,中华人民共和国振兴阶段。

西周初期国家财政机构分为两个系统:一是地官大司徒系统,掌管财政收入;二是天官冢宰系统,掌管财政支出。天官所属中大夫司会,为计官之长,主天下之大计,分掌王朝财政经济收支的全面核算,然司会又总司审计监督的大权,进行财政收支的审核和监督。《周礼》中记载:"凡上之用,财用,必考于司会。"即凡帝王所用的开支,也都要受司会的检查,可见司会的权力很大。而且还说:"以参互考日成,以月要考月成,以岁会考岁成。"即司会每旬、每月、每年都要对下级送上来的报告加以考核,以判断每一个地方官吏每月和每年所编制的报告是否真实、可靠,再由周王据此决定赏罚。这是西周内部审计的形成。我国政府审计的起源,基于西周的宰夫。《周礼》云:"岁终,则令群吏正岁会。月终,则令正月要。旬终,则令正日成。而以考其治,治不以时举者,以告而诛之。"即年终、月终、旬终的财计报告先由宰夫命令督促各部门官吏整理上报,宰夫就地稽核,发现违法乱纪者,可越级向天官冢宰或周王报告,加以处罚。由此可见,宰夫是独立于财计部门之外的职官,标志着我国政府审计的产生。

秦汉时期是我国审计的确立阶段,主要表现在以下三个方面:一是初步形成了统一的审计模式。秦汉时期是我国封建社会的建立和成长时期,封建社会经济的发展,促进了秦汉时期全国审计机构与监察机构相结合、经济法制与审计监督制度相统一的审计模式的逐渐形成。秦朝,中央设"三公""九卿"辅佐政务。御史大夫为"三公"之一,执掌弹劾、纠察之权,专司监察全国的民政、财政及财务审计事项,并协助丞相处理政事。治承秦制,西汉初中央仍设"三公""九卿",仍由御史大夫领掌监督审计大权。二是"上计"制度日趋完善。所谓"上计",就是皇帝亲自听取和审核各级地方官吏的财政会计报告,以决定赏罚的制度。这种制度始于周朝,至秦汉时期日趋完善。三是审计地位提高,职权扩大。御史制度是秦汉时期审计建制的重要组织部分,秦汉时期的御史大夫不仅行使政治、军事的监察之权,还行使经济的监督之权,控制和监督财政收支活动,钩稽总考财政收入情况。应该指出的是,秦汉时期审计制度虽已确立,但仍属初步发展时期。

隋唐是我国封建社会的鼎盛时期,宋代是我国封建社会经济的持续发展时期。隋唐及宋,中央集权不断加强,官僚系统进一步完善,审计在制度方面也随之日臻健全。隋开创一代新制,设置比部,隶属于都官或刑部,掌管国家财计监督,行使审计职权。唐改设三省六部,六部之中,刑部掌天下律令、刑法、徒隶等政令。比部仍隶属于刑部,凡国家财政无论军政内外,无不加以钩稽,无不加以查核审理。比部审计之权通达国家财经各领域,而且一直下伸到州、县。由此可见,唐代的比部审查范围极广、项目众多,而且具有很强的独立性和较高的权威性。宋代审计,一度并无发展。元丰改制后,财计官制复唐之旧,审计之权重归刑部之下的比部执掌,审计机构重获生机。此外,还专门设置"审计司",隶属于太府寺。北宋时又曾将这个机构改称为"审计院"。宋代审计司(院)的建立,是我国"审计"的正式命名,从此,"审计"一词便成为财政监督的专用名词,对后世中外审计建制具有深远的影响。

元、明、清各朝,君主专制日益强化,审计虽有发展,但总体上来说是停滞不前。元代取消比部,户部兼管会计报告的审核,独立的审计机构即告消亡。明初设比部,不久即取消,洪武十五年设置都察院,以左右都御史为长官,审察中央财计。清承明制,设置都察院,职掌为"对君主进行规谏,对政务进行评价,对大小官吏进行纠弹",成为最高的监察、监督、弹劾和建议机关。虽然明清时期的都察院制度有所加强,但其行使审计职能具有一揽子性质。由于取消了比部这样的独立审计组织,其财政监督和政府审计职能严重削弱,与唐代行使司法审计监督职能的比部相比,后退了一大步。

到了民国时期,1912年在国务院下设审计处,1914年北洋政府改为审计院,同年颁布了《审计法》。国民党政府根据孙中山先生五权分立的理论,设立司法、立法、行政、考试、监察五院。在监察院下设审计部,各省(市)设审计处,不能按行政区域划分的企事业单位,如国库、铁路局、税务机关等,则根据需要与可能设审计办事处,分别对中央和地方各级行政机关及企事业单位的财政与财务收支实行审计监督。国民党政府也于1928年颁布《审计法》和实施细则,次年还颁布了《审计组织法》。

中华人民共和国成立初期,国家没有设置独立的审计机构。对财政、财务收支监督,是通过不定期的会计检查进行的。党的十一届三中全会以后,为了适应经济发展和体制改革的需要,我国把建立国家审计机构、实行审计监督制度纳入1982年修改的《宪法》。1983年9月,国家审计的最高机关——中华人民共和国审计署成立。1984年12月,中国审计学会成立。1988年12月,国务院发布了《中华人民共和国审计条例》(以下简称《审计条例》)。1994年,第八届全国人大常委会第九次会议通过并于1995年1月1日开始实施《中华人民共和国审计法》。1997年,国务院发布《中华人民共和国审计法实施条例》并于2010年作了修订。2010年9月1日,审计署发布了《中华人民共和国国家审计准则》,自2011年1月1日起施行。这些法律、法规的制定和完善,进一步确定了国家审计的地位。《审计法》对审计监督的基本原则、审计机关和审计人员、审计机关职责和权限、审计程序和法律责任等作了全面规定。

2. 西方国家国家审计的产生与发展

在西方国家,国家审计的起源可以追溯到古罗马、古埃及和古希腊时期。古罗马在公元前443年曾设立财务官和审计官,协助元老院处理日常财政事务,并由此开创了国外官厅审计的先河。在古埃及,王宫设有监督官,对受托负责经营财务的官吏的账目进行检查。古希腊雅典城邦曾对即将卸任的官员所监管的财务账目,由公民选出的代表进行审查,审查通过后卸任官员才能离职。资本主义时期,随着经济的发展和国家政权组织形式的完善,国家审计也有了进一步的发展。在现代资本主义国家中,普遍地建立了国家审计制度。例如,美国1921年成立总审计局,作为隶属于国会的一个监督机构。总审计长由国会提名,经参议院同意,由总统任命。又如,加拿大的审计长公署、西班牙的审计法院,都是隶属于国家立法部门的独立机构,其审计结果要向议会报告,在实施审计中具有独立的监督权限。

1.2.3 民间审计的产生与发展

1. 我国民间审计的产生与发展

与西方国家相比,我国的民间审计起步较晚。1918年,北洋政府农商部公布《会计暂行章程》,准许私人执业进行审计,并于同年批准著名会计学家谢霖先生为注册会计师,这是中国的第一位注册会计师;谢霖先生创办的我国第一家会计师事务所——正则会计师事务所也获准成立。到1947年,我国注册会计师人数已达2 619人,会计师事务所几乎遍布全国各大中城市。但这一时期,民间审计业务的发展十分缓慢,业务范围也仅限于会计咨询服务,民间审计的社会鉴证职能远未发挥出来。

中华人民共和国成立初期,民间审计曾在国民经济恢复过程中发挥了积极作用。但后来由于移植苏联高度集中的计划经济模式,民间审计陷入了长时期的停滞状态。

20世纪80年代初,随着经济体制改革的推进,恢复民间审计的必要性日益明显。1980年年底,财政部颁发了《关于成立会计顾问处的暂行规定》。此后,各地的会计师事务所陆续恢复或建立。1985年,民间审计被载入《中华人民共和国会计法》;1986年,国务院颁发了第一部注册会计师独立审计法规——《中华人民共和国注册会计师条例》;1988年,中国注册会计师协会正式成立;1991年,全国注册会计师统一考试制度得到恢复;1993年,《中华人民共和国注册会计师法》颁布,1994年1月1日起实施;1995年年底,第一批中国注册会计师独立审计准则颁布,1996年1月1日起施行。在短短的15年中,我国民间审计事业得到了迅猛发展。

2. 西方国家民间审计的产生与发展

西方国家的民间审计(注册会计师审计),产生于工业革命时期。工业革命(18世纪)后,股份公司纷纷涌现,促进了财产所有权与经营管理权的进一步分离,客观上就要求对经营管理者的活动进行监督,对其所报告的信息进行公正审查。1721年,英国南海股份有限公司破产,议会聘请会计师查尔斯·斯奈尔对南海股份有限公司进行审计,斯奈尔以"会计师"的名义提交了"查账报告书"。这标志着民间审计(注册会计师审计)的诞生。1844年,英国颁发了《合股公司法》,规定股份公司必须设监察人,负责审查公司的账目。1853年,苏格兰的爱丁堡成立了世界上第一个执业会计师的专业团体——"爱丁堡会计师协会",并获得了英国政府的特许执照。该协会的成立,标志着注册会计师职业的诞生。时至今日,民间审计先后经历了详细审计、资产负债表审计、会计报表审计、现代审计等几个比较典型的发展阶段,各阶段审计的特点如表 1-3 所示。

表 1-3 各阶段审计的特点

阶 段	时 间	对 象	目 标	方 法	报告使用人
详细审计	19 世纪中叶至 20 世纪初	会计账簿	查错防弊	逐笔审计会计账目	企业股东
资产负债表审计	20 世纪初至 20 世纪 30 年代初	账簿及资产负债表	判断企业信用状况	从详细审计初步转向抽样审计	股东和债权人
会计报表审计	20 世纪三四十年代	全部会计报表及相关财务资料	提出客观、公正的审计意见	测试内部控制制度;广泛采用抽样审计	股东、债权人、潜在的投资者、证券交易机构、政府和社会公众
现代审计	20 世纪 40 年代至今	扩大到管理咨询	向管理领域深入发展	制度基础审计、抽样审计、计算机辅助审计	股东、证券交易所、税务部门、金融机构、债权人等所有的企业利害关系人

1.2.4 内部审计的产生与发展

1. 我国内部审计的产生与发展

内部审计是指由各部门、各单位内部设置的审计机构进行的审计。

纵观中国历史,审计伴随着中国历代王朝政治经济的兴衰,经历了一个产生、发展的过程,内部审计也是随着社会经济的发展和变化而逐步产生与发展的。

我国内部审计产生于西周初期。在周朝官制天官系统中,"小宰"和"司会"等官职均与审计职责有关。"司会"主天下之大计,分掌王朝财政经济收支的全面核算,并总司监督大权进行财政收支的审核和监督。这是西周内部审计的萌芽。元明清时期,内部审计得到进一步确认。这一时期除了在财计部门之外设置监督机构,还在执掌财计主管机构的户部,设置了"司计"等行使内部审计职能的机构和官职,实行财、审合一制度。民国时期,在我国一些管理部门和企业内部,也设立了内部审计机构或内部审计人员。

中华人民共和国成立后,我国内部审计的发展历程大体上经历了三个阶段:第一阶段(1983—1994 年)为我国内部审计初步建立的阶段。中华人民共和国审计署成立后,就一直依靠行政力量推动企事业单位建立内部审计制度。1983 年,国务院批转了审计署《关于开展审计工作几个问题的请示》,首次提到了内部审计监督问题;1985 年,国务院颁布《关于审计工作的暂行规定》,其中第十条明确规定县以上政府部门应当设立内部审计机构或审计人员;1987 年 7 月,国务院转发了审计署《关于加强内部审计工作的报告》;1988 年,国务院颁布了《审计条例》,其中第六章对内部审计作了较全面的规定;1989 年,审计署发布了《关于内部审计工作的规定》,这是我国第一部关于内部审计的部门规章。这一阶段通过行政法规确立了内部审计的基本制度,促使我国内部审计走上了依法审计的轨道。第二阶段(1994—2002 年)为我国内部审计立法进一步完善的阶段。1994 年 8 月,颁布了《审计法》,

其中第二十九条明确规定"依法属于审计机关审计监督对象的单位,应当按照国家有关规定建立健全内部审计制度",从而在法律上确立了内部审计制度,同时也为进一步完善内部审计工作规定、准则提供了法律依据;1995 年 7 月,审计署发布了《审计署关于内部审计工作的规定》,对内审定义、机构设置、职责、权限、审计程序、职业道德及审计机关对内部审计的指导、监督职责等作了全面而具体的规定。这一阶段通过颁布《审计法》及《关于内部审计工作的规定》促进了内部审计的发展。为了适应我国加入 WTO 的新形势和内部审计发展的需要,2002 年经民政部批准,中国内部审计学会更名为中国内部审计协会,使其成为对企业、事业行政机关和其他事业组织的内审机构进行行业自律管理的全国性社会团体组织。2001 年,中国内部审计协会开始实行国际上通行的行业自律管理,推动我国内部审计逐步走向职业化。第三阶段(从 2003 年开始至今)为我国内部审计法规体系全面建立、健全的阶段。2003 年 3 月,审计署颁发了新的《审计署关于内部审计工作的规定》和《中国内部审计准则》,新规定借鉴国际上最先进的理论和通行做法,为内部审计工作进行了规范和指导,从而确立了我国内部审计的法律地位,对我国的内部审计事业产生了积极、深远的影响。它是我国内部审计逐步走上法制化、规范化轨道的重要标志。2013 年 8 月,中国内部审计协会以公告形式发布了新修订的《中国内部审计准则》,于 2014 年 1 月 1 日起施行。新准则提升了准则体系结构的科学性和合理性,反映了内部审计的最新发展理念,增强了准则的适用性和可操作性。新准则的发布,标志着我国内部审计准则体系的进一步完善和成熟。

2. 西方国家内部审计的产生与发展

西方国家内部审计具有悠久的历史,自有委托关系以来就存在。奴隶社会是内部审计的萌芽时期,中世纪是内部审计的发展时期。在中世纪,西方国家内部审计主要采取寺院审计、城市审计、行会审计、银行审计和庄园审计等形式。

近代以来,西方国家内部审计发展大体经历了三个阶段。

第一阶段(19 世纪末到 20 世纪 40 年代)为西方国家近代内部审计阶段。这个阶段的内部审计开始以保护财产、查错纠弊为主要目标,侧重于揭露错误和舞弊行为为主的财务审计。18 世纪中叶,英国发生了"工业革命",到 19 世纪中叶它成了世界上最大工业强国。19 世纪末 20 世纪初,随着经济快速发展,大型企业分支机构众多,经营地点分散,管理层次增多,基于企业内部管理和控制的需要,近代内部审计在英国应运而生,随之获得快速发展。英国议会于 1844 年率先制定合股公司法,从法律制度上明确要求企业设监事之职,行使内部审计职权,初步建立了近代企业内部审计制度。在德国,内部审计可以追溯到 1875 年德国克鲁普公司所实行的内部审计制度。在美国,1919 年一家大型铁路公司就曾利用内部审计人员对餐车业务进行财务、业务审计,这些审计人员在审计报告中不仅揭露了差错和舞弊,还详细列举了浪费现象。1934 年,美国证券交易委员会(SEC)要求上市公司必须提供独立审计师审查的会计报表,促使公司设立内部审计部门,其主要职责是帮助独立审计师。日本在明治和大正时期,就在西洋文化的影响下开始实施内部审计,住友、三井、三菱公司等普遍推行由总公司派人进行审计,或由商法上的监事进行审计。20 世纪初期,日本的内部审计大多以揭露舞弊、保护财产为目的,而后开始关注资源的有效利用,开始从经营管理的立场出发进行内部审计。如 1932 年日本陆军部经理局发布了《工厂内部审计制度之参考》。

第二阶段(1941—1970 年)为西方国家现代内部审计的诞生阶段。这一时期内部审计以业务审计和财务审计并重,管理审计开始起步。20世纪中期,西方国家企业管理进入"现代管理阶段",出现了"管理科学"和"行为科学"。这时,许多企业从加强管理的角度设置了内部审计机构,配备了内部审计人员。1941年1月,美国博士维克多·布林克(Victor E. Brink)推出了关于内部审计的拓荒之作:《内部审计:性质、职能和程序方法》(*Internal Auditing: Nature, Functions & Methods of Procedure*),它的问世,标志着内部审计开始有了自己的理论体系。20世纪60年代初,美国出现了"制度基础审计",改变了传统的逐笔逐项的检查。它的基本点就是对被审计单位的内部控制制度实施遵循性审计,审查和评价该制度的可信程度。1962年,美国出版了《管理审计》(*The Management Audit*),该书作者威廉·伦纳德(William P. Leonard)指出"管理审计是对各层次管理者的管理能力实施的检查""管理审计作为一种特定工具是如何评价管理方法和企业各个职能领域的业绩的"。管理审计是一种比业务审计更进一步的内部审计形态,它涉及对企业的管理方针、战略、计划之类的各项管理、决策活动的审查和评价,并就企业发展方向提出意见和建议,把企业导向正确的道路。西方企业从20世纪60年代起推行战略管理,战略审计从80年代开始产生并获得快速发展。从一定意义上讲,它是从整个企业的角度来综合评价企业战略局势的一种管理审计,有人说它是"评价和诊断企业的有效手段""战略决策中的一种有用的分析工具"。

第三阶段(从1971年起至今)为西方国家现代内部审计的发展阶段。1970—1990年,西方内部审计步入法制化轨道,管理审计日益规范化和职业化,计算机审计开始起步。

20世纪70年代初,伴随着商法的修订,日本开始研究监事审计制度。日本监事协会在1978年制定"有关监事审计细则试行办法",主张在审查合法性的同时,还要审查董事行为在管理上的效率性。1973年,美国学者劳伦斯·索耶(Lawrence B. Sawyer)撰写了一部世界性的审计名著《现代内部审计实务》。这是一部将现代化管理科学与内部审计职业实践融为一体的以管理审计为重心的现代内部审计著作。劳伦斯·索耶因此以号称"现代内部审计之父"而享誉全球。

1977年,美国发布了《国外反贪污贿赂法》,强调企业应加强内部会计控制,内部审计人员应当评价内部会计控制和其他控制,看其是否达到管理目标和要求,对业务授权、财产的反映和保护提供适当的保证。1978年,美国国会发布了《监察长法案》(*Inspector General Act*),共十三条,是直接规范政府部门内部审计的法律,包括促进经济性、效率性和效果性,预防、发现欺诈及弊端,对存在的问题、缺陷采取改进和纠正措施,向国会报告和保持信息沟通,向首席检察官报告违法犯罪行为等条款。

1970年以来,职业界开始研究EDP审计与计算机犯罪的预防问题。传统计算机审计可分为两类:一类叫检查系统控制的技术;另一类叫实际数据的验证技术。1980年,史密斯教授(B. E. Smith)撰写了《如何进行信息系统审计》。1987年,托马斯·波特(W. Thomas Porter)和威廉·佩里(William E. Perry)联合撰写了《EDP控制和EDP审计》,矢志不移地推动内部审计人员的计算机审计。20世纪80年代,美国出现了社会审计(Social Audit),旨在对各生产单位所承担的就业机会均等、环境保护、消费者权益等社会责任进行监督、公证和评价,即由所谓的3E审计发展到5E审计。

1.3 审计的职能、作用与任务

审计的职能、作用与任务是贯穿审计工作的一条线索,它们之间的关系如同会计中的会计对象、会计要素与会计科目之间的关系。审计职能决定审计作用,有什么样的审计职能就有什么样的审计作用,审计作用体现审计职能;审计作用决定审计任务,审计任务使审计作用得以实现,使审计工作落到实处。不能正确认识它们之间的关系,就不能把握审计工作的内涵。

1.3.1 审计的职能

审计的职能是指审计本身所固有的体现审计本质属性的内在功能,即审计是干什么的,是审计所具备的完成特定任务的效能。即通俗表述为会计是"做账"的,审计是"查账"的。审计之所以得以产生并逐步巩固、发展和完善,正是由审计职能的客观存在决定的。一般共识性观点认为审计具有经济监督、经济鉴证和经济评价三项职能。

1. 经济监督职能

经济监督职能是审计的最基本职能。审计的经济监督职能是由审计的性质决定的。审计的经济监督职能就是通过审计,监察和督促被审计单位的经济活动在规定的范围内、在正常的轨道上进行;监察和督促受托经济责任人忠实地履行经济责任,同时借以揭露违法违纪,稽查损失浪费,查明错误弊端,判断管理缺陷和追究经济责任等。经济监督侧重审查经济活动的真实性和准确性,用来维护财经法纪并充当"经济卫士"。对于内部审计而言,经济监督就是对本部门、本单位的财政财务收支及有关的经济活动进行监督。

2. 经济鉴证职能

鉴证是指鉴定和证明。审计的经济鉴证职能是指审计人员通过对被审计单位财政财务收支及其有关的经济活动的审核检查,确定其反映和说明经济活动的资料是否符合实际且可予信赖,做出书面证明,并为社会所公认。经济鉴证着重证明经济活动的合法性和可信性,用来确认或解除经济责任,充当"经济裁判"。审计的经济鉴证职能突出地表现在民间审计中,注册会计师根据对被审计单位会计报表审核检查的结果,出具审计报告,对被审计单位会计报表的合法性、公允性和一贯性表示意见,以保证其可信程度。此外,国家审计机关经授权提交的审计结果报告(如离任经济责任审计报告、财经法纪专案审计报告等)也体现了审计的经济鉴证职能。随着我国市场经济的深入,需要经济鉴证的事项将会越来越多。

3. 经济评价职能

审计的经济评价职能就是通过审核检查,评定被审计单位的计划、预算、决策、方案是否先进可行,经济活动是否按照既定的决策和目标进行,经济效益的高低优劣及内部控制制度是否健全有效等,从而有针对性地提出意见和建议,以促使其改善经营管理、提高经济效益。经济评价职能着重评价经济活动的差异性和效益性,用来提出改进建议,充当"经济医师"。

在现代审计实务中,绩效审计最能体现审计的经济评价职能。如国家审计机关所进行的离任经济责任审计,所发挥的就是经济评价职能;内部审计的基本职能就是经济评价职能;民间审计所提交的管理建议书,是经济评价职能的具体体现。

审计职能之间既有联系，又有区别，相互结合，相辅相成。审计的职能不是一成不变的，随着社会生产力的发展及生产关系的变化，审计的职能也在不断变化。同时，人们对审计职能的认知能力也在不断提高。

1.3.2 审计的作用

审计的作用是指完成审计任务后所产生的客观社会效果。审计的作用受审计职能制约，有什么样的审计职能就有什么样的审计作用，而审计任务完成的好坏又决定着审计作用的大小。归纳起来，审计一般具有制约作用和促进作用。

1. 制约作用

制约作用又称防护作用，是指审计结果所产生的防止、约束、保护、维护、保障等方面的实际效果。制约作用是审计监督职能的体现，是审计的主要作用，当前和今后很长的时期，审计的主要作用就在于此。审计的制约作用主要表现在：通过审核检查，对于被审计单位的财政财务收支及其有关的经济活动进行监督和鉴证，揭露错误和弊端，制止违法乱纪、侵占财产和严重浪费等行为，维护财经纪律，保护国家的方针政策的顺利实施，保障国民经济的有序运行和健康发展。

2. 促进作用

促进作用又称建设作用，是指审计结果所产生的促进经济发展的实际效果。促进作用是审计鉴证职能和评价职能的体现，是审计的高层次作用，是审计的最高境界。审计的促进作用主要表现在：通过审核检查，对被审计单位的财政财务收支及其有关的经济活动进行评价，促进企业发扬成绩，克服缺点，不断改善经营管理；对于生产、经营管理活动中所产生的经济效益进行评审，分析现有资源的利用情况，指出潜力所在，提出合理化建议，促进经济效益的不断提高；通过对财政、金融等综合经济部门的财政财务收支及其有关的经济活动的真实性、合法性和效益性的评审，提示这些部门在宏观调控方面所取得的成绩和存在的问题，促进这些部门进一步改进工作，加强宏观调控，促进国民经济的综合平衡与协调发展。

国家审计、内部审计、民间审计，都处于社会经济生活的监督控制地位，但三者的具体作用，因为在监督经济活动中所处的位置和检查的范围不同而有所不同。如内部审计的作用主要是促进一个组织合法经营和运行、完善内部控制和风险管理、自我发展和实现目标。审计的作用是巨大的。要使审计在社会主义市场经济中发挥以上作用，就必须充分运用审计的职能，不断提高审计质量，更好地完成审计任务。

1.3.3 审计的任务

审计的任务是指审计组织和审计人员所承担的工作。审计的任务取决于审计的对象和职能，从审计职能、审计作用、审计任务这一条线来看，是审计任务把审计工作落到实处。这就是我们常说的，"会计工作是日常化的、审计工作是任务化的"。我国审计要根据党和国家的方针政策来安排工作，为实现各个时期社会经济发展的总目标服务。现阶段我国审计的基本任务是依据国家有关法律、法规，对被审计单位经济活动进行审计监督、评价和鉴证，维护国家财政经济秩序，促进廉政建设，保障国民经济健康发展。

1. 揭露贪污舞弊,促进廉政建设

目前,我国尚处于社会主义初级阶段,社会主义市场经济体制还不完善,法制还不够健全。"反腐永远在路上!"在这种情况下,不可避免地会出现一些违法乱纪、贪污舞弊的人和事,给国家造成重大经济损失。不仅如此,这类丑恶现象对于社会主义制度和经济建设的腐蚀性与破坏性都很大,必须根除。所以,揭露贪污舞弊、促进廉政建设、保护国家财产、维护社会主义法制,就成为审计的一项重大任务。

2. 审查反映财政财务收支及其有关的经济活动的各项资料的真实性、正确性和合法性,保证经济信息可靠

会计资料和其他经济资料是制订计划与检查计划执行情况的重要依据,也是有经济利益关系的各方了解企业的重要依据。如果资料不正确、不合法,就可能导致决策的失误,也可能因存在着的隐患而给有关各方带来经济损失,进而影响国民经济的健康发展。所以,对会计资料和其他资料一定要审查核实。

3. 评审内部控制制度的健全性和有效性,改善经营管理水平,提高经济效益

内部控制制度是实现科学管理的重要手段之一。内部控制制度健全、有效,不仅能够确保经济核算的正确及时,经济资料的完整可靠,起到保护国有财产和企业财产的作用,而且也能够对协调内部生产、经营、管理活动,提高经济效益起着特殊的作用。所以,评审内部控制制度的健全性和有效性,也是审计的主要任务之一。

1.4 案例及分析

英国南海股份有限公司审计案例
——世界上第一例上市公司审计案例

300多年前,英国成立了南海股份有限公司(以下简称南海公司)。由于经营无方,公司效益一直不理想。公司董事会为了使股票达到预期价格,不惜采取散布谣言等手段,使股票价格直线上升。事情败露后,英国议会聘请了一位懂会计的人,审核了该公司的账簿,然后据此查处了该公司的主要负责人。于是,审核该公司账簿的人开创了世界注册会计师行业的先河,民间审计从此在英国拉开了序幕。

1. 南海公司审计案例背景

早在18世纪初,随着大英帝国殖民主义的扩张,海外贸易有了很大的发展。英国政府发行中奖债券,并用发行债券所募集到的资金,于1711年创立了南海公司。该公司以发展南大西洋贸易为目的,获得了专卖非洲黑奴给西班牙、美洲的30年垄断权,其中公司最大的特权是可以自由地从事海外贸易活动。南海公司虽然经过近10年的惨淡经营,其业绩依然平平。1719年,英国政府允许中奖债券总额的70%,约1 000万英镑,可与南海公司股票进行转换。1719年年底,一方面,当时英国政府扫除了殖民地贸易的障碍;另一方面,公司的董事开始对外散布各种所谓的好消息,即南海公司在年底将有大量利润可实现,并预计,在1720年圣诞节,公司可能要按面值的60%支付股利。该消息的散布,加上公众对股价上扬的预期,促进了债券转换,进而带动了股价上升。1719年6月,南海公司股价为114英镑,到了1720年3月,股价劲升至300英镑以上。而从1720年4月起,南海公司的股票更是节节攀高,到了1720年7月,股票价格已高达1 050英镑。此时,南海公司老板布伦特又想出了新主意:以数倍于面额的价格,发行可分期付款的新股。同时,南海公司将获取的现金转贷给购买股票的公众。这样,随着南海股价的扶摇直上,一场投机浪潮席卷全国。由此,170多家新成立的股份公司股票及原有的公司股票,都成了投机对象,股价暴涨51倍,从事各种职业的人,包括军人和家庭妇女都卷入了这场漩涡。美国经济学家加尔布雷斯在其《大恐慌》一书中这样描绘当时人们购买股票的情形:"政治家忘记了政治,律师放弃了官司,医生丢弃了病人,店主关闭了铺子,教父离开了圣坛,甚至连高贵的夫人也忘记了高傲和虚荣。"

1720年6月,为了制止各类"泡沫公司"的膨胀,英国国会通过了泡沫法案。自此,许多公司被解散,公众开始清醒过来,对一些公司的怀疑逐渐扩展到南海公司身上。从1720年7月开始,外国投资者首先抛出南海公司股票,撤回资金。随着投机热潮的冷却,南海公司股价一落千丈,从1720年8月25日到9月28日,南海公司的股票价格从900英镑下跌到190英镑,到12月仅为124英镑。1720年年底,政府对南海公司资产进行了清理,发现其实际资本已所剩无几。那些高价买进南海股票的投资者遭受了巨大损失,政府逮捕了布伦特等人,另有一些董事自杀。"南海泡沫"事件使许多地主、商人失去了资产。此后较长一段时间,民众对参股新兴股份公司心有余悸,对股票交易心存疑虑。

2. 对南海公司舞弊案的查处

1720年,名噪一时的南海公司倒闭,这对正陶醉在黄金美梦中的债权人和投资者犹如晴天霹雳。当这些"利害关系者"证实了数百万英镑的损失将由自己承担的时候,他们一致向英国议会发出了"严惩欺诈者并赔偿损失"的呼声。迫于舆论的压力,1720年9月,英国议会组织了一个由13人参加的特别委员会,对"南海泡沫"事件进行秘密查证。在调查过程中,特别委员会发现该公司的会计记录严重失实,明显存在蓄意篡改数据的舞弊行为,于是特邀了一位名叫查尔斯·斯奈尔(Charles Snell)的资深会计师,对南海公司的分公司"索布里奇商社"的会计账目进行检查。查尔斯·斯奈尔作为伦敦市彻斯特·莱恩学校的习字和会计教师,商业审计实践经验丰富,理论基础扎实,在伦敦地区享有盛誉。

查尔斯·斯奈尔通过对索布里奇商社账目的查询、审核,于1721年提交了《伦敦市彻斯特·莱恩学校的书法大师兼会计师对索布里奇商社的会计账簿进行检查的意见》。在该份报告中,斯奈尔指出了公司存在舞弊行为、会计记录严重不实等问题,但没有对公司为何编制这种虚假的会计记录表明自己的看法。

议会根据这份查账报告,将南海公司董事之一的布伦特及他的合伙人的不动产全部予以没收,其中一位叫乔治·卡斯韦尔的爵士被关进了著名的伦敦塔监狱。

同时,英国政府颁布的《泡沫公司取缔法》对股份公司的成立进行了严格的限制,只有取得国王的御批,才能得到公司的营业执照。事实上,股份公司的形式基本上名存实亡。

直到1828年,英国政府在充分认识到股份有限公司利弊的基础上,通过设立民间审计的方式,将股份公司中因所有权与经营权分离所产生的不足予以制约,才完善了这一现代化的企业制度。据此,英国政府撤销了《泡沫公司取缔法》,重新恢复了股份公司这一现代企业制度的形式。

3. 该案例对注册会计师行业的影响与启示

(1) 南海公司的舞弊案例,对世界民间审计史具有里程碑式的影响。尽管早在1720年之前,就有人认为已有了民间审计这一行业。如早在1718年,在当时还作为英国殖民地的美国波士顿,有报纸上曾刊登这样一则开业广告:"布罗姆·蒂姆斯先生住在波士顿南端新希里大街,店主为爱德华·奥里斯,愿为商人和店主记账。"为此,审计史编纂者下结论说,美国在1718年就有了为社会服务的民间审计员。实际上,由于无法找到蒂姆斯先生执行审计工作的任何证明材料,所以,世界上绝大多数的审计理论工作者都认为,查尔斯·斯奈尔是世界上第一位民间审计人员,他所撰写的查账报告是世界上第一份民间审计报告。而南海公司的舞弊案例也被列为世界上第一起比较正式的民间审计案例。由此可见,该案例对注册会计师行业来说,具有举足轻重的作用。

(2) 南海公司审计案的发生进一步说明,建立在所有权与经营权相分离基础上的股份有限公司,必须有一个了解、熟悉会计语言的第三者,站在公正、客观的立场,对表达所有者与经营者利益的财务报表进行独立的检查,通过提高会计信息的可靠性,来协调、平衡所有者与经营者之间的经济责任关系。如果缺乏民间审计这一机制,股份有限公司就会像南海公司一样,使得经营者为所欲为,严重损害所有者利益,从而破坏整个社会经济的稳定性。可见,注册会计师行业生来就是为稳定社会经济秩序而存在的。稳定社会经济秩序应该成为注册会计师行业的天职。

(3) 尽管经过300多年的发展,注册会计师的主要审计目标已由查找舞弊转向对财务报表公允性的评估,然而这并不等于注册会计师没有义务揭露客户的舞弊行为。从美国最近的社会调查来看,仍有约70%的人认为,注册会计师应该而且可以查找客户的舞弊。有关注册会计师有无责任查找舞弊的问题,重新又被提到议事日程上。除了在20世纪90年代初,美国审计准则委员会颁布了审计准则说明第54号、第55号,专门讨论了注册会计师对舞弊的责任外,于1997年又颁布了审计准则说明第82号,再一次讨论了注册会计师对查找客户舞弊问题的责任。可见,从南海公司案例来看,注册会计师行业是因客户舞弊问题而产生的,但这一责任始终没有终结。我国注册会计师千万不能认为,只要审核财务报表是否公允就可以了。当发现客户的舞弊现象时,应遵照中国注册会计师《独立审计具体准则第8号——错误与舞弊》的要求,恪尽职业关注,执行必要的审计程序,并做适当披露。

本章小结

本章阐述了审计的概念、职能、作用与任务及审计的产生和发展历程。

审计是由独立的专门机构成员依据职权或根据授权或接受委托,对国家行政、事业和企业单位及其他经济组织的会计报表和其他资料及所反映的经济活动的真实性、合法性、效益性进行审查并发表意见,用以维护财经法纪,改善经营管理的经济监督活动。

审计的特点是独立性、权威性、公正性。

审计的对象是被审计单位的会计报表和其他资料及其所反映的经济活动。

审计的主要职能是经济监督、经济鉴证、经济评价。

审计具有制约作用和促进作用。

审计的任务体现在反腐败、反做假账、提高经济效益三个方面。

复习思考题

1. 单项选择题

(1) 审计的本质特征是( )。
　　A. 公正性　　　　B. 独立性　　　　C. 权威性　　　　D. 真实性

(2) 审计工作一般按照下列( )程序进行。
　　A. 报告阶段→实施阶段→准备阶段　　B. 实施阶段→报告阶段→准备阶段
　　C. 准备阶段→实施阶段→报告阶段　　D. 准备阶段→报告阶段→实施阶段

(3)《中华人民共和国审计法》在全国实施的时间是( )。
　　A. 1994年1月1日　　　　　　　　　B. 1995年1月1日
　　C. 1996年1月1日　　　　　　　　　D. 1997年1月1日

(4) 宋代审计司(院)的建立,是我国"审计"的正式命名,从此,"审计"一词便成为( )的专用名词。
　　A. 财会审核　　　　　　　　　　　B. 经济司法
　　C. 经济执法　　　　　　　　　　　D. 财政监督

(5)《中华人民共和国注册会计师法》的实施时间是( )。
　　A. 1986年7月　　　　　　　　　　B. 1993年10月
　　C. 1994年1月1日　　　　　　　　D. 1995年1月1日

(6) 我国第一家会计师事务所是( )。
　　A. 正则会计师事务所　　　　　　　B. 谢霖会计师事务所
　　C. 民国会计师事务所　　　　　　　D. 民间会计师事务所

(7) 世界上第一个执业会计师的专业团体——"英国爱丁堡会计师协会"成立的时间是( )。
　　A. 1944年　　　　B. 1853年　　　　C. 1844年　　　　D. 1945年

(8) 充当"经济裁判"职能的审计职能是( )。
　　A. 经济监督　　　B. 经济评价　　　C. 经济鉴证　　　D. 经济鉴定

(9) 充当"经济卫士"职能的审计职能是( )。
　　A. 经济监督　　　B. 经济评价　　　C. 经济鉴证　　　D. 经济鉴定

(10) 充当"经济医师"职能的审计职能是( )。
　　A. 经济监督　　　B. 经济评价　　　C. 经济鉴证　　　D. 经济鉴定

(11) 就审计宏观而言,当前审计主要的作用是( )。
　　A. 制约作用　　　B. 促进作用　　　C. 鉴证作用　　　D. 鉴定作用

(12) 目前世界上最大的民间审计专业团体是( )。
　　A. 英国爱丁堡会计师协会　　　　　B. 英国苏格兰会计师协会
　　C. 中国注册会计师协会　　　　　　D. 美国注册公共会计师协会

2. 多项选择题

(1) 审计的基本特征可以概括为( )。
　　A. 独立性　　　　B. 合理性　　　　C. 权威性
　　D. 公正性　　　　E. 合法性

(2) 审计的独立性主要表现为（　　）。
　　A. 机构独立　　　　B. 人员独立　　　　C. 工作独立
　　D. 核算独立　　　　E. 经济独立
(3) 审计与会计的联系主要表现在（　　）。
　　A. 两者起源密切相关　　B. 两者本质完全相同　　C. 两者彼此渗透、融会
　　D. 两者职能基本相同　　E. 两者最终目的一致
(4) 审计的基本职能有（　　）。
　　A. 经济监督　　　　B. 经济司法　　　　C. 经济建设
　　D. 经济评价　　　　E. 经济鉴证
(5) 审计的主体具体是指（　　）。
　　A. 专职机构　　　　B. 国家审计机关　　C. 民间审计组织
　　D. 内部审计机构　　E. 专职机构与人员
(6) 在中世纪，西方国家内部审计主要采取的形式有（　　）。
　　A. 寺院审计　　　　B. 城市审计　　　　C. 行会审计
　　D. 银行审计　　　　E. 庄园审计
(7) 我国内部审计逐步走上法制化、规范化轨道的重要标志是（　　）。
　　A.《中华人民共和国内部审计条例》　　B.《审计署关于内部审计工作的规定》
　　C.《关于加强内部审计工作的报告》　　D.《中国内部审计准则》
(8) 审计的权威性主要体现在（　　）。
　　A. 机构的权威性　　　　　　　B. 人员的权威性
　　C. 结论的权威性　　　　　　　D. 依据的权威性
(9) 审计的权威性来源于（　　）。
　　A. 国家树立的权威　　　　　　B. 法律赋予的权威
　　C. 人民给予的权威　　　　　　D. 自身工作树立的权威
　　E. 单位领导赋予的权威
(10) 民间审计先后经历的发展阶段有（　　）。
　　A. 详细审计　　　　　　　　　B. 资产负债表审计
　　C. 会计报表审计　　　　　　　D. 现代审计
(11)《中华人民共和国审计法》对审计监督的（　　）等作了全面规定。
　　A. 基本原则　　　　　　　　　B. 审计机关和审计人员
　　C. 审计机关职责和权限　　　　D. 审计程序和法律责任
(12)《中华人民共和国审计法》对现阶段我国审计的基本任务表述为（　　）。
　　A. 维护国家财政经济秩序　　　B. 促进经济建设
　　C. 促进廉政建设　　　　　　　D. 保障国民经济健康发展

3. 判断题
(1) 受托经济责任关系是审计产生的客观基础。　　　　　　　　　　　　　（　　）
(2) 中华人民共和国成立以后，国家没有设置独立的审计机构，审计监督制度直到20世纪80年代才得以恢复和重建。　　　　　　　　　　　　　　　　　　　（　　）
(3) 1980年，我国成立了国家审计的最高机关——审计署，县级以上各级人民政府设

置各级审计机构。（　　）

（4）早在封建制度下的古罗马、古埃及和古希腊时期,已有官厅审计机构。（　　）

（5）在我国宪法中强调的法院、检察院和审计机关三个国家职能机构中,基本职能属于经济监督的只有审计机关一个。（　　）

（6）审计就是查账。（　　）

（7）审计是一种直接的经济监督活动。（　　）

（8）凡是具有经济责任关系的单位,都是审计委托人委托审计的客体。（　　）

（9）促进作用是审计的高层次作用,是审计的最高境界。（　　）

（10）审计作用决定审计任务,审计任务使审计作用得以实现,使审计工作落到实处。（　　）

（11）内部审计的目的是通过审查和评价经营活动及内部控制的适当性、合法性和有效性来促进组织目标的实现。（　　）

（12）自20世纪80年代以后,我国首次在一些大城市中相继成立了会计师事务所,民间审计得到了发展。（　　）

4. 简答题

（1）什么是审计？如何理解审计的概念？

（2）简述我国国家审计产生和发展的主要阶段。

（3）简述中华人民共和国成立后我国内部审计的发展历程。

（4）简述审计与会计的关系。

（5）简述审计职能、作用、任务的内容及相互关系。

第2章 审计类型和审计程序

【学习要点】
※ 了解审计的类型、审计分类的依据。
※ 了解政府审计的程序。
※ 理解审计分类的意义。
※ 熟悉民间审计的程序。
※ 掌握审计的基本分类及其内容。
※ 掌握审计程序的意义。
※ 掌握内部审计程序的内容。

2.1 审计类型

随着审计的发展及其内容形式的变化,审计的分类逐步复杂化。研究审计分类,具有重要意义:第一,研究审计分类,对于完善审计理论体系有着重要意义。通过对审计分类进行深入的研究,能把各种不同类型的审计有机地结合起来,并且通过探索各种不同类型的审计工作规律,使审计理论向广度和深度方向发展,使之成为完整的审计科学理论体系。第二,研究审计分类,掌握各种审计类型的规律,有助于加深对各种审计的认识,以便有效地组织和运用各种审计,充分地发挥审计的职能作用,有利于顺利地开展审计工作。第三,广义的审计只是一个概念,审计只有经过分类,才具有可操作性。

参照国际审计分类的惯例,并结合经济类型和审计监督的特点,可将审计划分为基本分类和其他分类两大类。

2.1.1 审计的基本分类

说明审计本质的分类称为基本分类,按审计主体不同分类和按审计内容目标分类属于基本分类。基本分类中的审计类别,分别从不同角度说明审计的本质。

1. 按审计主体不同分类

审计主体是指具有且行使审计权的组织机构和专职人员。审计主体在审计活动中处于主导地位,是审计行为的执行者。

按审计主体不同分类,可以按其执行机构及其与被审计单位的关系不同进行分类。

(1) 审计按其执行机构不同分类,可以分为国家审计、内部审计与民间审计。

① 国家审计。国家审计也称政府审计,是指国家审计机关所执行的审计。国家审计的

主体是中央一级和地方各级的审计机关。我国的国家审计机关包括由国务院设置的审计署和由各省、自治区、直辖市、地、市、县各级政府设置的审计局(厅)。国家审计具有法定性、强制性、独立性、综合性和宏观性特点。国家审计机关依法独立对政府部门和国有企事业单位的财政财务收支及其有关的经济活动的真实性、合规性和效益性进行审查。国家审计是在政府首脑领导下代表国家进行的审计。例如,审计署对民政事业费的审计,省审计厅对本省各市财政预算收支执行的审计均属于国家审计。

② 内部审计。内部审计也称部门和单位审计,是指由各主管部门、企事业单位内部专职的审计机构或专职审计人员所执行的审计。内部审计具有服务对象的内向性、审查内容的广泛性、审查工作的及时性、针对性和经常性特点。内部审计的内容是本部门、本单位财务收支的审计,财经法纪的审计及经济效益的审计。内部审计的职能是在本部门、本单位相对独立地行使审计监督权,是实现经济管理的一种必要手段,其内容并不仅仅局限于各部门、各单位会计核算的工作监督,还涉及经济活动的各个领域,是增强内部控制的一个重要环节。内部审计必须独立于财会部门之外。

③ 民间审计。民间审计也称社会审计或注册会计师审计,是指经有关部门批准并注册登记的民间审计组织所执行的审计。民间审计组织包括会计师事务所、审计事务所。民间审计组织接受国家审计机关、国家行政机关、企事业单位和个人的委托,依法独立对被审计单位的财务收支及其经济效益进行审计查证、经济案件鉴定、注册资金的验证和年检、管理咨询服务等。民间审计组织也可接受国家审计机关的委托审计。民间审计具有独立性、委托性、有偿性特点。民间审计的内容十分广泛,不仅包括传统的财务审计、财经法纪审计,还包括经营审计、管理审计和单位经济效益审计。民间审计组织的每一项审计事项的内容取决于审计委托人具体委托事项的目的和要求,如会计师事务所、审计事务所所进行的审计、验资、查账及清算等都属于民间审计。

西方国家按照审计执行机构的不同,将审计分为国家审计、民间审计和内部审计三类,并形成了以民间审计占主导地位的民间审计与国家审计两大系统。它们之间各自为政,并无统一的组织领导。国家审计机关主要对政府部门、公营企事业单位的财务活动进行审计监督,多数直接向议会负责并报告工作。中央政府审计机关与地方政府审计机关之间,一般并无隶属关系。为数众多的由注册会计师组成的会计师事务所,对大量私营企事业单位的财务报表进行公正性审计。同时,政府部门和企事业单位内部均设立了内部审计机构,根据自身发展需要开展内部审计监督和评价活动。

民间审计的实施或运作,必须由民间审计组织与委托人签订审计业务约定书。

(2) 审计按其执行机构与被审计单位的关系不同分类,可以分为外部审计和内部审计。

① 外部审计。外部审计是指由被审计单位以外的国家审计机关和民间审计组织所进行的审计。由于外部审计机构与被审计单位并无利害关系,国家审计机关和民间审计组织是以独立的第三者的身份进行审计,所以外部审计在组织上和职权行使上都具有独立性,其地位具有客观公正性,其审计报告具有法律效力,在社会上具有公正性作用。

② 内部审计。内部审计是指由部门、企事业单位内部所设立的专职审计机构或审计人员所进行的审计。内部审计既是部门、单位开展内部经济监督的需要,同时也是社会主义审计体系中必不可少的重要组成部分。虽然内部审计机构设在部门、单位之内,其独立性不及外部审计,其审计报告主要供内部管理部门使用,对外不起公正性作用,但内部审计机构和

人员在组织上、身份上、行使工作职权上都应当具有必要的独立性,它不应当隶属于其他职能部门,更不能隶属于财会部门。

显然,国家审计与民间审计都是被审计单位以外的审计组织所进行的审计,统称为外部审计。

2. 按审计内容和目标不同分类

按审计内容和目标不同分类,可将审计分为财政财务审计、财经法纪审计、经济效益审计和经济责任审计四类。

(1) 财政财务审计。财政财务审计也称常规审计或传统审计,是指审计组织通过对被审计单位的会计凭证、账簿、报表及其他有关经济资料的审查,查明被审计单位的财政收支、财务收支活动是否真实、正确、公允、合法和合规的一种审计。就其内容来看,财政审计是国家审计机关对中央和地方各级人民政府的财政收支活动,包括财政预算的执行和财政决算所进行的审计;财务审计是审计机构对企事业单位的财务收支活动,包括对财务计划的执行和财务决算所进行的审计。就其目标来看,财政财务审计主要是审查和评价被审计单位的财政收支、财务收支活动的合法性、合规性,即着重检查这些活动是否符合财经法规、方针政策,是否符合财政制度、财务会计制度的规定,有无违反财经法规和纪律的行为。同时需要审查和评价反映这些活动的会计记录与报表的真实性、正确性、公允性。通过审计要查明差错和弊端,借以保护资财安全完整,维护财经法纪,促进被审计单位加强财政、财务管理和经营管理,不断提高经济效益。

(2) 财经法纪审计。财经法纪审计也称违纪审计,是审计组织对被审计单位或被审计人员是否贯彻执行和严格遵守财经政策、法令、制度,是否有严重侵占国家资财、严重损害国家经济利益等违反财经法纪的行为所进行的一种专案审计。从严格意义上来讲,财经法纪审计是财政财务审计的一个特殊类别,其内容包括在财政财务审计的内容之中,但其内容突出以下两点:一是突出对违反财经法律行为的审查,诸如乱挤成本、乱摊费用、失职渎职、偷税漏税、化公为私、获取非法收入和暴利等行为;二是突出对违法犯罪案件的审查,诸如贪污盗窃、行贿受贿及截留国家财政收入等情况。审计的目的在于通过监督、检查,促使被审计单位和有关人员加强廉政建设、遵守财经法纪,防止经济违法犯罪案件的发生。财经法纪审计是专案性的财政财务审计,是财政财务审计的一个特殊类型。

(3) 经济效益审计。经济效益审计是审计组织对被审计单位经济活动的效益性所进行的审计。经济效益审计作为一种现代审计明显区别于传统的财政财务审计,其内容不局限于被审计单位的财政财务收支活动,而涉及其经营管理活动的各个方面,其目的是加强经营管理、提高经济效益。审计目标偏重于审查和评价被审计单位经营管理活动的经济性、效率性和效果性。其中经济性是对投入的要求,效率性是对速度的要求,效果性是对产出的要求。对这三个方面的审计,实质是审查经济活动是否有效地进行。具体审计内容包括:一是对经营方针决策、各项计划目标和投资方案的经济性、合理性和可行性的审计;二是对被审计单位管理素质和管理水平的审计;三是对经营活动中人力、物力、财力等资源利用的节约或浪费的专项审计;四是对生产经营成果和财务成果等效益实现程度及其影响因素的审计。通过对被审计单位有关项目的审查、取证、分析和评价,提出建设性的改进意见和建议,借以查清被审计单位存在的问题,促使其改善经营管理、提高经济效益。审计人员在运用评价标准评价经济效益时,应当坚持微观经济效益与宏观经济效益相统一、社会效益与生态效益相统一、当前经济效益与长远经济效益相统一、价值与使用价值相统一,以及经济合理性与技术先进性相结合的原则。

(4) 经济责任审计。经济责任审计是审计机关(审计机构)依法依规对党政主要领导干部和国有企业领导人员经济责任履行情况进行监督,评价和鉴证的行为。关于经济责任审计的概念,既可以从广义上理解,也可以从狭义上界定。审计产生的客观条件之一就是财产所有权与经营管理权的分离,其主要目的就是保护财产的安全完整,保证会计资料的真实可靠,明确财产经营管理者的经营管理责任。因此,从根本上看,任何一种审计都是经济责任审计,也就是说,广义的经济责任审计包括一切审计。狭义的经济责任审计,则是特指我国在近些年来出现的旨在明确国家机关和国有企事业单位领导人经营管理责任而进行的一种审计活动,这也就是我们通常所说的任期经济责任审计或者离任审计。目前,我国开展经济责任审计主要是依据《审计法》及其实施条例和中央办公厅、国务院办公厅于 2010 年 10 月制定的《党政主要领导干部和国有企业领导人员经济责任审计规定》及 2014 年 7 月,由中央纪委机关、审计署等七部门联合印发的《党政主要领导干部和国有企业领导人员经济责任审计规定实施细则》进行的。经济责任审计的目的不同于常规审计。常规审计的主要目的是维护财经法纪、改善经营管理、提高经济效益,其出发点是被审计单位和国家的经济秩序;经济责任审计的目的可以从宏观和微观两个层面来把握。从宏观层面看,经济责任审计对于完善审计法律、法规制度建设,促进惩治和预防腐败体系建设具有重要意义。从微观层面看,经济责任审计对于分清经济责任人任职期间在本部门、本单位经济活动中应当负有的责任,为组织人事部门和纪检监察机关与其他有关部门考核使用干部或者兑现承包合同等提供参考依据。

在西方国家,按审计内容和目标不同分类,可将审计分为很多种类,其中包括财务报表审计、合法性审计、弊端审计、经营审计、管理审计、绩效审计、经济性和效率性审计、计划项目效果性审计等。

2.1.2 审计的其他分类

审计的其他分类,就是按照审计的客观条件不同分类,即按审计时间、审计执行地点、审计组织方式和审计范围不同等所进行的分类。

1. 按审计时间不同分类

(1) 审计按其时间不同,可以分为事前审计、事中审计和事后审计。

① 事前审计。事前审计是指审计组织在被审计单位财政财务收支或经济业务发生前所进行的审计。该类审计的主要内容包括被审计单位经济计划、预算、决策、方案的编制是否切实可行,各项工程项目的预算是否经济有效,以及经济合同的签订是否合理合法等,其目的是事先纠正计划、预算、决策等方面的失误,预防错弊行为的发生,防患于未然,保证经济行为的合理性和合法性,促使被审计单位正确处理各方面的经济关系,不断地提高企业经营管理水平。事前审计一般由企业内部审计组织进行。

② 事中审计。事中审计是指审计组织在被审计单位财政财务收支或某项经济业务发生的过程中所进行的审计。该类审计的主要内容是审查计划、预算、决策、方案及合同等的执行情况,审查经济责任的履行情况,审查基建工程的施工进度、施工质量和施工效益等。例如,费用预算执行过程中的审计,基本建设项目施工阶段的审计。其目的是确保内部控制

制度的贯彻执行,及时发现和纠正错弊行为,保证计划、预算、决策、方案和合同的顺利实施。事中审计一般适用于内部审计,可以说,它是内部审计部门所进行的日常审计。

③ 事后审计。事后审计是指审计组织在被审计单位财政财务收支或经济业务结束后所进行的审计。该类审计的内容较多,既包括财政财务审计,又包括财经法纪审计和经济效益审计,其目的是评价经济活动的真实性、合法性和效益性,确认经济责任,总结经验和教训,为今后编制计划、预算和方案等提供参考依据。事后审计适用范围很广,政府审计、内部审计、民间审计均可适用,但以政府审计采用最广,它是事后审计的主要形式。

(2) 审计按其实施周期不同,可以分为定期审计和不定期审计。

① 定期审计。定期审计是指审计机构按照预先规定的周期(如 1 年、3 年、5 年)所进行的审计。审查的对象主要是单位的财务报表和决算资料等。根据我国有关法规规定,外商投资企业和股份制企业每年都要定期接受民间审计组织实施的财务报表鉴证审计。实行定期审计,有利于审计工作的经常化、制度化。

② 不定期审计。不定期审计是指审计机构没有预先确定周期,而是根据特殊需要临时安排的审计。例如,国家审计机关针对被审计单位的某种严重违法乱纪行为进行的财经法纪审计。

(3) 审计按其是否为初次实施,可以分为初次审计和再次审计。

① 初次审计。初次审计是指对被审计单位第一次进行的审计。实施初次审计时,审计人员必须对被审计单位的审计环境,如被审计单位的概况、经济活动内容、财务状况、内部控制与管理情况,以及会计处理原则程序等做详细的预备性调查,然后据以编制审计方案。初次审计结束后形成的审计档案,应成为以后各年度审计的重要参考。

② 再次审计。再次审计是指审计机构对被审计单位实施初次审计以后的各年度所进行的历次审计。再次审计中所进行的预备性调查要把重点放在当期审计与上期审计的间隔期间内审计环境发生变化之处,同时要充分利用上期审计所形成的审计档案和经验,作为编制审计方案的依据之一。如果上期审计曾向被审计单位提出过建议或纠正、改进事项,则应于再次审计中查明其采纳情况和整改结果,以保证审计的成效。

2. 按审计执行地点不同分类

审计按其执行地点不同,可以分为就地审计和报送审计。

(1) 就地审计。就地审计是指审计组织委派审计人员到被审计单位所在地进行的审计。该类审计既可以节省时间、保证资料的安全,又便于深入实际、调查研究,易于全面了解和掌握被审计单位的实际情况,迅速获取审计证据,保证审计工作质量。它是较为广泛运用的一种审计形式。

(2) 报送审计。报送审计是指被审计单位按照审计组织的要求,将审计资料送至审计组织所进行的审计。实行报送审计,有助于审计机关对被审计单位进行经常性的审计监督,并有助于严肃财经纪律,提高审计机关的权威性。报送审计一般适用于政府审计机关对规模较小的单位执行财务审计,以及行政事业单位的经费收支审计。

3. 按审计组织方式不同分类

审计按其组织方式不同,可以分为授权审计、委托审计、联合审计、常驻审计、巡回审计、预告审计和突击审计。

（1）授权审计。授权审计是指国家审计的上级审计机关将其职责范围内的一些审计事项，授权下级审计机关实施。通常意义上的授权审计是针对上级审计机关的授权而言的。授权审计必须符合的要求：一是授权审计的双方当事人必须都是审计机关，并且存在业务上的领导关系；二是授权审计的事项只能是授权的上级审计机关职权范围内的事项，不能超越自己的权限进行授权；三是授权审计的事项必须是法律允许的事项，对法律明确规定只能由某级审计机关进行审计的事项，则不能授权下级审计机关进行审计。

（2）委托审计。委托审计是指由审计委托人委托社会民间审计组织，按委托方的要求对被审计单位所进行的审计。受委托人员在受托期间和受托审计案件的范围内对政府审计对象进行审计，在国家审计机构的领导下进行工作，享有国家审计人员的权力。

（3）联合审计。联合审计是指两个以上的审计组织或审计组织与有关经济监督机构联合进行的审计。该类审计既可采用政府审计系统内部省、市、县审计部门的联合，政府审计组织与内部审计组织的联合，也可采用审计组织与其他经济监督机构，如财政、税务、银行及司法等部门的联合。采用联合审计方式，可以借用其他审计力量，弥补审计人员及其专业知识的不足；便于沟通信息、少走弯路、提高审计效果；便于集思广益，准确衡量错弊，提高审计质量；便于充分发挥各方面的积极性，各司其能，加快善后处理工作。

（4）常驻审计。常驻审计也叫驻在审计，是指政府审计组织派出审计小组或人员驻在被审计单位，对其进行经常性审计。一般来说，对于管理混乱、问题较多、资金收付频繁的单位或违纪行为严重及经济效益极差的单位，可以采用该种审计方式。

（5）巡回审计。巡回审计是指审计组织按规定的时间和先后次序轮流到几个被审计单位进行的审计。该类审计具有机动灵活的特点，可以较好地树立审计威信，扩大审计影响；可以查处本部门、本地区带有倾向性的弊端，维护财经法纪。

（6）预告审计。预告审计是指审计组织在进行审计之前，把将要进行的审计的目的及主要内容等，预先通知被审计单位及其有关人员的情况下所进行的审计。该种审计方式主要适用于不需要对审计有关事项保密的一般性财务审计和经济效益审计。其目的是督促被审计单位提高工作质量，纠正差错和弊端，也有利于审计机构节约审计时间，从而提高审计效果。

（7）突击审计。突击审计是指审计组织在进行审计之前，不预先把审计的目的、日期及主要内容等通知被审计单位及有关人员，而采用突然袭击的方式所进行的审计。该种审计主要适用于保密性较强的专案审计，如对于贪污挪用资财行为及偷税漏税等行为的审计。采用该种审计方式的目的主要是防止被审计单位及其有关人员事先隐匿和销毁各种留有弊端、罪证的会计记录及其他经济资料，便于及时查清问题，顺利完成审计任务。

4. 按审计范围不同分类

审计按其范围不同，可以分为全部审计、部分审计和专项审计。

（1）全部审计。全部审计是指审计组织对被审计单位在一定时期内的全部会计资料或全部经济活动所进行的审计。全部审计的结果比较准确可靠，但审计业务量过于繁重。它一般适用于内部控制制度不健全、会计基础工作较为薄弱的单位或经济业务简单、凭证账册等经济资料较少的小型企业。

（2）部分审计。部分审计是指审计组织对被审计单位在审计期内的部分经营活动及其经济资料所进行的审计，如现金审计和销售业务审计等。部分审计所需时间短，费用少，便于帮助被审计单位及时发现问题、解决问题。但在审计过程中,可能会漏掉那些具有严重问题的事件和存在违法或非法行为的经济业务。

(3) 专项审计。专项审计是指对被审计单位特定项目进行的审计,如对被审计单位存货、应付工资的审计等。该类审计重点明确,省时省力,便于及时围绕当前的中心工作有重点地开展审计工作。

综上所述,依据不同的标准对审计所进行的各种分类,既有其各自的特点,又相辅相成、密切相关。审计人员在执行审计任务时,应根据不同的审计目标和要求,结合被审计单位的实际情况,适当地选用审计类型,以更好地完成审计任务。同时,也可以选用几种审计类型,结合使用,使其相互补充、扬长避短。只有这样,才能合理组织审计工作,充分发挥各类审计的作用,从而既能简化审计工作,减轻审计工作量,又能保证审计质量,提高审计工作的效率和效果。

2.2 审计程序

2.2.1 审计程序的含义和意义

1. 审计程序的含义

审计工作程序的简称是审计程序,是指审计人员在审计过程中所采取的步骤和行动。

审计人员要根据审计对象,确定审计目标,运用审计方法取得审计证据,提出审计意见。

对于国家审计、内部审计和民间审计来说,其审计程序是不一样的。国家审计一般采用广义的审计程序,即从确定审计工作重点开始,到建立审计档案为止的全过程。内部审计采用狭义的审计程序,即从审计立项开始到审计终结为止的全过程。民间审计采用狭义的审计程序,即从审计计划开始到提出审计报告为止的全过程。

不管哪种审计,其审计程序大体包括三个阶段:准备阶段、实施阶段、终结阶段。本小节着重阐述民间审计和内部审计的审计程序。

2. 审计程序的意义

审计程序具有以下意义。

(1) 可以减少资源消耗,提高审计工作效率。审计程序是确定审计方法的前提,只有先确定出科学、合理和规范的程序,审计人员才能选定适用的审计方法,高效地实施审计。

(2) 能够降低审计风险,保证审计工作质量。审计程序是保证实现审计目标的手段,只有设计并遵循科学、合理和规范的审计程序,审计人员才能收集到具有充分证明力的审计证据,才能保证审计工作的质量。

(3) 可以保障审计组织和审计人员依法审计,保障审计人员和被审计单位的合法权益。

(4) 是审计人员必须掌握的基本技能。

2.2.2 审计程序的准备阶段

审计程序的准备阶段是指从确定审计任务开始,到具体实施审计工作之前的整个准备过程。它是整个审计过程的起点,是整个审计过程的基础。

1．民间审计准备阶段的主要工作

民间审计准备阶段主要包括以下几项工作。

(1) 了解被审计单位的基本情况

审计人员在接受委托之前,应通过上网调查、上门调查、相关单位调查,了解被审计单位的基本情况,初步评价审计风险,并与委托人就约定事项进行商谈,结合自身承受力,确定是否接受委托。审计人员应了解被审计单位的以下基本情况。

① 业务性质、经营规模和组织结构。

② 经营情况及经营风险。

③ 以前年度接受审计的情况。

④ 财务会计机构及工作组织。

⑤ 其他与签订审计业务约定书相关的事项。

上述因素对于审计人员作出是否接受委托的决定影响甚大。对于那种要求审计的动机不良的、业务类型风险很高的、内部控制极不健全的、经营状况极差的客户,审计人员可以拒绝其委托。

(2) 签订审计业务约定书

审计业务约定书是指会计师事务所与委托人共同签署的,据以确定审计业务的委托与受托关系,明确委托目的、审计范围及双方应负责任与义务等事项的书面合同。

审计业务约定书具有经济合同的性质,双方一经签字认可,就具有法律效力,双方应共同予以执行。它是维护双方权利和监督双方履行义务的合法依据。

审计业务约定书具备以下基本内容。

① 签约双方名称。

② 审计目的。

③ 审计范围。

④ 双方的责任和义务。

⑤ 出具审计报告的时间要求。

⑥ 审计收费。

⑦ 审计报告的使用责任。

⑧ 审计业务约定书的有效期间。

⑨ 违约责任。

⑩ 签约时间。

⑪ 其他有关事项。

(3) 初步评估重要性水平

① 重要性定义。所谓重要性,是指被审计单位会计报表中存在的错报或漏报的严重程度。

② 研究重要性的意义。这一严重程度在特定环境下可能会影响会计报表使用者的判断或决策;还可以用来确定审计人员可接受(容忍)的最大差错数额。对重要性水平的判断,是注册会计师的一种专业判断。一方面,不同的注册会计师对同一会计报表的重要性的判断可能存在差异。另一方面,重要性也是相对的,对不同规模的企业或不同种类的会计报表,或不同的经济业务等,其重要性的界定也是不同的。

【例 2-1】 10 000 元库存存货与账目不符,对一个年产值几个亿的大中型企业而言不是重大错误,也就是说不是很重要,注册会计师能忽略,也不会导致报表使用者改变其决策;但对一个年产值几十万元的小企业而言就是重大错误,也就是说很重要,注册会计师不能忽略,也可能导致报表使用者改变其决策。

所以,在审计程序的准备阶段,应考虑重要性概念,以确定审计程序的性质、范围和作业时间。

(4) 初步评价审计风险

① 审计风险的定义。审计风险是指审计人员作出的审计结论与被审计事项实际情况相背离,而将承担审计责任的可能性。

② 审计风险的模型。审计风险由重大错报风险和检查风险构成。

$$审计风险 = 重大错报风险 \times 检查风险$$

其中,重大错报风险是指财务报表在审计前存在重大错报的可能性,包括两个层次:会计报表认定层次和整体层次。第一,会计报表认定层次风险。会计报表认定层次风险是指交易类别、账户余额、披露和其他相关具体认定层次的风险,包括传统模型中的固有风险和控制风险。由于固有风险和控制风险不可分割地交织在一起,有时甚至无法单独进行评估,审计界不再单独提及固有风险和控制风险,而将两者合并称为"重大错报风险"。会计报表认定层次的错报主要是指经济交易的事项本身的性质和复杂程度发生的错报,企业管理者由于本身的认知和技术水平造成的错报,以及企业管理者内部和个别人员舞弊、造假造成的错报。第二,会计报表整体层次风险。会计报表整体层次风险主要是指战略经营风险(简称战略风险)。检查风险是指某一账户或交易类别单独或连同其他账户、交易类别产生重大错报或漏报,而未被实质性发现的可能性。检查风险取决于审计程序设计的合理性和执行的有效性,注册会计师应当合理设计审计程序的性质、时间和范围,并有效地执行审计程序,以控制检查风险。在既定的审计风险水平下,可接受的检查风险水平与会计报表认定层次重大错报风险的评估结果呈反向关系。评估的重大错报风险越高,可接受的检查风险越低;反之,评估的重大错报风险越低,可接受的检查风险越高。

③ 审计风险模型的意义。从上述模型可知,新审计准则体系突出了审计风险取决于重大错报风险和检查风险。由此可见,新审计风险模型强调提高注册会计师发现财务报表重大错报风险的能力,强调对财务报表重大错报风险的识别、评估和应对,同时强调把审计风险控制到位。新审计准则要求注册会计师树立风险导向审计理念,并遵循新的审计风险模型,注册会计师应从理论上理解新的审计风险模型,从主观上强化防范审计风险的意识,从行动上贯彻新的审计风险模型,努力提高对财务报表重大错报风险的识别、评估和应对能力,全面、规范地履行审计程序,将审计风险降至可接受的水平。只有这样,才能更好地实现财务报表的审计目标,更好地遵循财务报表审计的要求,全面推行风险导向审计目标,将原有"审计程序执行到位"的简单审计理念更新为"审计风险控制到位"的综合审计理念。

(5) 编制和审核审计计划

在完成了上述步骤的工作之后,审计人员对企业的各种情况及审查的重点都有所了解,接着便可以拟订审计计划,对整个审计项目的工作作出合理安排。

① 审计计划的定义。审计计划是指审计人员为了完成各项审计业务,达到预期的审计目的,在具体执行审计程序之前编制的工作计划。

② 审计计划的作用。审计计划可以协调审计人员之间的工作，可以使审计人员能根据具体情况收集充分适当的审计证据，可以保持合理的审计成本。

③ 审计计划的种类。审计计划包括总体审计计划和具体审计计划。总体审计计划是对审计的预期范围和实施方式所作的规划，是注册会计师从接受审计委托到出具审计报告整个过程工作内容的综合计划。

总体审计计划应当包括以下基本内容：被审计单位的基本情况；审计的目的、审计范围及审计策略；重要会计问题及重点审计领域；审计工作进度及时间、费用预算；审计小组组成及人员分工；审计重要性的确定及审计风险的评估；对专家、内部审计人员及其他审计人员工作的利用；其他有关内容。

具体审计计划是依据总体审计计划制订的，对实施总体审计计划所规定的各项审计程序的性质、时间、范围所作的详细规划与说明。具体审计计划应当包括以下基本内容：审计目标；审计程序；执行人及执行日期；审计工作底稿的索引号；其他有关内容。

审计计划应经审计机构的负责人审核和批准，对审核中发现的问题，应及时修改、补充和完善后才能付诸实施。在计划实施过程中，如实际情况与编制计划预计的情况有差异时，应进行调整修改，使计划更为完善。审计计划是审计程序准备阶段的重要书面文件，应作为审计工作底稿的一部分妥善保管。

2. 内部审计准备阶段的主要工作

内部审计准备阶段主要包括以下几项工作。

(1) 编制年度审计计划。年度审计计划是对年度预期要完成的审计任务所做的工作安排，是组织年度工作计划的重要组成部分。内部审计机构负责人应当结合内部审计中长期规划，在对组织风险进行评估的基础上，根据组织的风险状况、管理需要和审计资源的配置情况，确定具体审计项目及时间安排。

年度审计计划应当包括以下基本内容：①内部审计年度工作目标；②具体审计项目及实施时间；③各审计项目需要的审计资源；④后续审计安排。在制订年度审计计划前，应了解以下情况，以评价各审计项目的风险程度：①组织的战略目标、年度目标及业务活动重点；②对相关业务活动有重大影响的法律、法规、政策、计划和合同；③相关内部控制的有效性和风险管理水平；④相关业务活动的复杂性及其近期变化；⑤相关人员的能力及其岗位的近期变动；⑥其他与项目有关的重要情况。

(2) 确定具体审计项目。在制订年度审计计划时，应当考虑组织风险、管理需要和审计资源，以确定具体审计项目及时间安排。

(3) 制订审计方案。审计方案是对实施具体审计项目所需要的审计内容、审计程序、人员分工、审计时间等作出的安排。审计方案应当包括以下基本内容：①被审计单位、项目的名称；②审计目标和范围；③审计内容和重点；④审计程序和方法；⑤审计组的组成及成员分工；⑥审计起止日期；⑦对专家和外部审计工作结果的利用；⑧其他有关内容。

审计方案应由审计项目负责人根据项目审计计划来制订。

(4) 送达审计通知书。审计通知书是指内部审计机构在实施审计前，告知被审计单位或人员接受审计的书面文件。

审计通知书应当包括以下基本内容：①审计项目名称；②被审计单位名称或者被审计人员姓名；③审计范围和审计内容；④审计时间；⑤需要被审计单位提供的资料及其他必

要的协助要求;⑥审计组组长及审计组成员名单;⑦内部审计机构的印章和签发日期。

内部审计机构应根据经过批准后的年度审计计划和其他授权或者委托文件编制审计通知书。内部审计机构应在实施审计三日前,向被审计单位或者被审计人员送达审计通知书。特殊审计业务可在实施审计时送达。审计通知书主送被审计单位,必要时可抄送组织内部相关部门。经济责任审计项目的审计通知书送达被审计人员及其所在单位,并抄送有关部门。

2.2.3 审计程序的实施阶段

审计程序的实施阶段是指根据审计计划确定的范围、要点、方法,进行取证、评价,借以形成审计结论、实现审计目标的中间过程。它是整个审计程序的关键阶段,又称"外勤工作"。民间审计和内部审计实施阶段的程序大体相同。

1. 进驻被审计单位

审计人员在进驻被审计单位以后,与被审计单位有关管理人员接触,进一步了解被审计单位的情况,并且使被审计单位相关人员了解审计的目的、范围,取得他们的帮助。例如,内部审计的审计组进入被审计单位后,应与被审计单位负责人和财会人员进行座谈,说明项目审计方案的内容,并征求意见,争取配合与协助审计实施。

2. 评审内部控制制度——符合性测试

现代审计是在对内部控制的研究和评价的基础上进行的。内部控制制度是决定审计范围、方法和时间的一个重要依据。审计人员在执行审计业务时,首先应对被审计单位的内部控制制度进行调查、测试和评价,并采用一定的形式予以描述,记入审计工作底稿中,以便为下一步的实质性测试打下基础。审计人员在进行符合性测试之前,应根据对内部控制调查的结果进行简易抽查。在完成简易抽查后,审计人员要对内部控制进行初步评价,在确认符合性测试是必要的情况下,才通过检查、询问、观察和重新执行等方法实施符合性测试。

3. 进行实质性测试

进行实质性测试是审计程序实施阶段的中心工作。它是运用审阅、核对、盘点、查询和分析性复核等方法,对财政财务收支的真实性、合法性和效益性所进行的深入调查,进而取得审计证据和提出审计意见。

实质性测试本质上是一个取证和评价的过程。因而,要正确运用各种有效的审计方法,就所查问题收集有关的审计证据并加以分析、鉴定和综合,研究证据的相关性、重要性和可靠性,形成有足够数量、能够充分证明经济事项的审计证据,为撰写审计报告、出具审计意见书及审计决定书提供依据。

实质性测试可以采用两种方式:分析性测试和详细测试。究竟采用什么样的方式进行实质性测试:一是取决于审计具体项目的要求;二是取决于审计人员从事审计工作的实践经验。

分析性测试又称分析性检查,是指通过分析各种非财务数据之间的关系,来审查相关数据的真实性和正确性。分析性测试的主要内容:将本期实际数据与本期计划数据、上期实际数据相比;与同行业先进水平的数据相比;与历史最高水平相比;与国际先进水平相比,分析差异是否合理、正常,变动趋势是否合理;计算各种重要的财务比率,分析相关数据之间的关系是否正常、变动是否合理。进行分析性测试常用的方法有主观估计法、时间趋势外推法和粗略估计法等。

详细测试是为了直接检查账户余额或报表项目的真实性、正确性和完整性而进行的审计测试。详细测试的时间安排,取决于内部控制的严密程度。详细测试常用的方法有核对法、复算法、查询法和实地观察法等。例如,对银行账户的审查;对会计报表、账簿、凭证的审查;对有关文件、资料的查阅;对现金、实物、有价证券的检查和向有关单位与人员进行书面或口头的调查、询问,并取得证明材料等属于实质性测试的内容。

4. 收集审计证据,编制审计工作底稿

审计工作底稿是审计人员在审计过程中所形成的与审计事项有关的工作记录,是审计证据的载体,审计工作底稿应当记载审计人员在审计中获取的证明材料和名称、来源和时间等,并附有证明材料。例如,在内部审计中,审计人员对已经认定的账务处理差错、管理薄弱环节,应及时向审计组组长和主审人员报告,经同意后,可向被审计单位或有关人员提出"调整账项"或"改进管理"的意见与建议,并将被审计单位采纳与改正情况记入审计工作底稿。

编制审计工作底稿,一方面,可以反映审计全过程的轨迹,是撰写审计报告的基础;另一方面,它也是检查审计机构和审计人员工作质量的主要资料。所有的审计工作底稿,都应当归入审计档案。

2.2.4 审计程序的终结阶段

审计程序的终结阶段即审计程序的报告阶段,是指审计人员根据审计实施过程中取得的审计证据对审计项目作出客观评价,出具审计意见书的过程。

1. 民间审计终结阶段的主要程序

(1) 整理和评价审计证据

为了使在审计实施阶段收集的分散的证据结合起来形成具有充分证明力的证据,有效地用来评价被审计单位的经济活动,得出正确的审计意见和结论,必须对收集到的证据进行整理和评价。整理和评价审计证据的过程,就是审计人员运用专业知识和职业经验对证据进行分析研究的过程。

(2) 复核审计工作底稿

在审计实施阶段形成的工作底稿是各个审计人员根据自己的取证记录独立编写的,可能存在一定程度的主观性和片面性,其编写质量受到审计人员的专业能力影响很大。因此,在审计工作底稿编写完成以后,还要通过一定程序对审计工作底稿进行复核。

(3) 撰写和提交审计报告

审计报告由审计小组负责人执笔撰写。在写出审计报告初稿后,需要被审计单位就调整、改进的事项等问题与被审计单位交换意见,最终形成正式的审计意见,并选择合适的报告形式撰写审计报告,交审计机构负责人审批后正式签发。

(4) 审计资料的清理和归档

终结阶段的最后一项工作是对有关审计资料与文件的清理和归档工作。审计人员应向被审计单位归还全部调阅的资料,同时清理审计过程中积累的大量资料,将具有保存价值的资料编号后交档案部门归档保管。

2. 内部审计终结阶段的主要程序

内部审计终结阶段的程序除了具有与上述民间审计相同的程序外,还应当包括下列两个重要程序。

(1) 下达审计意见书或审计决定,通知被审计单位执行

不做处罚的项目只下达审计意见书。

① 审计意见书应当包括以下内容：审计的内容、范围、时间和方式；经审计认定的事实；对有关审计事项的评价；改进经营管理工作的要求。

② 审计决定应当包括以下内容：审计证实的违纪问题及定性的法规、政策依据；处理、处罚决定及执行的期限；关于不服决定提出"异议"权利的申明；随同审计决定,应一并下发有关的审计交款单、审计罚款单及审计没收单等文件。

被审计单位对审计意见书的内容,应认真研究采纳；对审计决定的内容,必须认真执行,并于审计决定到达之后一定期限内,将采纳审计意见和执行审计决定的情况以书面形式函告审计机构。

被审计单位对审计意见书、审计决定如有"异议",可在收到审计决定后一定期限内,以书面形式向单位领导提出。单位领导应当在收到书面材料后一定期限内责成审计机构对有关"异议"进行研究,提出处理意见。

(2) 后续审计

审计部门应根据实际情况,对审计意见书或审计决定、审计报告的整改落实情况进行必要的后续审计。

① 后续审计的定义。后续审计是指内部审计机构为跟踪检查被审计单位针对审计发现的问题所采取的纠正措施及其改进效果而进行的审查和评价活动。

② 后续审计的意义。后续审计是内部审计有别于注册会计师审计的特征之一。内部审计是为组织服务的,是为了促进组织目标的实现而进行的一种独立客观的监督和评价活动,其监督和评价的最终目的是解决问题、改善经营活动和内部控制。因此在审计报告出具后,还必须关注被审计单位对所发现问题的纠正及其效果,只有这样才能实现内部审计的价值。后续审计对于保护内部审计的权威性、有效性具有重要的意义。

③ 后续审计的实施程序。审计项目负责人应根据被审计单位的反馈意见,确定后续审计的时间和人员安排,编制审计方案。编制后续审计方案时应当考虑以下基本因素：审计意见和建议的重要性；纠正措施的复杂性；落实纠正措施所需要的时间和成本；纠正措施失败可能产生的影响；被审计单位的业务安排和时间要求。

④ 后续审计的实施时间。内部审计机构可以在规定的期限内,或与被审计单位约定的期限内实施后续审计。

⑤ 后续审计的结果。后续审计结束后,内部审计人员应根据后续审计的执行过程和结果,向被审计单位及组织适当管理层提交后续审计报告。在后续审计报告中,可以简单回顾审计发现问题及原来的审计结论与建议。内部审计人员应对被审计单位所采取的行动进行直接的询问、观察、测试或检查纠正措施的有关文件,对被审计单位针对问题所采取的纠正措施的及时性、有效性进行评价,说明问题是否已经解决,或者问题尚未解决的原因及其对组织的影响。后续审计报告应送交被审计单位和组织的适当管理层。

2.3 案例及分析

审计风险分析
——HK 公司往来款项审计案例

1. 基本资料

注册会计师张舟、鲁明接受 A 公司的委托对其下属的 HK 公司实施了财务收支审计。为证实 HK 公司往来款项的真实性,采取了以下程序和方法。

(1) 审阅应收账款明细账和应付账款明细账,并采取核对的方法证实各明细账户是否账账、账证相符。

(2) 了解赊销、赊购业务内部控制制度的健全性、有效性。经调查发现,HK 公司的相关内部控制存在诸多漏洞。

(3) 张舟、鲁明为提高审计工作效率,决定仅就市内的客户采用面询的方式证实其真实性。而对于外地客户,只要账账、账证相符即可认定其真实性,具体如表 2-1 和表 2-2 所示。

表 2-1 应收账款审计明细表(一)

审计方式 \ 客户区域、数量	市内客户(22 家)	外地客户(123 家)
面询	22	
审阅、核对	22	41

表 2-2 应付账款审计明细表

审计方式 \ 客户区域、数量	市内客户(33 家)	外地客户(187 家)
面询	33	
审阅、核对	33	60

2. 分析要求

(1) 分析本案例中往来账款的固有风险和控制风险。

(2) 分析注册会计师张舟、鲁明制定的审计程序和运用的审计方法的恰当性,以及由此产生的审计风险。

3. 案例分析

通常来讲,往来业务的固有风险是很大的,尤其是应收账款业务通常成为一些不法者虚构利润的主要手段,更何况 HK 公司的相关内部控制还很不健全(即控制风险较大),所以,只有降低检查风险,才能使审计风险控制在一定的水平上。

对于应收账款业务,因为大多数作弊手法是通过虚增以达到虚增虚列的目的,所以以区域为标准显然是不妥的。应该在审阅、核对的基础上,以应收账款明细账余额大小为标准选择积极函证或消极函证,具体如表 2-3 所示。

表 2-3 应收账款审计明细表(二)

客户区域、数量 审计方式	余额 5 000 元以上的 (60 家)	余额 1 000~5 000 元的 (62 家)	余额 1 000 元以下的 (23 家)
积极函证	60		
消极函证		62	12

对于应付账款业务,通常的作弊手法是隐瞒债务,所以不能像应收账款那样以余额的大小为标准选择查询的方式。但是本案例中张舟、鲁明的做法也是不可取的。在审计过程中,应立足于审阅、核对的方法,尤其应注意具体业务中的原始凭证的完整性和合规性(如发票、入库单等),若发现疑点应采用积极函证的方式,以证实其真实性。

审计实施方案的确定审计案例

1. 基本资料

某集团公司内审机构决定派出审计组对下属 ABC 公司实施审计,内审机构要求审计结论的可靠性不低于 95%。审计组在对 ABC 公司实施审计前,责成审计组成员王宇草拟了审计实施方案。该方案中有关采购与付款业务符合性测试包括以下程序。

(1) 对总体情况进行测试。

① 检查采购与付款相关职责的分离是否适当。

② 从采购部门业务档案中选择一定数量订货单样本,确定相关职责是否分离。

(2) 对请购情况进行测试。测试的方法是从业务档案中,以统计抽样的方法选取一定数量的请购单,并审查相关控制制度的执行情况。要求的抽样精确度为 9%,预计总体错误率为 1%。

(3) 对采购情况进行测试。

① 选择一定数量的收货记录,审查采购前是否已获得有权批准的负责人批准;检查收货记录所附文件是否齐全。

② 取得一张近期采购登记表,审查已经经过有关责任人员审核的证据。

(4) 对验收情况进行测试。

① 取得货物验收报告,检查货物验收单等收款凭证,查明货物的入库是否严格履行验收手续,对货物的规格、型号、数量、质量四个项目进行核对。

② 审查质量检查报告或其他文件,查实验收部门对所收到货物的质量检查情况。

(5) 对发票传递、付款和会计处理进行测试。

① 抽取一定数量的付款凭证,检查所附原始单据是否齐全,购货发票等是否加盖"付讫"戳记。

② 检查空白支票与印章是否分开控制与保管。

③ 从支票登记簿中选择几张签发的支票,将支票金额与发票金额相核对,查明是否一致。

(6) 在统计抽样中,所使用的样本规模确定表、样本结果评价表如表 2-4 和表 2-5 所示。

表 2-4 样本规模确定表(可靠性水平 95%)

预计错误率\精确度上限	7%	8%	9%	10%	12%
0.5%	70	60	60	50	40
1.0%	70	60	60	50	40
1.5%	90	60	60	50	40

表 2-5 样本结果评价表(可靠性水平 95%)

样本量\错误数	精确度上限								
	7%	8%	9%	10%	12%	14%	16%	18%	20%
40		0			1		2		3
50			1			2	3		5
60		1			2	3		4	6
70	1		2		3	4		5	8

2. 分析要求

根据上述资料,从下列问题的备选答案中选出正确答案。

(1) 从总体情况检查采购与付款相关职责的分离是否适当,可以选用的审计方法有( )。
    A. 分析性复核   B. 查询   C. 监盘   D. 计算

(2) 依照给定的样本规模确定表,测试程序第(2)步中应抽取请购单的最小数量为( )。
    A. 70   B. 50   C. 60   D. 40

(3) 对于上述样本进行审查后,审计人员发现有三张请购单反映的业务活动不符合控制要求,根据样本结果评价表,判断请购业务控制总体的最大错误率为( )。
    A. 16%   B. 14%   C. 12%   D. 20%

(4) 测试程序第(3)步中关于检查收货记录时还应检查的文件包括( )。
    A. 采购合同   B. 发货清单
    C. 年度采购计划   D. 收到货物数量和金额的资料

(5) 测试程序第(4)步①中,对货物验收单等收货凭证逐项核对的内容除已列明的以外,还应当包括( )。
    A. 名称   B. 重量   C. 单价   D. 审核批准

(6) 测试程序第(5)步中,还应当增加检查的内容是( )。
    A. 所附原始凭证的要素是否齐备、内容是否正确
    B. 在托收承付结算方式下,承付通知书有无领用部门的确认签字
    C. 通知付款的单据上是否有经过授权的审批人签字
    D. 支票签发时有无经出纳人员审查批准的证据

3. 参考答案

(1) B
(2) B   提示:精确度上限为抽样精确度加预计差错率,等于9%+1%,然后查表可得。
(3) A   (4) A、B   (5) A、B、C   (6) A、C

本章小结

审计只有经过分类，才具有可操作性。

参照国际审计分类的惯例，并结合经济类型和审计监督的特点，可将审计划分为基本分类和其他分类两大类。审计基本分类是按照审计主体、内容和目标分类。

审计按其主体不同分类，可以根据其执行机构及其与被审计单位的关系进行分类。

（1）审计按其执行机构不同分类，可以分为国家审计、内部审计和民间审计。

（2）审计按其执行机构与被审计单位的关系不同分类，可以分为外部审计和内部审计。

审计按其内容和目标不同分类，可以分为财政财务审计、财经法纪审计、经济效益审计及经济责任审计四类。

审计的其他分类，就是按照审计的客观条件不同分类，即按审计时间、执行地点、组织方式和范围等所进行的分类。

尽管每种个体的审计形式具有不同的含义，但是就整体而言，审计是一种代表所有权进行经济监督的形式或活动。

审计程序是审计人员在审计过程中所采取的步骤和行动。审计程序可以提高审计工作效率、保证审计工作质量，是审计人员必须掌握的基本技能。

国家审计一般采用广义的审计程序，即从确定审计工作重点开始，到建立审计档案为止的全过程。内部审计采用狭义的审计程序，即从审计立项开始到审计终结为止的全过程。民间审计采用狭义的审计程序，即从审计计划开始到提出审计报告为止的全过程。

不管哪种审计，其审计程序大体包括三个阶段：准备阶段、实施阶段、终结阶段。

复习思考题

1. 单项选择题

（1）审计的分类是指按照不同的（　　），将审计分为各种不同的类型。
　　A. 标志　　　　B. 指标　　　　C. 目标　　　　D. 计划

（2）强制审计一般用在（　　）所进行的审计。
　　A. 国家审计机关　　　　　　　　B. 上级主管部门
　　C. 民间审计组织　　　　　　　　D. 内部审计机构

（3）民间审计，也称为（　　）。
　　A. 国家审计　　B. 部门审计　　C. 单位审计　　D. 社会审计

（4）审计分为全部审计、局部审计和专项审计，其分类的依据是（　　）。
　　A. 审计内容　　B. 审计范围　　C. 审计时间　　D. 审计主体

（5）根据被审计单位的意愿而进行的审计是（　　）。
　　A. 民间审计　　B. 常规审计　　C. 任意审计　　D. 内部审计

（6）（　　）主要运用于跨年度的工程项目。
　　A. 送达审计　　B. 事前审计　　C. 事中审计　　D. 事后审计

(7)（　　）是指被审计单位会计报表中存在的错报或漏报的严重程度。
　　　A. 审计风险　　　B. 重要性　　　C. 不重要性　　　D. 检查风险
(8) 财务报表在审计前存在重大错报的可能性的风险是（　　）。
　　　A. 检查风险　　　B. 重大错报风险　　C. 固有风险　　　D. 控制风险
(9) 民间审计总体审计计划的基本内容包括（　　）。
　　　A. 审计目标　　　　　　　　　B. 审计程序
　　　C. 执行人及执行日期　　　　　D. 被审计单位的基本情况
(10) 以下（　　）不是内部审计年度审计计划应包括的基本内容。
　　　A. 内部审计年度工作目标　　　B. 具体审计项目及实施时间
　　　C. 各审计项目需要的审计资源　D. 重要的合同、协议及会议记录
(11)（　　）在实施审计前，不需要送达审计通知书。
　　　A. 政府审计　　　B. 内部审计　　　C. 民间审计　　　D. 任何审计
(12)（　　）是指内部审计机构为跟踪检查被审计单位针对审计发现的问题所采取的纠正措施及其改进效果而进行的审查和评价活动。
　　　A. 后续审计　　　B. 再度审计　　　C. 连续审计　　　D. 复审

2. 多项选择题

(1) 按审计主体性质不同分类，审计可分为（　　）。
　　A. 内部审计和外部审计
　　B. 政府审计和内部审计
　　C. 会计报表审计、合规性审计和经营审计
　　D. 民间审计
(2) 按审计主体的目的不同分类，审计可分为（　　）。
　　A. 财政财务收支审计　　　　　B. 财经法纪审计
　　C. 经济效益审计　　　　　　　D. 公共审计
(3) 目前，我国形成了（　　）的审计监督体系。
　　A. 就地审计　　　B. 民间审计　　　C. 内部审计　　　D. 政府审计
(4) 民间审计组织可接受（　　）的委托，开展审计和咨询业务。
　　A. 国家机关　　　B. 企业　　　C. 事业单位　　　D. 个人
(5) 必须由注册会计师执行的业务是（　　）。
　　A. 企业会计报表审计，出具审计报告
　　B. 验资企业资本，出具审计报告
　　C. 办理企业合并、分立和清算事宜中的审计业务，出具审计报告
　　D. 资产评估、出具评估报告
(6) 审计业务约定书的内容有（　　）。
　　A. 审计范围　　　B. 审计目的　　　C. 审计计划　　　D. 审计事项
(7) 审计风险包括（　　）。
　　A. 固有风险　　　B. 检查风险　　　C. 控制风险　　　D. 重大错报风险
(8) 以下属于内部审计方案应当包括的基本内容是（　　）。
　　A. 审计目标和范围　　　　　　B. 审计程序和方法

C. 审计内容和重点 D. 其他有关内容

(9) 内部审计意见书的内容包括( )。
A. 审计的内容、范围、时间和方式 B. 经审计认定的事实
C. 对有关审计事项的评价 D. 改进经营管理工作的要求

(10) 准备实施符合性测试前一般要经过( )审计步骤。
A. 简易抽查 B. 初步评价内部控制
C. 实施符合性测试 D. 描述内部控制

(11) 民间审计终结阶段的主要程序包括( )。
A. 整理和评价审计证据 B. 复核审计工作底稿
C. 撰写和提交审计报告 D. 审计资料的清理和归档

(12) 分析性测试常用的方法有( )。
A. 主观估计法 B. 时间趋势外推法
C. 比率分析法 D. 粗略估计法

3. 判断题

(1) 广义的审计只是一个概念,审计只有经过分类,才具有可操作性。 ( )
(2) 从根本上看,任何一种审计都是经济责任审计。 ( )
(3) 财经法纪审计采用预告审计方式。 ( )
(4) 审计程序是审计人员必须掌握的基本技能。 ( )
(5) 所谓重要性,是指被审计单位会计报表中存在的错报或漏报的严重程度。 ( )
(6) 审计计划包括总体审计计划和具体审计计划及审计方案。 ( )
(7) 重大错报风险中的认定层次风险,包括传统的固有风险和控制风险。 ( )
(8) 不是所有的审计工作底稿,都应当归入审计档案。 ( )
(9) 现代审计是在对内部控制的研究和评价的基础上进行的。 ( )
(10) 所有的审计主体在实施审计前,都要送达审计通知书。 ( )
(11) 后续审计是对被审计单位审计发现的问题所采取的纠正措施及其效果而实施的审计,所有的审计都有后续审计。 ( )
(12) 审计报告由审计小组负责人执笔撰写,交被审计单位负责人审批后正式签发。
( )

4. 简答题

(1) 什么是审计分类?研究审计分类的意义是什么?
(2) 审计按其主体不同划分为哪些种类?各有何特点?
(3) 什么是审计程序?研究审计程序的意义是什么?
(4) 简述民间审计和内部审计程序的构成。
(5) 什么是重要性?研究重要性的意义是什么?
(6) 什么是审计风险?阐述新审计风险模型的内容和意义。
(7) 什么是审计计划?研究审计计划的意义是什么?
(8) 阐述民间审计和内部审计计划的内容。

第3章 审计组织的形式、审计准则与审计依据

【学习要点】
※ 了解审计的产生与发展,了解国家审计机关的性质、设立、领导体制、职责权限。
※ 了解政府审计准则的一般内容。
※ 熟悉审计人员的构成和素质要求。
※ 熟悉内部审计和民间审计的内容及特征。
※ 熟悉审计依据的一般内容。
※ 掌握内部审计人员和民间审计人员的职业道德的内容。
※ 掌握内部审计和民间审计审计准则的内容。

3.1 审计组织的形式

建立、健全审计组织并配备合格的审计人员,是各国实行审计制度必要的前提和组织基础。审计作为一项社会活动,必须由各种大小不同的群体,以不同的组织形式渗透到社会的各个阶层,以完成社会赋予的任务。我国的审计组织也和世界上大多数国家一样,由国家审计机关、内部审计机构和民间审计组织三大部分组成。各审计组织的设立都有其法律、法规依据。

3.1.1 审计组织

审计组织是指有权力或有资格行使审计职能、开展审计工作的组织。依前所述,审计按不同主体划分为国家审计、内部审计和民间审计,并相应地形成三类审计组织机构,共同构成我国的审计组织体系。

1. 国家审计机关

(1) 国家审计机关概述。国家审计机关是代表国家依法行使审计监督权的行政机关,具有法律赋予的独立性和权威性。

① 国家审计机关的设置形式。根据国家审计机关的隶属关系和审计报告的报告对象,可以将国家审计划分为以下四类。

a. 隶属于议会并向议会或国家元首报告工作。国家审计机关一般隶属于国家立法部门,不受行政当局的控制和干涉,其地位较高,独立性较强,如美国的审计总署、英国的国家审计署、加拿大的审计长公署等。

b. 隶属于政府并向议会或政府报告工作。国家审计机关一般隶属于政府或政府的行政部门,对政府负责并向政府报告工作。例如,我国审计署作为国务院的组成部门,在国务

院总理的领导下工作,对国务院负责并报告工作。再如,瑞士的国家审计机关是财政部的特别机构,不过,国家法律规定它必须向议会或者人大报告工作,这样就提高了它的独立性和权威性。

c. 具有司法性质,以审计法院形式开展工作,向议会或国家元首报告工作。国家审计机关一般独立于议会或政府,拥有有限的司法权。例如,法国、意大利、巴西、西班牙的审计法院具有审计和经济审判的职能。

d. 独立于议会、政府和司法机关,向议会或国家元首报告工作。国家审计机关独立于国家立法部门、司法部门和行政部门,不对行使上述权力的任何机构负责,向议会或国家元首报告工作。例如,日本审计院既不隶属于国会和内阁,也不隶属于法院,它是独立于内阁且与内阁相平行的机构,其使命是检查监督国家财政的执行情况,并定期向国会报告工作,有较高的独立性。

② 我国的国家审计体制。我国的国家审计机关包括国务院和县级以上的地方各级人民政府的审计部门。国务院设立审计署,审计署是我国的最高国家审计机关,它按照统一领导、分级管理的原则组织和领导全国的审计工作。审计长是审计署的行政首长,由国务院总理提名,全国人民代表大会决定,国家主席任命。省、自治区、直辖市、县、区等审计部门实行双重领导体制,分别在省长、自治区主席、市长、县长、区长和上一级审计机关的领导下,负责本行政区域内的审计工作。地方各级审计部门对本级人民政府和上一级审计机关负责并向其报告工作,审计业务以上级审计机关领导为主。国家审计机关根据工作需要,可以在其审计管辖范围内派出审计特派员。审计特派员根据审计机关的授权,依法进行审计工作。

(2) 国家审计机关的职责。根据《中华人民共和国审计法》规定,我国国家审计机关的职责是审查国家预算的执行情况和决算,以及预算外资金的管理和使用;审查中央银行和国家各事业单位的财务收支;审查国有金融机构和国有企业的资产、负债、损益;审查国家建设项目预算的执行情况和决算;审查政府部门管理的和社会团体受政府委托管理的社会保障基金、社会捐赠资金及其他有关基金、资金的财务收支;审查国际组织和外国政府援助、贷款项目的财务收支等。国家审计机关对国计民生有重大关系的国有企业、接受财政补贴较多或者亏损数额较大的国有企业,以及国务院和本级地方人民政府指定的其他国有企业,应当有计划地定期进行审计。对国有资产占控股地位或主导地位的企业的审计监督,由国务院规定。国家审计机关对各部门以及国有金融机构和企事业组织的内部审计,应予以指导和监督。

(3) 国家审计机关的权限。国家审计机关的权限包括有权要求被审计单位报送有关资料,被审计单位不得拒绝、拖延、谎报;有权检查被审计单位的会计资料及与财政财务收支有关的资料和资产,被审计单位不得拒绝;有权就审计事项的有关问题向有关单位和个人进行调查,并取得有关证明材料;审计机关对被审计单位正在进行的违反国家规定的财政收支、财务收支行为,有权予以制止,制止无效的,经县级以上审计机构负责人批准,通知财政部门和有关主管部门暂停拨付与违反国家规定的财政收支、财务收支行为直接有关的款项,已经拨付的,暂停使用;审计机关认为被审计单位所执行的与上级主管部门有关财政收支、财务收支的规定与法律、行政法规相抵触的,应当建议有关主管部门纠正,有关主管部门不予纠正的,审计机关应当提请有权处理的机关依法处理;审计机关可以向政府有关部门通报或者向社会公布审计结果。

最高审计机关国际组织(INTOSAI)是由联合国成员国的政府审计组织联合建立的,属于联合国经社理事会下的一个非政府间组织。该组织发起于1953年,经过长期筹备,于1968年在东京举行成立大会,制定了组织章程,通过了《东京宣言》,正式宣告成立。该组织的宗旨是"经验分享,全球共惠"。通过各国相互介绍情况、交流经验和加强联系,推动和促进各国政府审计部门更好地完成本国的审计工作。

2. 内部审计机构

内部审计机构是在部门、单位内部设立的独立于会计部门和各业务部门的专职机构。我国内部审计机构属于首长负责制型。各部门、各单位的内部审计机构,在本部门、本单位主要负责人的直接领导下,对本部门、本单位及所属单位的财务收支与经济效益进行审计监督。内部审计机构独立于会计部门和其他部门,独立行使内部审计职权;在业务上,接受同级政府审计机关的指导和监督,向本部门、本单位的行政领导和同级政府审计机关报告工作。

(1) 内部审计机构的设置。我国目前实行的是强制性的内部审计制度,也就是说按规定应设置内部审计机构的单位必须设置。根据《审计法》第二十九条和《审计署关于内部审计工作的规定》第四条的规定,国家机关、企事业组织、社会团体及其他单位,应当按照国家有关规定建立、健全内部审计制度。法律、行政法规规定设立内部审计机构的单位,必须设立独立的内部审计机构。法律、行政法规没有明确规定设立内部审计机构的单位,可以根据需要设立内部审计机构,配备内部审计人员。有内部审计工作需要且不具有设立独立的内部审计机构条件和人员编制的国家机关,可以授权本单位内设相应机构履行内部审计职责。设立内部审计机构的单位,可以根据需要设立审计委员会,并配备总审计师。

(2) 内部审计机构的职责。根据《审计署关于内部审计工作的规定》第十二条的规定,内部审计机构按照国家有关规定和本单位的要求,履行下列职责。

① 对本单位及所属单位贯彻落实国家重大政策措施情况进行审计。

② 对本单位及所属单位发展规划、战略决策、重大措施及年度业务计划执行情况进行审计。

③ 对本单位及所属单位财政财务收支进行审计。

④ 对本单位及所属单位固定资产投资项目进行审计。

⑤ 对本单位及所属单位的自然资源资产管理和生态环境保护责任的履行情况进行审计。

⑥ 对本单位及所属单位的境外机构、境外资产和境外经济活动进行审计。

⑦ 对本单位及所属单位经济管理和效益情况进行审计。

⑧ 对本单位及所属单位内部控制及风险管理情况进行审计。

⑨ 对本单位内部管理的领导人员履行经济责任情况进行审计。

⑩ 协助本单位主要负责人督促落实审计发现问题的整改工作;对本单位所属单位的内部审计工作进行指导、监督和管理;国家有关规定和本单位要求办理的其他事项。

(3) 内部审计机构的权限。根据《审计署关于内部审计工作的规定》第十三条的规定,内部审计机构或者履行内部审计职责的内设机构应有下列权限。

① 要求被审计单位按时报送发展规划、战略决策、重大措施、内部控制、风险管理、财政财务收支等有关资料(含相关电子数据,下同),以及必要的计算机技术文档。

② 参加单位有关会议,召开与审计事项有关的会议。

③ 参与研究制定有关的规章制度,提出制定内部审计规章制度的建议。

④ 检查有关财政财务收支、经济活动、内部控制、风险管理的资料、文件和现场勘察实物。

⑤ 检查有关计算机系统及其电子数据和资料。

⑥ 就审计事项中的有关问题,向有关单位和个人开展调查与询问,取得相关证明材料。

⑦ 对正在进行的严重违法违规、严重损失浪费行为及时向单位主要负责人报告,经同意作出临时制止决定。

⑧ 对可能转移、隐匿、篡改、毁弃会计凭证、会计账簿、会计报表及与经济活动有关的资料,经批准,有权予以暂时封存。

⑨ 提出纠正、处理违法违规行为的意见和改进管理、提高绩效的建议。

⑩ 对违法违规和造成损失浪费的被审计单位与人员,给予通报批评或者提出追究责任的建议;对严格遵守财经法规、经济效益显著、贡献突出的被审计单位和个人,可以向单位党组织、董事会(或者主要负责人)提出表彰建议。

为了对内部审计工作发展提供综合性专业发展活动和标准,研究、传播、深化包括内部控制和其他有关内部审计的知识与信息,为会员培训内部审计人才,国际上成立了由各国内部审计师组成的世界性学术组织——国际内部审计师协会(IIA)。该协会的宗旨是"经验分享,携手共进"。中国内部审计学会于1987年12月加入该协会,并应邀参加了在美国召开的该协会第46届年会。

3. 民间审计组织

(1) 民间审计组织概述。民间审计组织是指根据国家法律、法规的规定,经政府有关部门审核批准,依法独立从事受托审计业务和咨询服务的组织。目前,我国民间审计组织主要有会计师事务所。

会计师事务所是指经国家批准,注册登记,依法接受委托独立承办审计查证和其他咨询业务的中介组织。会计师事务所由注册会计师组成,实行自收自支,独立核算,依法纳税。注册会计师事务所应报经财政部或省级财政部门审查批准,并向当地工商行政管理机关登记、领取执照后才能开业。在法律形式上,现阶段,我国会计师事务所有合伙制和有限责任公司两种形式。会计师事务所接受各级财政部门的监督和指导,在业务上主要接受各级注册会计师协会的指导和管理。在我国,注册会计师只有隶属于会计师事务所,才能承办业务。

(2) 民间审计组织的业务范围。民间审计组织的业务范围可归纳为法定业务和非法定业务两大类。

法定业务是指由《中华人民共和国注册会计师法》(以下简称《注册会计师法》)和其他有关法律、法规规定的,必须由注册会计师执行的业务(其执业报告具有证明效力)。具体包括以下内容。

① 审查企业会计报表,出具审计报告。

② 验证企业资本,出具验资报告。

③ 办理企业合并、分立、清算事宜中的审计业务,出具有关的报告。

④ 办理法律、行政法规规定的其他审计业务。

注册会计师依法执行审计业务出具的报告，具有证明效力。

非法定业务是指并非由有关法律、法规规定，可以由注册会计师执行，也可以由取得相应资格的非注册会计师执行的业务。主要包括资产评估、税务代理、代理设计会计制度及其有关的内部控制、企业财务咨询、代理记账、建设工程概预算和结算的代理与审计、企业管理咨询、投资咨询等。审计人员出具的非法定业务执业报告不具有《注册会计师法》规定的证明效力。

(3) 民间审计组织在接受委托事项后，可在自己的职权范围内行使下列职权。

① 查阅与委托事项有关的账目、文件、资料和核实资产。

② 查看委托人的业务现场和设施。

③ 参加与委托事项有关的会议。

④ 对与委托事项有关的单位和个人进行调查并索取证明材料。

⑤ 要求委托人提供其他必要的协助。

随着经济的发展，现代企业日趋复杂化和国际化，客户对会计师事务所的服务质量和要求不断提高，并带动了民间审计的跨国界发展，形成了国际会计师事务所，其在国际经济生活中起着重要的作用。为谋求审计工作质量的不断提高，1977年成立了国际会计师联合会（IFAC），下设跨国审计师委员会，以协调各会员国的关系，研究和制定审计标准。

3.1.2 审计人员

1. 审计人员的概念

审计人员是指在国家审计机关、内部审计机构和民间审计组织内专门从事审计工作的人员。审计人员是开展审计工作、完成审计任务的具体执行人。审计工作是一项专业性较强的工作，它要求审计人员具有较广的知识面和多种技能，同时还必须取得相应的任职资格。我国审计专业技术职称包括高级审计师、审计师、助理审计师。我国从1987年开始实施审计专业技术职称的评定制度。从1992年起对初级、中级审计师任职资格实行考试制度。

2. 审计人员的素质要求

审计人员的素质要求包括政治素质和业务素质两个方面。

(1) 在政治素质上，审计人员必须努力学习政治理论、学习党和政府的各项方针政策与法律知识，保持较高的政策理论水平和政策水平；必须依法审计，忠于职守，坚持以国家和社会公众的利益为重，必须独立、客观、公正和廉洁，保守秘密，为社会各界提供符合规定要求的专业服务，保持较高的职业道德水平。

(2) 在业务素质上，审计人员要熟悉会计、审计的理论与方法；精通会计、审计实务；熟悉经营管理方面的知识和财政经济方面的法律、法规及制度；掌握审计查账的基本知识技能和方法；熟练使用计算技术和应用计算机记账、查账，具备一定的会计、审计或财经管理方面的经验。在业务能力上，审计人员除了掌握专业知识外，还应具备实际工作的能力，如沟通、协调和配合能力，分析能力，判断能力，调查研究能力和文字表达能力等。

3. 审计人员的职业道德

审计人员的职业道德是指在审计实践中审计人员应当遵循的行为规范，对审计人员思想意识、品德修养等方面规定的基本要求。本小节主要阐述内部审计人员和民间审计人员的职业道德的内容。

(1) 内部审计人员的职业道德

《内部审计人员职业道德规范》是中国内部审计协会依据《审计法》及其实施条例、《审计署关于内部审计工作的规定》及相关法律、法规的规定制定的,自 2003 年 6 月 1 日起开始施行。该规范于 2013 年作了修订,修订后的规范自 2014 年 1 月 1 日起施行。在该规范中对内部审计人员的职业道德作了明确的规定:内部审计人员在履行职责时,应当严格遵守中国内部审计准则及中国内部审计协会制定的其他规定。

中国内部审计协会作为内部审计行业的自律性组织,负责制定中国内部审计准则及其他内部审计的有关规定。中国内部审计准则的制定是在参考了国际内部审计师协会所颁布的内部审计实务标准的基础上,结合考虑了我国的经济情况及内部审计工作的实际情况并参考其他行业的职业道德要求制定的,具有一定的科学性、现实性和前瞻性。内部审计人员应认真遵守内部审计准则等规定,这是内部审计人员履行职责的首要要求。

① 内部审计人员不得从事损害国家利益、组织利益和内部审计职业荣誉的活动。

内部审计人员作为组织经营活动和内部控制的评价者与监督者,应保持自身的诚实、正直,忠于国家、忠于组织、维护职业荣誉,不得从事有损国家利益、组织利益和内部审计职业荣誉的活动。

② 内部审计人员在实施内部审计业务时,应当诚实、守信、廉洁、正直。

为了做到诚实、守信,不应有下列行为:

a. 歪曲事实;

b. 隐瞒审计发现的问题;

c. 进行缺少证据支持的判断;

d. 做误导性的或者含糊的陈述。

为了做到廉洁、正直,不应有下列行为:

a. 利用职权谋取私利;

b. 屈从于外部压力,违反原则。

③ 内部审计人员应当遵循客观性原则,公正、不偏不倚地作出审计职业判断。

客观是指内部审计人员不受外来因素影响,根据事实,公正、不偏不倚地作出判断和评价。内部审计人员实施内部审计业务时,应当实事求是,不得由于偏见、利益冲突而影响职业判断。内部审计人员实施内部审计业务前,应当采取下列步骤对客观性进行评估:

a. 识别可能影响客观性的因素;

b. 评估可能影响客观性因素的严重程度;

c. 向审计项目负责人或者内部审计机构负责人报告客观性受损可能造成的影响。

内部审计人员应当识别下列可能影响客观性的因素:

a. 审计本人曾经参与过的业务活动;

b. 与被审计单位存在直接利益关系;

c. 与被审计单位存在长期合作关系;

d. 与被审计单位管理层有密切的私人关系;

e. 遭受来自组织内部和外部的压力;

f. 内部审计范围受到限制；

　　g. 其他。

　　④ 内部审计人员应当保持并提高专业胜任能力，按照规定参加后续教育。

　　内部审计人员应当具备下列履行职责所需的专业知识、职业技能和实践经验：

　　a. 审计、会计、财务、税务、经济、金融、统计、管理、内部控制、风险管理、法律和信息技术等专业知识，以及与组织业务活动相关的专业知识；

　　b. 语言文字表达、问题分析、审计技术应用、人际沟通、组织管理等职业技能；

　　c. 必要的实践经验及相关职业经历。

　　内部审计人员应当通过后续教育和职业实践等途径，了解、学习和掌握相关法律、法规、专业知识、技术方法和审计实务的发展变化，保持和提升专业胜任能力。内部审计人员实施内部审计业务时，应当保持职业谨慎，合理运用职业判断。

　　⑤ 内部审计人员应当遵循保密原则，按照规定使用其在履行职责时所获取的信息。

　　内部审计人员应当对实施内部审计业务所获取的信息保密，非因有效授权、法律规定或其他合法事由不得列报。

　　内部审计人员在社会交往中，应当履行保密义务，警惕非故意泄密的可能性。内部审计人员不得利用其在实施内部审计业务时获取的信息牟取不正当利益，或者以有悖于法律法规、组织规定及职业道德的方式使用信息。

　　(2) 民间审计人员的职业道德

　　中国注册会计师协会根据《注册会计师法》制定发布的《中国注册会计师职业道德基本准则》自1997年1月1日起施行。在该准则中，规定了民间审计人员职业道德的五个方面内容。

　　① 一般原则。具体包括独立性、客观性、公正性的原则。独立性原则有两层含义即实质上和形式上的独立。实质上独立要求注册会计师与委托单位之间必须实实在在地毫无利害关系。形式上独立是对第三者而言的，注册会计师必须在第三者面前呈现一种独立于委托单位的身份，即在他人看来注册会计师是独立的。为了保持独立性，执行审计或其他鉴证业务的注册会计师如与客户存在可能损害独立性的利害关系，应当向所在会计师事务所声明，并实行回避。客观性原则是指注册会计师执行业务时，应当实事求是，不为他人所左右，也不得因个人好恶影响分析、判断的客观性。公正性原则是指注册会计师执行业务时，应当正直、诚实、不偏不倚地对待有关利益各方。

　　② 专业胜任能力与技术规范。注册会计师应当做到：保持和提高专业胜任能力，遵守独立审计准则等职业规范，合理运用会计准则及国家其他相关技术规范；不得承办不能胜任的业务；在执行业务时，应当保持应有的职业谨慎；执行业务时，应当妥善规划，并对业务助理人员的工作进行指导、监督和检查；不得以其职业身份对未审计或其他未鉴证事项发表意见；不得对未来事项的可实现程度作出保证；对审计过程中发现的违反会计准则技术规范的事项，应当按照独立审计准则的要求进行适当处理。

　　③ 对客户的责任。注册会计师对客户的责任：在维护社会公众利益的前提下，竭诚为客户服务；应当按照业务约定履行对客户的责任；应当对执行业务过程中知悉的商业秘密保密，并不得利用其为自己或他人谋取利益；履行按照规定标准收费的责任。

　　④ 对同行的责任。注册会计师对同行的责任包括：配合同行工作；不得诋毁同行，不

得损害同行利益;不得雇用正在其他会计师事务所执业的注册会计师;不得以不正当手段与同行争揽业务。

⑤ 其他责任。注册会计师的其他责任是指不得有可能损害职业形象的行为;不得采用强迫、欺诈、利诱等方式招揽业务;不得对其能力进行广告宣传以招揽业务;不得以向他人支付佣金等不正当方式招揽业务,也不得向客户或通过客户获取服务费之外的任何利益;会计师事务所、注册会计师不得允许他人以本所或本人的名义承办业务。

3.2 审计准则

3.2.1 审计准则概述与作用

1. 审计准则概述

(1) 审计准则的概念

审计准则依据审计法律、法规制定,是审计法律、法规内容的进一步具体化,是审计组织和审计人员在执业过程中必须遵循的基本原则与规范,也是判断审计工作质量的专业性标准。审计准则是审计理论研究和审计实务不断发展的产物。

(2) 审计准则的特征

审计准则具有以下特征:①适应性。审计准则的适应性是指审计准则要适应各种审计,不仅要适应财务报表审计,还要适应财政财务审计、财经法纪审计和经济效益审计。这就要求在制定审计准则时应结合我国国情,具有我国特点,适应我国的各种审计。②主体性。审计准则的主体性是指审计准则要对审计主体作出规范。它不仅是审计人员进行审计工作的规范,还应是建立审计机构的规范;不仅是建立国家审计机关的规范,也是建立内部审计机构、民间审计组织的规范。这就要求在制定我国审计准则时,要对审计人员和审计机构作出明确的具体规定。这样既便于各地在组建审计机构、配备审计人员时认真遵守,也便于群众对审计人员和审计机关进行监督,把审计工作置于群众监督之中。③全面性。审计准则的全面性是指对审计人员的政治、业务、品德和行为等各方面都应有所规定。这就要求制定审计准则时,必须全面地对审计人员资格和条件作出具体规定。④权威性。审计准则通常由最具权威性的审计职业团体或国家级的相关政府机构制定和颁布,具有权威性和可靠性。

(3) 审计准则的意义

①它是制约审计人员的行为规范;②它是指导审计工作的业务指南;③它是衡量审计质量的客观标准;④它是表述审计意见的重要依据。

(4) 审计准则的历程

审计准则起源于美国,首先以独立审计准则的形式于1917年面世,之后于1972年和1978年分别出台了政府审计准则及内部审计准则。英国、澳大利亚、加拿大、德国、日本等主要发达国家均已形成了审计准则体系。我国审计准则的制定与实施起步比较晚,但进展很快,已经制定并实施了一系列的审计准则。

2. 审计准则的作用

审计准则对指导审计实务、优化审计人员队伍、发展审计事业等发挥着重要作用。归纳起来包括以下几个方面。

(1) 实施审计准则,有助于审计工作质量的提高。审计是一种特殊的专业服务,其服务质量的高低,很难测定。审计准则中规定了审计人员的任职资格及其应持有的工作态度、实施审计的基本程序和方法及撰写审计报告的要求等,从而规范了审计工作的内容和口径,便于审计人员遵循。有了审计准则,审计人员要依照准则办事,工作规范化、程序化、制度化,就容易提高审计工作的质量。

(2) 实施审计准则,有助于赢得社会公众对审计工作的信任。审计准则是权威性的审计工作专业标准,只要审计工作是按照审计准则进行的,审计工作质量就有保障,审计结论就会是可靠的,就能取信于经济利益各个方面。

(3) 实施审计准则,有助于维护审计组织和审计人员的正当权益。由于审计准则中规定了审计人员的职责范围,审计人员只要能严格按照审计准则的要求执业,就算是尽职尽责。当发生法律纠纷时,审计人员可用审计准则维护自身的合法权益。

(4) 实施审计准则,有助于国际审计经验的交流。审计准则在各国审计界受到重视,各国都很重视审计准则的研究,国际相互交流是发展与完善审计准则的重要途径,是审计事业国际化的需要。

3.2.2 审计准则的一般内容结构

审计准则是一个完整的体系,根据审计主体及作用范围不同,审计准则可分为国家审计准则、民间审计准则和内部审计准则三类。各类审计准则又可分为基本准则、具体准则和执业规范指南三个层次。其中的基本准则主要由一般准则、实施准则和报告准则三部分组成。

1. 一般准则

一般准则也称职业准则,它是规定审计人员资质的准则,是审计准则的重要组成部分。一般准则大致包括以下四个方面的内容。

(1) 关于审计人员独立性的规定。审计人员必须保持一定的独立性,以便作出公正的判断。这种独立性,一方面是形式上的独立,即审计人员与被审计人之间不存在行政上领导与被领导的关系,也不存在经济利害关系;另一方面是精神上的独立,即审计人员在实施审计和提出审计报告的过程中保持客观、公正的态度。

(2) 关于审计人员业务技能的规定。将审计人员的资格列入审计准则是确立和维护审计制度、发展审计事业必不可少的条件。依照这一条件,执业审计人员应具备三个条件:一是接受了一定的专业教育;二是从事过一定时间的会计和审计工作;三是对民间审计组织的执业审计人员来说,还须通过由专业团体举行的统一考试。

(3) 关于审计人员应有的工作态度和工作作风的规定。审计人员在实施审计的过程中应具有高度责任感和一丝不苟的慎重态度,从拟订审计计划、收集和评价审计证据、编制审计工作底稿、检查审计工作,到编写审计报告及表示审计意见等,都应采取审慎的态度和严谨的工作作风。

(4) 关于审计人员严守秘密的规定。审计人员要保守被审计人的商业秘密,保护他们的合法权益,以取信于被审计人,取信于社会。

2. 实施准则

实施准则也称作业准则或外勤准则,它是对审计人员执行审计工作的要求。实施准则一般包括审计计划的制订、内部控制制度的评价、审计证据的收集、审计工作底稿的编制和保管等。有些审计准则还包括对审计工作质量的监督、对重要性和审计风险的应用、抽样审计方法及审计工作涉及计算机系统时的规定。

(1) 关于制订审计计划的规定。审计人员在执行审计业务时,要制订审计计划,明确审计目标和审计范围,拟定审计程序、审计方法、人员分工和时间安排。在执行审计计划的过程中,要根据实际情况对计划进行必要的修改、调整和完善。

(2) 关于评价内部控制制度的规定。评价被审计单位的内部控制制度,确定其可信赖的程度,是现代审计的一项公认的原则。审计人员应当对被审计单位的相关的内部控制制度进行符合性测试,据以确定实质性测试的范围和重点,采取相应的审计方法。

(3) 关于收集和评价审计证据的规定。审计过程从某种意义上来说就是收集和评价审计证据,并据以表达审计意见的过程。因此,审计人员需要采取严密、科学的手段收集各种证据,并对所收集的证据进行分析,按其是否具有的相关性、可靠性、重要性和充分性等特征进行评价。

(4) 关于编制审计工作底稿的规定。审计准则对审计工作底稿的编制、检查、复核和保管等作出了统一的规定,明确了编制的各个环节和主要内容。

3. 报告准则

报告准则是对审计人员编写审计报告的原则、审计报告的形式和审计报告的内容等方面提出的基本要求。

(1) 编写审计报告的原则。审计报告的编写应当体现客观性、充分性、一致性和建设性,以法律、条例和公认的原则为准绳,以客观事实所形成的充分有力的审计证据为依据,得出公正的审计结论,并对被审计单位提出客观的批评意见和切实可行的建议。

(2) 关于审计报告形式的规定。报告准则规定了审计报告的格式、文字表达要求。我国政府审计准则还对报告的提交时间作出了明确的规定。

(3) 关于审计报告内容的规定。审计报告的内容应包括审计的性质、依据、范围和发现的情况,以及审计人员所作出的结论等。

3.2.3 我国的审计准则体系

我国自恢复注册会计师制度以来,相继颁布了一系列审计执业规则,到1996年12月政府审计准则的出台,初步形成了包括政府审计准则、民间审计准则(独立审计准则)和内部审计准则在内的审计准则体系。

1. 政府审计准则

根据最高审计机关国际组织于1977年通过的《利马宣言——审计规则指南》,结合我国的实际情况,我国于1996年12月6日正式颁布了《中华人民共和国国家审计基本准则》,并于2000年1月对该准则进行了修订。

为了贯彻落实修订后的《审计法》及其实施条例,规范审计机关及其审计人员执行审计业务的行为,推进审计工作的规范化,发挥审计在保障国家经济社会健康运行中的"免疫系统"功能,2009年审计署在深入开展国内外审计准则比较研究、反复论证修改的基础上,对现行审计准则再次进行修订。与修订前的审计准则体系由一个审计基本准则、若干单项通用审计准则和专业审计准则、若干审计指南三个层次组成不同,此次准则修订参照美国等国家审计机关的做法,制定单一的国家审计准则,并在审计准则之下开发若干审计指南或者审计手册,这种体系结构可以克服制定多个单项审计准则容易出现的体系庞杂、单项准则间内在关系不够清晰、内容重复交叉多等缺陷。修订后的审计准则共七章,二百条,包括总则、审计机关和审计人员、审计计划、审计实施、审计报告、审计质量控制和责任、附则。

此次准则修订,通过原则性规定与规则性规定相结合、形式要求与实质要求相结合、鼓励制定配套政策措施等方式,增强了准则的可操作性,扩大了准则的适用范围。修订后的审计准则立足于适用各种审计业务类型和全国各级审计机关。在满足当前审计工作需要的同时,也考虑到审计环境的变化和审计工作的长远发展,增加了绩效审计、审计整改、信息技术环境下的准则应用等方面的内容,使审计准则具有一定的前瞻性。

2. 民间审计准则

民间审计准则也称独立审计准则,它是用来规范注册会计师执行审计业务、获取审计证据、形成审计结论、出具审计报告的专业标准。随着经济改革的不断深入,市场经济尤其是证券市场的发展,根据《注册会计师法》的有关规定,自 1995 年以来,我国分批颁布了《中国注册会计师独立审计准则》,初步建立了中国注册会计师执业规范的核心体系。到 2002 年 3 月止,中国先后制定了 5 批独立审计准则,包括独立审计准则序言、独立审计准则基本准则及 3 个相关基本准则(即职业道德基本准则、质量控制基本准则和后续教育基本准则)、27 项具体准则、10 项实务公告和 4 个职业规范指南,累计 46 个项目。我国已初步建立了独立审计准则体系。2006 年 2 月,财政部发布 48 项注册会计师审计准则,包括鉴证业务准则、相关服务准则和会计师事务所质量控制准则,满足了新形势下注册会计师的执业需求,突出了维护公众利益的行业宗旨,增强了审计准则的易理解性和可操作性,实现了历史性突破。

2010 年修订并于 2012 年实施的注册会计师执业准则体系,更加注重风险识别与应对,实现了与国际审计准则的持续全面趋同,包括鉴证业务基本准则、鉴证业务具体准则、相关业务准则、事务所质量控制准则。

2016 年 12 月,财政部印发并于 2017 年 1 月 1 日起执行《中国注册会计师审计准则第 1504 号——在审计报告中沟通关键审计事项》等 12 项准则,适应了资本市场的改革与发展。

3. 内部审计准则

内部审计准则是有关规范内部审计工作、提高内部审计工作的质量和效率,进而促进内部审计发展的准则。

根据《审计法》《审计署关于内部审计工作的规定》(2003 年 3 月)和其他有关文件的规定,中国内部审计协会于 2003 年发布了首批内部审计准则,包括《内部审计基本准则》《内部审计人员职业道德规范》及 10 个内部审计具体准则。此后又陆续发布了 5 批共 19 个内部审计具体准则和 5 个实务指南,形成了由内部审计基本准则、内部审计人员职业道德规范、内部审计具体准则和内部审计实务指南构成的较为完善的内部审计准则体系。

为了适应内部审计的最新发展,更好地发挥内部审计准则在规范内部审计行为、提升内部审计质量方面的作用,2013 年,中国内部审计协会对 2003 年以来发布的内部审计准则进行了全面、系统的修订。修订后的内部审计准则体系由内部审计基本准则(总则、一般准则、作业准则、报告准则、内部管理准则、附则)、内部审计人员职业道德规范、20个具体准则、5个实务指南构成。新修订的内部审计准则自2014年1月1日起施行。2018年3月,审计署发布了第11号令,公布了新制定的《审计署关于内部审计工作的规定》。

随着国际商品、资金、技术、知识、劳务和信息交流规模的日益扩大,各国在经济上相互依存、相互促进的关系日益明显。随着经济关系的国际化,审计也因此而跨越国界,参与国际市场竞争。为了使审计报告和被审计鉴证的会计报表能取得各有关国家社会公众的信任,要求协调审计标准和实务,消除各国审计准则和实务中的分歧,需要一套适用于各国的审计准则。目前已取得的主要成就有国际会计师联合会颁布的《国际审计准则》和最高审计机关国际组织颁布的《利马宣言——审计规则指南》。国际会计师联合会成立于1977年10月,代表着澳大利亚、法国、日本、荷兰和墨西哥等43个国家和地区的63个执业会计师团体。该协会下设国际审计实务委员会,负责拟订并颁布《国际审计准则》。1980年以来,该联合会已先后颁布了28项《国际审计准则》文件。这些文件可分为一般准则、工作准则和报告准则三个部分。

(1) 一般准则。一般准则是对注册会计师资格条件和执业行为要求的准则。

(2) 工作准则。工作准则也称外勤准则,是注册会计师在执行会计报表审计过程中应遵守的准则。

(3) 报告准则。报告准则是注册会计师编制审计报告、选择表达方式和记载必要事项的准则。

3.3 审计依据

3.3.1 审计依据概述

1. 审计依据的概念

审计依据也称为审计标准,它是衡量和判断审计对象的正确性、真实性、合法性、合规性、有效性的依据,是提出处理意见和建议的客观尺度。

2. 审计依据的特点

审计依据具有以下四个特点。

(1) 审计依据的层次性,即审计依据因管辖范围和权威性大小不同而有不同的层次。一般来说,制定的单位级别越高,其管辖的范围越广,其权威性越大。

(2) 审计依据的相关性,即审计依据应和被审计的业务内容及审计结论密切相关。

(3) 审计依据的时效性,即经济业务发生时该项审计依据是否适用。

(4) 审计依据的地域性,即在具体进行审计时一定要以本地区、本部门有效的法规、制度等作为依据。

3. 审计依据与审计准则的关系

审计依据与审计准则的关系可以表述为审计准则是最重要的审计依据,是审计依据的重要组成部分;审计依据包含审计准则,审计依据除了审计准则以外,还有其他依据。

3.3.2 审计依据的分类

1. 按被审计事项合法性、合规性评价的依据不同划分：法律、法规、制度

法律是指国家立法机关制定和颁布的，由国家强制执行的行为规范。法律类审计依据有宪法及各种与审计相关的基本法律和一般法律。法规是指由国务院主管部门及地方各级立法机构和人民政府依照国家颁布的法律，根据本地区、本部门的实际情况制定的规范。制度是指由政府主管部门或本单位制定的程序或行为准则。

该类依据的特点是层次高、覆盖面广、约束力强、相对稳定。

2. 按被审计事项效益性评价的依据不同划分：历史数据、计划、预算、业务规范、技术经济标准

历史数据是指与被审计事项有关的以前会计报告期所记录的各类经济活动的相关数据。计划是指经济活动进行之前，预先拟定的程序和具体内容。预算是指国家机关、团体和各种经济主体对于未来一定时期内的收入与支出的计划。业务规范是指为特定专业工作规定的标准。技术经济标准是指用相对数、绝对数或平均数来表明有关经济部门对生产水平、管理水平和经济效果的指标。

3. 按内部控制制度评价的依据不同划分：内部会计控制制度、内部管理控制制度

内部会计控制制度是指为维护资产完整、会计信息真实正确而制定的，与会计核算和会计监督相关的内部控制规程或行为准则。内部管理控制制度是指为提高工作效率和经济效益而制定的行政管理与业务管理等方面的内部控制规程或行为准则。

3.3.3 运用审计依据的原则

审计依据选用不当可能会导致认定错误，降低审计的工作质量，因此，审计人员选用审计依据时，应遵循以下原则：准确性原则、针对性原则、辩证性原则、有效性原则、可靠性原则。

3.4 案例及分析

案例一

1. 基本资料

Y银行拟申请公开发行股票，委托ABC会计师事务所审计其2015年度、2016年度和2017年度会计报表，双方于2017年年底签订审计业务约定书。ABC会计师事务所及其审计小组成员与Y银行存在以下情况，请根据本章内容作出相应评价。

（1）ABC会计师事务所与Y银行签订的审计业务约定书约定：审计费用为1 500 000元，Y银行在ABC会计师事务所提交审计报告时支付50%的审计费用，剩余50%视股票能否发行上市决定是否支付。

（2）2018年7月，ABC会计师事务所按照正常借款程序和条件，向Y银行以抵押贷款方式借款10 000 000元，用于购置办公用房。

（3）ABC会计师事务所的合伙人王注册会计师目前担任Y银行的独立董事。

(4) 审计小组负责人李注册会计师2014年曾担任Y银行的审计部经理。

(5) 审计小组成员赵注册会计师的妻子自2014年起一直担任Y银行的统计员。

2. 分析讨论要点

(1) 属于对"鉴证业务采取或有收费的方式"违反了职业道德，影响会计师事务所的独立性。

(2) 属于正常借款业务。

(3) 只要王注册会计师不参与对Y银行的审计工作，就不影响会计师事务所的独立性。

(4) 影响会计师事务所的独立性。

(5) 统计员的身份不属于关键管理人员或能够对鉴证业务产生直接重大影响的员工范围，不影响会计师事务所的独立性。

案例二

1. 基本资料

某会计师事务所助理审计人员王某，在得知同学李某是新华上市公司财务部工作人员之后，找到李某请求其帮忙争揽该单位年度会计报表的审计业务。当李某指出了王某所在的会计师事务所，在规模和资格等方面不存在承办此类业务的条件时，王某就说："没有资格好办，人手少也好办，我在××会计师事务所实习时，结识了许多朋友，我出面雇用几个有这方面资格的高手，跟着一起审。另外，请你和财务主管说明，在收费上我们所一定低于其他会计师事务所，包你满意，不满意不收费。"

2. 分析要点

请指出助理审计人员王某的哪些言行违反了民间审计的职业道德规范。

(1) 王某违反了"专业胜任能力与技术规范"这一规范，因为王某所在的会计师事务所没有审计上市公司报表的资格，所以不能承办不胜任的业务。

(2) 王某打算雇有执业资格的高手来帮忙这一行为，违反了"不得雇用正在其他会计师事务所执业的注册会计师"这一规范。

(3) 王某许诺审计结论包新华上市公司满意，违反了"不得对未来事项的可实现程度作出保证"的规范。

(4) 王某还以降低收费和以"或有收费"的形式等不正当手段与同行争揽业务，违反了"对客户的责任"和"对同行的责任"的规范。

本章小结

审计组织是指有权力或有资格行使审计职能，开展审计工作的组织。审计按不同主体划分为国家审计、内部审计和民间审计，并相应地形成了三类组织机构，共同构成了我国的审计组织体系。

审计可以按其主体、审计的内容等进行分类，尽管每种个体的审计形式具有不同的含义，但是就整体而言，审计是一种代表所有权进行经济监督的形式或活动。

审计人员是指在国家审计机关、内部审计机构和民间审计组织内专门从事审计工作的人员。审计人员的素质要求包括政治素质和业务素质两个方面。

审计人员的职业道德是指在审计实践中审计人员应当遵循的行为规范,对审计人员思想意识、品德修养等方面规定的基本要求。本章主要阐述内部审计人员和民间审计人员职业道德的内容。

审计准则是审计组织和审计人员在执业过程中必须遵循的基本原则与规范,也是判断审计工作质量的权威性标准。审计准则是审计理论研究和审计实务不断发展的产物。

审计准则是一个完整的体系,根据审计主体及作用范围不同,审计准则可分为国家审计准则、民间审计准则和内部审计准则三类。

审计依据是衡量和判断审计对象的正确性、真实性、合法性、合规性、有效性的依据,是提出处理意见和建议的客观尺度。审计准则是最重要的审计依据,是审计依据的重要组成部分;审计依据包含审计准则,审计依据除了审计准则以外,还有其他依据。

复习思考题

1. 单项选择题

(1) 可以在其审计管辖范围内派出审计特派员的审计主体是( )。
　　A. 政府机关审计　　B. 内部单位审计　　C. 各种审计　　D. 民间组织审计

(2) 下列( )业务,不是民间审计的法定业务。
　　A. 审查企业会计报表
　　B. 验资
　　C. 办理企业合并、分立、清算事宜中的审计
　　D. 税务代理

(3) 审计准则起源于( )。
　　A. 英国　　B. 美国　　C. 澳大利亚　　D. 加拿大

(4) 用来规范注册会计师执行审计业务,获取审计证据,形成审计结论,出具审计报告的审计准则是( )。
　　A. 政府审计准则　　　　B. 民间审计准则
　　C. 内部审计准则　　　　D. 国际审计准则

(5) 注册会计师执行业务时,应当实事求是,不为他人所左右,这是民间审计职业道德( )的要求。
　　A. 客观性　　B. 独立性　　C. 公正性　　D. 原则性

(6) 规定审计人员资质的准则是( )。
　　A. 基本准则　　B. 实施准则　　C. 一般准则　　D. 具体准则

(7) 我国目前实行的是( )的内部审计制度。
　　A. 强制性　　B. 自愿性　　C. 指导性　　D. 多样性

(8) 审计准则不仅要适应财务报表审计,还要适应财政财务审计、财经法纪审计和经济效益审计,这是审计准则( )特征的要求。
　　A. 适应性　　B. 全面性　　C. 权威性　　D. 主体性

(9) 目前,我国政府审计的领导体制是( )领导体制。
　　A. 单一　　B. 双重　　C. 多重　　D. 独立

(10) 民间审计人员只要能严格按照( )的要求执业,就算是尽职尽责了。

A. 审计依据　　　　B. 审计法　　　　C. 法律、法规　　　　D. 审计准则

(11) 在具体进行审计时一定要以本地区、本部门有效的法规、制度等作为依据,这是(　　)的要求。

  A. 审计依据的地域性　　　　　　B. 审计准则的地域性
  C. 审计依据的层次性　　　　　　D. 审计依据的相关性

2. 多项选择题

(1) 目前,我国形成了(　　)的审计监督体系。

  A. 就地审计　　B. 民间审计　　C. 内部审计　　D. 政府审计

(2) 民间审计组织可接受(　　)的委托,开展审计和咨询业务。

  A. 国家机关　　B. 企业　　C. 事业单位　　D. 个人

(3) 必须由注册会计师执行的业务是(　　)。

  A. 企业会计报表审计,出具审计报告
  B. 验资企业资本,出具审计报告
  C. 办理企业合并、分立和清算事宜中的审计业务、出具审计报告
  D. 资产评估,出具评估报告

(4) 我国现行内部审计机构设置的依据是(　　)。

  A.《审计署关于内部审计工作的规定》
  B.《中华人民共和国审计法》
  C.《中华人民共和国宪法》
  D.《中国内部审计准则》

(5) 审计人员的素质要求包括(　　)。

  A. 政治素质　　B. 专业素质　　C. 业务素质　　D. 能力素质

(6)《内部审计人员职业道德规范》是中国内部审计协会依据(　　)制定的。

  A.《审计署关于内部审计工作的规定》
  B.《审计法》
  C. 相关法律、法规
  D.《中国内部审计准则》

(7) 内部审计人员在履行职责时,应当做到(　　)。

  A. 独立　　B. 客观　　C. 正直　　D. 勤勉

(8) 审计准则的特征包括(　　)。

  A. 全面性　　B. 适应性　　C. 权威性　　D. 主体性

(9) 我国内部审计基本准则包括(　　)。

  A. 一般准则　　　　　　　　B. 作业准则
  C. 报告准则　　　　　　　　D. 内部管理准则及附则

(10) 审计准则的意义是(　　)。

  A. 制约审计人员的行为规范
  B. 它是指导审计工作的业务指南
  C. 衡量审计质量的客观标准
  D. 它是表述审计意见的重要依据

(11) 审计依据的特点是(　　)。
　　A. 层次性　　　B. 相关性　　　C. 时效性　　　D. 地域性
(12) 按内部控制制度评价的依据不同划分,审计依据划分为(　　)。
　　A. 内部会计控制制度　　　　　　B. 内部管理控制制度
　　C. 内部人事控制制度　　　　　　D. 内部生产控制制度

3. 判断题

(1) 审计人员职业道德中的独立性原则是指审计人员在执业时,应在形式和实质上独立于外部组织和他所服务的对象。　　　　　　　　　　　　　　　　　　(　　)
(2) 审计人员应当对执行业务过程中知悉的被审计单位的商业秘密严加保密。(　　)
(3) 各种审计主体可以在其审计管辖范围内派出审计特派员。　　　　　　(　　)
(4) 在执行业务时,应当保持应有的职业谨慎,是民间审计的一般要求。　(　　)
(5) 内部审计人员在审计报告中不必披露所了解的全部重要事项。　　　(　　)
(6) 目前,我国民间审计组织的法律形式是合伙制和公司制。　　　　　(　　)
(7) 审计准则是审计理论研究和审计实务不断发展的产物。　　　　　　(　　)
(8) 审计准则起源于美国,首先以政府审计准则的形式于1917年面世。　(　　)
(9) 国际相互交流是发展与完善审计准则的重要途径。　　　　　　　　(　　)
(10) 不同审计依据的效力是不同的,这是指审计依据的层次性。　　　　(　　)
(11) 审计准则是审计依据的重要组成部分。　　　　　　　　　　　　　(　　)
(12) 民间审计组织可以对其能力进行广告宣传以招揽业务。　　　　　　(　　)

4. 简答题

(1) 阐述我国审计组织的构成体系。
(2) 阐述我国民间审计组织的业务范围。
(3) 阐述我国内部审计的设置及应履行的职责。
(4) 阐述我国内部审计和民间审计职业道德的内容。
(5) 什么是审计准则?实施审计准则有什么作用?
(6) 理解审计准则与审计依据的关系。

第4章 审计方法、审计证据与审计工作底稿

【学习要点】

※ 理解审计方法的概念及其作用。
※ 理解审计证据的概念及其重要意义。
※ 掌握各种审计方法的运用。
※ 理解审计工作底稿的概念及其作用。
※ 熟悉各种审计工作底稿的格式。
※ 掌握审计证据的形态分类,熟悉其他分类。
※ 掌握审计证据的收集、鉴定与综合。
※ 掌握审计工作底稿的编制。

4.1 审计方法

4.1.1 审计方法概述

审计方法是指审计人员在审计过程中,为取得审计证据、完成审计任务而采取的一系列技术和手段。完整的审计方法体系,包括审计的基本方法和技术方法。本章主要阐述审计的技术方法。审计的技术方法大体包括审查书面资料的方法与证实客观事物的方法。

1. 研究审计方法的目的

研究审计方法可以达到以下目的。

(1) 正确运用审计方法,有利于提高审计工作效率和工作质量。
(2) 正确运用审计方法,有利于抓住问题的实质,更好地完成审计任务。
(3) 正确运用审计方法,有利于提高审计效益。

2. 审计方法的选用要求

在审计方法选用中应注意以下要求。

(1) 必须服从于审计目标。
(2) 必须服从于审计方式。
(3) 必须适应于被审计单位的实际情况。

4.1.2 审查书面资料的方法

审查书面资料的方法,可按照不同的标准再划分为若干具体方法。如按照运用的技术不同分为审阅法、核对法、验算法、分析法;按照审查资料的先后顺序不同分为顺查法、逆查

法;按照审查资料的详细程度不同分为详查法、抽查法等。

1. 审阅法

审阅法就是通过认真阅读凭证、账簿、报表、计划、合同等有关资料,对被审计单位进行审查的一种方法。采用该种方法时应注意结合审计目标,选择重点,发现可疑之处后,再决定是否需要采用其他方法进行审查。审阅法主要包括以下五个环节。

(1) 审阅原始凭证

原始凭证是在经济业务发生时取得或填制的,用以证明经济业务的发生或完成情况,并作为记账原始依据的会计凭证。原始凭证作为审计证据最为可靠。在审计中,对原始凭证的审阅应注意是否符合以下要求:完整性、真实性、合法性、正确性、一致性。具体可从以下三个方面进行。

① 原始凭证所反映的经济业务是否符合国家的方针、政策、法令、制度,其内容是否合法、合理。

② 原始凭证的格式是否规范化,开出凭证的单位名称和地址是否注明,凭证的编号是否连续,是否有单位的公章和经手人的签章。

③ 原始凭证的项目,包括抬头人名称、日期、数量、单价、金额等是否填写齐全,数字计算是否正确,字迹有无涂改。

(2) 审阅记账凭证

记账凭证是会计人员根据审核无误的原始凭证或汇总原始凭证用来确定经济业务应借应贷的会计科目和金额而填制的,作为登记账簿直接依据的会计凭证。在审计中,对记账凭证的审阅应注意是否符合以下要求:完整性、正确性、一致性。具体可从以下三个方面进行。

① 记账凭证上所注明的附件张数是否与所附原始凭证张数相符,记账凭证的内容是否与原始凭证相符。

② 记账凭证的填制手续是否完备,有无制证人、复核人和主管人员的签章。

③ 记账凭证上所编制的分录、应用的账户和账户对应关系是否正确。

(3) 审阅账簿

账簿包括总账、明细账、日记账和各种补充登记簿等。其中以审阅明细账和日记账为重点。总账除具有与明细账、日记账核对的作用外,其本身一般发现不了问题,因为总账的登记依据,主要是各种记账凭证汇总表,它所反映的是汇总数字。在审计中,对会计账簿的审阅应注意是否符合以下要求:合规性、合法性、正确性。具体可从以下四个方面进行。

① 各种明细账与总账的记录是否相符,有无重登和漏登情况。尤其应注意各类账户的月初和月末金额的变化是否正常。

② 账簿记录是否符合记账规则,有无涂改和刮擦等情况;账簿登记错误,是否按规定的错误更正办法更正。

③ 更换账页或启用新账簿时,特别应注意承上启下的数字是否一致。因为利用更换账页或启用新账簿之机,故意夸大或缩小结转金额,一般是不法分子的常用手段。

④ 根据摘要内容,审阅账簿登记的经济业务是否正常,如有疑问应进一步核对凭证。对于那些容易发生问题的账户,审阅时尤应特别注意。

(4) 审阅会计报表

会计报表是以日常核算资料为主要依据编制的,用来集中、概括地反映企业和行政事业等单位的财务状况、经营成果及成本费用情况的书面文件。在审计中,对会计报表的审阅应注意是否符合以下要求:真实性、完整性、衡等性。具体可从以下三个方面进行。

① 会计报表中应填写的项目是否填写齐全,有无遗漏。特别是资产负债表的审阅,应注意资产总额与负债及所有者权益总额是否平衡,资产与负债各项目之间的对应关系是否正常等。

② 会计报表的编制手续是否完备,有无编表人和审核人等的签名盖章。报表中的合计、总计等计算是否准确,应填列的数据有无漏填、漏列或伪造。

③ 会计报表的附录和说明也应审阅,因为附录资料是会计报表有关项目的补充说明,不可忽略。

(5) 审阅其他资料

其他资料主要包括企业的各种计划、预算、合同、质量检验记录、厂外加工材料收发记录、产品出厂单等,对这些资料的审阅往往也有助于发现问题,是收集审计证据不可疏漏的一个方面。

2. 核对法

核对法就是运用核对的手段,对被审计单位的账证、账账、账表和账实进行审查验证的一种方法。其主要目的是验证会计核算工作质量,审查其中有无错账、漏账、重复记账问题和弄虚作假、贪污舞弊行为;验证会计报表所反映的经营状况和财务成果是否真实。

(1) 账证核对。各项明细账和日记账的记录与有关凭证相互核对,审查有无错记、漏记和重复记账的情况,账簿记录的内容、金额、记账方向是否与凭证一致。具体包括:①证证核对。如购货发票与验收单、领料单与材料耗用汇总表的核对。②账证核对。如记账凭证与总分类账、明细分类账、日记账的核对。

(2) 账账核对。有关账簿之间进行核对。具体包括:①总账对总账。如总账各账户的借方余额合计与贷方余额合计的核对。②总账对明细账。总账记录与所属明细账合计数的核对,总账记录与各种日记账的核对。③账单核对。如银行日记账与银行对账单、债权债务往来账与客户对账单的核对。

(3) 账表核对。按照各项会计报表的有关数据与账簿记录的内在联系,以有关总账和明细账的数据为依据,核对账表有关项目的数据是否一致。具体包括:①账表核对。如总分类账期末余额、明细分类账期末余额与会计报表相关数据的核对。②表表核对。如本期报表期初数与上期报表期末数、资产负债表与其他报表之间的核对。

(4) 账实核对。各项明细账的记录与财产物资和货币资金的实存情况进行核对。如固定资产、材料、产成品的数量、规格、品种、金额账实是否一致;现金和银行存款的账实是否一致。如发现不符,应查明原因,并按照有关规定,以实物为准进行账务处理。

3. 验算法

验算法是指审计人员以人工方式或使用计算机辅助审计技术,对记录或文件中的数据计算准确性进行核对。会计工作中存在着大量的数据计算,会计人员在处理会计资料时,由于工作上的疏忽难免会发生计算上的差错,这将直接影响有关数据、指标的真实性、正确性。此外,在计算中有意错记数字,也常是舞弊的重要手段之一,因此在审计中可根据实际情况决定是否采用该种方法。

验算法的内容包括对会计凭证、账簿、报表中的有关数据的合计、总计、百分比和预测分析、预算、计划等资料中有关数据的计算验证。

4. 分析法

分析法是指审计人员在审计过程中,通过对审计事项的相关指标进行对比、分析和评价,以便发现其中有无问题或异常情况,为进一步审计提供线索的一种审计方法。

一般而言,审计人员在整个审计过程中,都将运用分析法。在审计准备阶段,需要对被审计单位所提供的会计报表及其他有关资料进行分析性复核,取得制订审计计划所需要的信息。在审计实施阶段,审计人员通过分析法,可以收集一定的审计证据,以发现尚需进一步检查的事项。在审计终结阶段,审计人员应对会计信息进行全面的分析性复核,形成对被审计单位的最终评价。常用的分析法有比较分析法、比率分析法和趋势分析法三种。

(1) 比较分析法。通过某一会计报表项目与其既定标准的比较,以获取审计证据的一种技术方法。它包括本期实际数与计划数、预算数或审计人员的计算结果之间的比较,本期实际与同业标准之间的比较等。

(2) 比率分析法。将会计报表中的某一项目与相关的另一项目相比计算其比率,通过对所得比率进行分析,获取审计证据。

(3) 趋势分析法。通过连续若干期会计报表某一项目的变动金额及其百分比的计算,分析该项目的增减变动方向和幅度,以获取有关审计证据。

5. 顺查法

顺查法是指按照会计业务处理的先后顺序依次进行检查的方法。顺查法也称正查法。会计人员处理会计业务的顺序:首先,取得经济业务的原始凭证,审核无误后编制记账凭证;其次,根据记账凭证分别记入明细账、日记账和总账;最后,根据账簿记录编制会计报表。顺查法审计顺序与会计业务处理顺序基本一致,它具体包括以下步骤。

(1) 审阅和分析原始凭证,旨在查明反映经济业务的原始凭证是否正确可靠。

(2) 审阅记账凭证并与其原始凭证核对,旨在查明记账凭证是否正确及与其原始凭证是否相符。

(3) 审阅明细账、日记账并与记账凭证(或原始凭证)核对,旨在查明明细账、日记账记录是否正确无误及与凭证内容是否相符。

(4) 审阅总账并与相关明细账、日记账余额核对,旨在查明总账记录是否正确及与明细账、日记账是否相符。

(5) 审阅和分析会计报表并与有关总账和明细账核对,旨在查明会计报表的正确性及与账簿记录是否相符。

(6) 根据会计记录抽查盘点实物和核对债权债务,借以验证债权债务是否正确、财物是否完整。

综上所述,顺查法主要运用了审阅和核对的技术方法。通过对凭证、账簿和报表的审阅与核对,借以发现问题、寻找原因并查明真相。采用顺查的取证方法,审查仔细而全面,很少有疏忽和遗漏之处,并且容易发现会计记录及财务处理上的弊端,因而审计质量较高,同时方法也简单,易于掌握。但是顺查法费时、费力、成本高、效率低,同时也很难把握审计的重点。因此,在现代审计中已经很少使用顺查法。顺查法,一是适用于规模小、业务量少的被审计单位;二是适用于管理混乱、存在严重问题的被审计单位;三是适用于特别重要或特别危险的被审计项目。

6. 逆查法

逆查法也称倒查法或溯源法,是指按照会计业务处理程序完全相反的方向依法进行检查的方法。逆查法的基本做法,与顺查法相反,其具体步骤见图4-1。

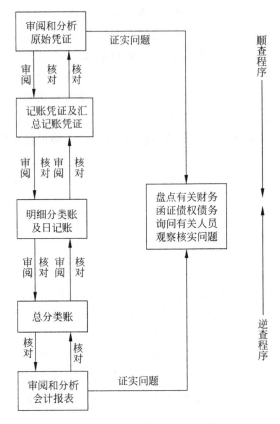

图4-1 顺查法与逆查法程序

(1) 审阅和分析会计报表,旨在确定会计报表的正确性和判断哪些方面可能存在问题及检查的必要性。

(2) 根据会计报表分析所确定的重点审查项目,检查总账和相关的明细账、日记账,旨在从账项记录上查明问题的来龙去脉。

(3) 审阅和分析总账并与相关明细账、日记账核对,旨在发现总账上可能存在的问题并通过明细账和日记账进行验证。

(4) 审阅和分析明细账、日记账并与记账凭证或原始凭证核对,旨在发现明细账、日记账上可能存在的问题并通过记账凭证或原始凭证进行验证。

(5) 审阅和分析记账凭证并与原始凭证核对,旨在发现记账凭证上存在的问题并通过原始凭证进行验证。

(6) 审阅和分析原始凭证并抽查有关财产物资及债权债务,旨在确定被查事项的真相。

综上所述,逆查法主要采用了审阅和分析的技术方法,并根据重点、疑点,逐个进行追踪检查,直到水落石出。因此,逆查法比顺查法不仅取证的范围小,还可以从审计事项总体上把握重点,在发现问题线索的基础上明确主攻方向,目的性、针对性比较强,而且有一定的审查重点,能够节约审计的时间和精力,有利于提高审计的工作效率,它是现代审计实务中较为普遍采用的一种方法。由于逆查法不对被审计单位的资料进行全面而有系统的检查,仅仅根据审计人员的判断而做重点审查,因而不能进行全面取证,也不能全面地揭露会计上的种种错弊。如果审计人员能力不强、经验不足,很难保证审计的质量,其失误的可能性比使用顺查法时大得多。逆查法本身的优缺点决定了其适合于对大型企业及内部控制健全的企业审计,而不适合于对管理混乱的单位及重要和危险的项目进行审计。

7. 详查法

详查法是指对被审计单位某一时期的全部会计资料及其他资料进行全面详细审查的一种检查方法。审计发展的早期,审计取证方法主要采用详查法。其特点是对被审期间的凭证、账簿、报表资料要详细地进行审查和核对,以查找其中的错弊为重要目标。要注意的是详查法不同于全部审计。详查法是一种审计方法,全部审计是审计的一种类型。

详查法的优点主要是审查内容全面、细致,能有效查出会计资料中存在的各种差错,审查结果准确、可靠,能最大限度地保证审计质量,减少审计风险;其缺点是工作量大,审计成本高。

详查法一般适用于经济业务较少、比较简单的单位,也可以用于内部控制比较混乱或有重大违法行为的单位。

8. 抽查法

(1) 抽查法的概念

抽查法也叫抽样审计,是从某一特定的审查对象(总体)中,按一定的方法抽取若干有代表性的单位(样本)进行审查,并以样本特性推断总体特征的一种审计方法。抽查法的重点有两个方面:一是抽取并审查样本;二是根据样本的审查结果来推断总体的正确性,确定其错弊程度。

抽样审计不同于详细审计,它只对总体全部项目中的一部分项目进行审计;而详细审计对审计对象总体中的全部项目进行审计。

(2) 抽查法的种类

第一,按照抽样决策的依据不同,抽样审计可分为统计抽样和非统计抽样。

统计抽样法又称概率抽样法。它是运用概率论和数理统计的方法,进行随机抽样,据以对总体进行推断的一种审计方法。由于统计抽样法明显具有统计特征,即样本的选择是无偏的、随机的、有代表性的;抽样结果可以用数学方法推算得出。因而,统计抽样法的优点是具有较强的科学性和准确性;其缺点是操作难度大,而且对于资料不全的单位及揭露各种舞弊的专案审计均不宜采用。

非统计抽样是由审计人员凭借自己的职业经验和判断能力,有目的地从特定审计对象总体中抽取样本进行审查,并以样本的审查结果来推断总体的抽样方法。该类方法的优点是灵活、方便、易学、易懂且应用面广,它使审计人员的智慧和经验得以发挥,大大提高了审计工作效率;其缺点是不能科学确定抽样数量,样本单位的抽选有主观随意性,不能计算抽样误差并给出审计结论的可靠程度。

究竟选用哪种抽样方法,主要取决于审计人员对成本效果方面的考虑。非统计抽样可能比统计抽样花费的成本要小,但统计抽样的效果则可能比非统计抽样要好得多。

第二,按照所了解的总体特征不同,抽样审计分为属性抽样和变量抽样。

属性抽样法是指在给定抽样误差和可靠程度的保证下,以样本差错率推断总体差错率而采用的一种方法。它是根据符合性测试的目的和特点所采用的抽样审计。

变量抽样法是以样本差错额测定总体差错额而采用的一种方法。变量抽样的目的是获取关于未知的真实总体货币金额的证据,应用变量抽样法,直接对涉及数额、余额的被审计项目的正确性进行测试,因而被广泛地运用于实质性测试中。

(3) 抽样审计方法的基本程序

抽样审计方法的基本程序可以分为三个阶段:一是抽取样本;二是审查样本规模;三是根据样本的审查结果推断总体。其基本程序如图 4-2 所示。

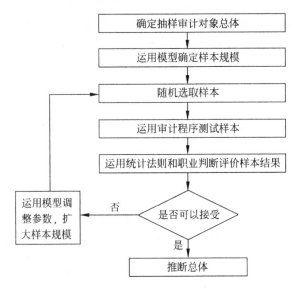

图 4-2　抽样审计方法的基本程序

(4) 抽样审计中样本的选取方法

在抽样审计中经常使用以下选样方法。

① 随机数表选样法。随机数表是由 0~9 的数字组合而成,每个数字在表上出现的次数大致相同,出现的顺序也按随机原则排列。随机数表的内容如表 4-1 所示。

表 4-1 所列数字都是 5 位数字,使用时可以不限于 5 位数字,也可以用 2 位、3 位或 4 位数字。抽样时,先对总体顺序进行编号,例如领料单编号、凭证编号、账簿页数编号等,确定使用几位随机数和哪几位随机数。例如,审查 2 000 张领料单,就应该用 4 位数,可采用 5 位随机数表的前 4 位数字或后 4 位数字。从随机数表中任何一行、一栏开始依次往下数(从左到右、从上到下),凡在总体编号范围内(本例为 2 000 张)的数,即为抽中数。如从 2 000 张中抽取 10 张,从第 5 行第 5 栏开始往右查,抽中的数为 1 413、1 958、0 030、0 764、1 359、1 293、1 401、0 940、1 105、1 371。

表 4-1 随机数表

列\行	1	2	3	4	5	6	7	8	9	10
1	32 044	69 037	29 655	92 114	81 034	40 582	01 584	77 184	85 762	46 505
2	23 821	96 070	82 592	81 642	08 971	07 411	09 037	81 530	56 195	98 425
3	82 383	94 987	66 441	28 677	95 961	78 346	37 916	09 416	42 438	48 432
4	68 310	21 792	71 635	86 089	38 157	95 620	96 718	79 554	50 209	17 705
5	94 856	76 940	22 165	01 414	01 413	37 231	05 509	37 489	56 459	52 983
6	95 000	61 958	83 430	98 250	70 030	05 436	74 814	45 978	09 277	13 827
7	20 764	64 638	11 359	32 556	89 822	02 713	81 293	52 970	25 080	33 555
8	71 401	17 964	50 940	95 753	34 905	93 566	36 318	79 530	51 105	26 952
9	38 464	75 707	16 750	61 371	01 523	69 205	32 122	03 436	14 489	02 086
10	59 422	59 247	74 955	82 835	98 378	83 513	47 870	20 795	01 352	89 906
11	11 818	40 951	99 279	32 222	75 433	27 397	46 214	48 872	26 536	41 042
12	65 785	06 837	96 483	00 230	58 220	09 756	00 533	17 614	98 144	84 827
13	05 933	69 834	57 402	35 168	84 138	44 850	11 527	05 692	84 810	44 109
14	31 722	97 334	77 178	70 361	15 819	35 037	46 319	21 085	37 957	05 102
15	95 118	88 373	26 934	42 991	00 142	90 852	14 199	93 593	76 028	23 664
16	14 347	69 760	76 797	91 159	85 189	84 766	88 814	90 023	62 928	14 789
17	64 447	95 461	85 772	84 261	82 306	90 347	87 519	03 144	16 530	52 542
18	82 291	62 993	83 884	69 165	14 135	25 283	35 685	47 029	62 941	37 099
19	45 631	73 570	53 937	02 803	60 044	85 567	10 497	26 882	50 000	47 039
20	59 594	78 376	47 900	30 057	94 668	04 629	10 087	13 562	13 800	15 764
21	72 010	44 720	92 746	82 059	42 361	54 456	66 999	77 103	47 491	65 161
22	35 419	04 632	07 000	25 529	72 128	90 494	05 118	34 453	42 189	82 994
23	71 750	86 044	76 982	81 606	93 646	00 776	06 067	10 638	08 818	94 242
24	84 739	48 460	08 613	88 344	27 585	44 997	58 464	68 682	56 828	78 191
25	38 929	79 307	78 252	14 446	21 545	34 734	48 625	61 374	32 181	17 834
26	67 690	88 918	06 316	08 110	24 591	38 729	53 296	64 295	87 158	64 983
27	64 601	76 493	91 280	23 056	21 242	26 983	34 203	40 045	82 157	65 050
28	72 065	44 093	88 240	17 510	73 412	88 774	96 914	05 702	17 130	20 916
29	90 255	74 930	08 500	64 177	13 202	15 085	15 734	75 555	63 812	57 696
30	28 621	05 997	60 429	26 054	65 632	27 972	42 932	81 090	49 530	35 918

② 系统抽样法。系统抽样法又称等距选样法,是指先将总体单位按序排列,然后按照一个或几个随机起点,以相同的间隔等距离地抽选样本的抽样方式。

确定间隔数的公式为

$$M = \frac{N}{n}$$

式中,M 为抽样间隔数;N 为总体数量;n 为抽样数量。

【例 4-1】 从 2 000 张记账凭证中抽取 200 张凭证作为样本,则抽样间隔数为

$$M = 2\,000 \div 200 = 10(张)$$

假定从前 10 张凭证中随机选定一张凭证,如从第 5 张开始,每间隔 10 张抽取一张,即第 5 张、第 15 张、第 25 张、第 35 张、第 45 张,直到抽完 200 张凭证为止。

③ 分层选样法。分层选样法又称分组随机抽样法,是指按照一定标准将总体划分为若干层次,然后对每一层次进行随机抽样的一种选样方法。例如,对应收账款进行测试时,依据各项记录的金额大小作为分层标准,然后针对不同层次采用不同的测试方法,如表 4-2 所示。

表 4-2 分层选样法

层次	分层标准	测试规模/%	选样方法
1	金额在 100 000 元以上	100	详查
2	金额在 50 000~100 000 元	20	随机数表选样
3	金额在 50 000 元以下	1	系统选样

④ 整群抽样法。整群抽样法是指按某一标志将总体全部个体分为若干群,以群作为抽样单位,然后按随机原则抽出若干群作为样本进行审查的一种选样方法。

(5) 抽查法的优缺点

抽查法的优点是省时省力、成本低、效率高,能收到事半功倍的效果;缺点是若样本选择不当或缺乏代表性,就会使审计人员作出错误的结论,审计风险性较大。因此,抽查法一般适用于规模大、经济业务复杂繁多、会计核算质量高、内部控制制度健全的单位。

本书作者认为,上述八种审查书面资料的方法中,审阅法、核对法、验算法、分析法是四种核心技术,顺查法、逆查法是审计查账的顺序;详查法、抽查法是审计查账的详略程度。在顺查法、逆查法、详查法、抽查法的运用中,都要用到这四种核心技术。

4.1.3 证实客观事物的方法

1. 盘点法

盘点法是审计人员对被审计单位各种实物资产及现金、有价证券等进行实物清点,以确定其存在状况的一种审计方法。盘点法分为直接盘点法和监督盘点法。直接盘点法由审计人员亲自到现场盘点实物,证实书面资料同有关的财产物资是否相符的方法。这种方法运用较少,一般只对较少的、重要的财产物资,如贵重物资才采用该种方法。监督盘点法是审计人员观察盘点,用来证实书面资料和实物是否相符的方法。采用监督盘点法,是为了确定被审计单位实物形态的资产是否真实存在,并且与账面数量相符;查明有无短缺、毁损及贪污、盗窃等问题的存在。

一般而言,实物资产的盘点主要由被审计单位进行,审计人员只进行现场监督,对贵重的物资还可抽查复点。

盘点法只能对实物资产是否确实存在提供有力的审计证据,但不能保证被审计单位对资产是否拥有所有权,也不能对该资产的价值和完整性提供审计证据。因此,在采用监盘程序之外,应该对实物资产的计价和所有权另行审计。

如果盘点日与结账日不一致,应该进行必要的调整。当结账日先于盘点日时,其调整公式为

结账日实存数=盘点日实存数+结账日至盘点日发出数-结账日至盘点日收入数

当盘点日先于结账日时,其调整公式为

结账日实存数＝盘点日实存数＋盘点日至结账日收入数－盘点日至结账日发出数

上述两个公式中用作调整数的收入数和发出数,必须经过审核,只有认为正确无误时,才能用来调整。

2. 查询法

查询法是指通过询问和调查等方式,取得必要的审计资料,以证实某些客观事物的审计方法。查询法可分为询问法和函证法。

(1) 询问法

询问法是指审计人员在审计过程中,以书面或口头方式,向被审计单位内部或外部的知情人员获取财务信息和非财务信息,并对答复进行评价的过程。询问法往往是在运用检查、监盘及观察等方法发现疑点和问题后加以运用。询问必须作书面记录,并由答询人签字盖章。审计人员向有关单位和个人进行调查询问时,应当出示审计人员的工作证件和审计通知书副本。

(2) 函证法

函证是指审计人员为了获取影响财务报表或相关披露认定的项目信息,通过直接来自第三方对有关信息和现存状况的声明,获取和评价审计证据的过程。这种方法往往是发函给被审计单位的债权人、债务人及其他有关方面,请求核实往来账目、有关财产和其他事项,借以补充通过审阅、复核及查询等审计方法取得的不完整证据。

函证分为肯定式函证和否定式函证两种。肯定式函证也称积极式函证,是指不论函证对象对函证内容是否认为正确,都要求给予复函。审计人员收到复函后,应同被审计单位账面记录核对,如有不符,可再次发函询证。这种方法在手续上比较麻烦,但是能取得书面证据,提高审计证据的可信性。否定式函证也称消极式函证,是指仅当函证对象对函证内容认为有误,才要求给予复函。在否定式函证中,应当写明给予复函的最后期限,超过该期限,则认为函证内容真实。由于否定式函证所取得的审计证据不如肯定式函证所取得的审计证据可靠,因此,对于数额较大、有疑点的往来款项宜采用肯定式函证。函证范围包括银行存款、借款、应收账款、短期投资、应收票据、长期投资、委托贷款、或有事项、重大或异常交易等。为保证审计质量,函证必须由审计人员进行,由审计人员选择函证单位并办理函件的收发,而不能交由被审计单位进行。如果没有回函或对回函结果不满意,审计人员应实施必要的替代程序,以获取相应的审计证据。

3. 观察法

观察法是审计人员实地查看被审计单位的经营场所、实物资产和有关业务活动及其内部控制的执行情况等,以获取审计证据的方法。运用观察法应当观察的内容是内部控制制度的执行情况、经济业务的运作过程。通过观察,审计人员可以了解被审计单位的基本情况,获取被审计单位的经营环境、生产状况、业务运行情况及内部控制遵循情况的证据。采用观察法应与盘点法等其他审计方法相结合,必要时应拍摄照片或录像。

4. 鉴定法

鉴定法是指通过物理、化学、技术鉴别等手段来确定某些实物资产的性能、质量和书面资料真伪的一种方法。鉴定法超出了一般审计人员的能力,应邀请有关专门人员运用专门技术进行确定和鉴别。审计人员只要尽到专业胜任能力和职业道德方面义务就可以了。

4.2 审计证据

4.2.1 审计证据概述

1. 审计证据的概念

审计证据是指审计人员在审计过程中依照法定的程序和方法取得的能够证明被审计事项真实情况的凭证。对审计证据概念的把握要注意两点：一是取证程序要合法。通过不合法程序取得的审计证据是不能被采用的；二是要重视审计证据的重要性。从一定意义上来说，审计过程就是收集和评价审计证据，最后形成审计意见和结论的过程。收集和评价审计证据是审计的核心工作，是决定和提高审计工作质量的关键。正是由于审计证据的重要性，故使其成为审计理论和审计实践的一个重点，历来为各国政府和审计团体组织制定的有关审计文献所重视与强调。如美国注册会计师协会颁布的《一般公认审计准则》第二部分工作准则第三条规定："运用检视、观察、查询和函证等方法，以获取充分而适当的证据，作为对所审核的财务报表表示意见的合理根据。"

为了在审计工作中严格地遵循审计依据，更好地收集、评价和运用审计证据，顺利地完成审计任务，有必要在理论上弄清审计依据和审计证据的联系与区别。首先，审计依据和审计证据的联系：审计依据是收集审计证据的前提条件，没有审计依据，就无法决定取得什么样的审计证据，审计证据是根据审计依据进行审计的结果，两者贯穿于审计工作的全过程；审计依据和审计证据具有共同的相关性，审计依据和审计证据都必须与特定的审计对象密切相关，否则这些审计依据和审计证据都是无效的。其次，审计依据和审计证据的区别：两者的概念不同，审计依据是指审计人员对所查明被审计单位经济活动的事实真相，判明是非曲直，并评价其审核检查结果，据以提出审计意见，作出审计结论的客观标准或根据，而审计证据则是证明被审计单位经济活动的事实真相的各种根据。审计依据是对经济活动是与非的抽象性概括和评价，而审计证据是被审计单位经济活动是与非的具体反映。

2. 审计证据的作用

审计证据的作用可以从以下两个方面来把握。

（1）从审计的宏观方面

如前所述，整个审计过程就是收集、鉴定、整理、分析审计证据的过程，审计方法实际上就是收集审计证据的方法。审计证据就是审计工作的载体和抓手。

（2）从审计的微观方面

首先，审计证据是证明被审计事项的性质和事实的客观依据。例如，根据充分、可靠的审计证据，可以确认账目上的差错是属于无意的疏忽，还是蓄意的弄虚作假；判明库存材料的短缺是属于自然损耗，还是由于营私舞弊。又如，为了证明会计报表上所列示的固定资产项目的余额是否确实，就需要取得证明该项目的真实性、完整性、所有权和计价等的各种审计证据。

其次，审计证据是审计人员确认事实真相、形成审计意见和结论的基础。在审计过程中，审计人员只有坚持客观、公正态度，运用检查、盘存、分析、调查等审计方法，收集充分而可靠的审计证据，凭事实说话，才能保证所形成的审计意见和结论正确可靠，符合客观实际。若凭主观判断、估计和推测，只能得出错误、有害的意见和结论，以致贻误审计工作。

再次，审计证据是衡量和控制审计工作质量的重要依据。审计项目负责人根据审计证据的数量、质量情况，可以评定审计人员的工作成绩和质量，帮助审计人员增强能力，提高功效，从而控制审计风险，提高审计工作质量。

最后，审计证据是解除和追究行为人的经济责任与法律责任的客观依据。审计证据作为判明是非功过的事实凭据，通常被司法、行政、经济等部门用来作为追究或解除行为人经济责任和法律责任的重要依据。

3．审计证据的特点

审计证据具有以下五个特点。

（1）审计证据具有客观性

审计证据是客观存在的事实。其客观性主要表现在：审计证据必须是被审计经济活动的客观反映，而不能夹杂着个人的主观臆断；审计证据中的时间、地点、事实、当事人等都须符合客观实际；审计证据所描述的被审计经济活动变化的环境、条件、因果关系及其制约和影响程度，都要真实可靠，不能虚构；审计证据中各种数字都要正确。明确审计证据的客观性，促使审计人员依照法定程序取得证据，并且必须经过查证落实，经得起实事求是的检验。如果证据不客观，再多的证据都是无效的。

（2）审计证据具有相关性

审计证据是与一定的审计对象有关的事实。它能证明审计人员提出的审计结论和意见，与所要核实的事项有联系。审计证据与被审计经济活动事实之间的联系，主要有下列几种：反映被审计经济活动主要事实作用于某些人的感官或某些物品而形成的证据，如债权人对于与被审计客户货款结算情况的陈述，签订合同所制作的文书等；反映被审计经济活动主要事实发生原因的依据，如反映现金管理制度不健全或不完善等的证据；反映被审计经济活动主要事实产生结果的证据，如反映损害赔偿案件中被损害的物品，贪污案件中被作案人员涂改的凭证账表等。

明确审计证据的相关性，就能保证审计结论正确，并使之建立在可靠的证据基础之上。如果所收集的审计证据与审计目标和审计意见无关，再多的证据都是无用的。

（3）审计证据具有可靠性

审计证据因其被审计事项的内容不同而具有不同程度的可靠性或证明力。证明力是指审计证据所具有的证明各项被审计事项的能力。证明力的强弱取决于审计证据本身的存在形态及其所具有的功能；取决于被审计单位对审计证据的支配程度，受被审计单位支配程度大的证据，其证明力就小；反之，受被审计单位支配程度小的证据，其证明力就大。

审计证据越有证明力，则越能使审计人员相信财务报表的表达是允当的。比如，审计人员通过亲自盘点存货所取得的证据，比管理者所提供给审计人员的存货数据更为可靠。审计人员亲自参与取证工作，根据审计目标的要求和审计准则的规定，在审计资源和时间有限的情况下，就能主动确定收集什么证据、如何收集证据和收集多少证据等，并对其进行综合分析和评价，决定取舍，以保证收集充分而可靠的审计证据。

(4) 审计证据具有充分性

审计证据的充分性也称足够性,是针对审计证据应有多少数量而言的,它是支持审计结论的最低数量要求,同时在满足最低数量要求的基础上要考虑成本与效益的关系。审计证据的充分性与以下几个因素有关:审计项目的重要程度、审计风险、审计证据类型、审计人员的经验。

(5) 审计证据具有时效性

审计证据的时效性是指审计证据的效力受一定时间的限制,即某些审计证据只能用来证明某个特定时间内的事项,如果被审计事项超出了这个时间区间,则失去了证明力。因为审计证据所揭示不同期间的经济活动不可能相同;即使经济活动并没有发生变化,但时过境迁,其所处客观环境也必然有所变化。在新情况下取证,其结果和意义将与前期大不相同。因而,前期获取的审计证据,只能用以证明前期的应证事项,不能作为本期审计结论的依据,其时效性是不可忽视的。所以,审计人员必须在较短的时间内取证,为审计结论迅速提供证据,以保证其应有的时效性。

4.2.2 审计证据的分类

审计证据可按不同的标准分类。研究审计证据的分类对于有效地取得证据、正确地评价证据,提高审计工作的效率,具有极其重要的意义。

1. 按证据形态不同分类

审计证据按证据形态不同,可划分为以下四类。

(1) 实物证据

实物证据是指通过对各种财物进行观察和盘点所取得的证据。各种财物包括库存现金、应收票据、存货(材料、在产品、半成品、产成品、低值易耗品和包装物)、固定资产等。该类证据可直接用来证实资产的实存数量及有关质量情况。一般来说,它具有很强的可靠性或证明力,但不是证明力最强的证据,它只能证明某些实物资产是否确实存在,而不能证明它们的所有权和价值。要证实各种实物资产的所有权、计价和分类等,还必须结合查证书面资料,取得其他有关证据。

(2) 书面证据

书面证据是指通过对各种书面资料进行检查和分析所取得的证据。书面证据的种类很多,主要包括从被审计单位外部直接取得的书面资料中所取得的证据;从被审计单位保存的由外部单位编制的书面资料中所取得的证据;由被审计单位内部编制并由其保存的书面资料中所取得的证据。第一种书面证据最为可靠,如征询函回单等;第二种书面证据较为可靠,如发货票、对账单等;第三种书面证据主要包括单位的会计凭证、账簿和报表等,这种证据的可靠程度要视其内部控制制度的健全程度而定。书面资料是审计证据的主体,其中多数是会计资料,此外,还有计划、合同和会议记录等。审计人员主要是依靠取得这类证据,作为形成审计意见和结论的重要依据。

(3) 口头证据

口头证据是指有关人员根据审计人员的提问所作出的口头证明或答复。该类证据的可靠性较差,但它可以为开展审计工作、确定审计重点、找出薄弱环节等提供线索或佐证。例如,审计人员可从单位负责人所作的情况介绍中,了解内部控制制度的基本情况及其所存在的主要问题,从而决定采用哪种审计程序。上述情况介绍就是一种口头证据,口头证据是书面证据的补充。

(4) 环境证据

环境证据是指对被审计对象产生影响的各种环境事实。环境证据包括三类:有关内部控制情况、管理人员的素质和各种管理条件。该类证据的可靠性差,但它有助于审计人员了解情况,为确定审计重点和范围提供依据。

2. 按证据取得来源不同分类

审计证据按证据取得来源不同,可划分为以下三类。

(1) 外部证据

外部证据是指审计人员从被审计单位及其所属单位以外的单位或个人处所获取的审计证据。外部证据包括从被审计单位外来的书面证据中获取和直接从被审计单位以外的单位获得的证据,如发货票、收据、银行对账单、订货合同、征询函回单、有关证书及文件等,均为外部证据。另外,还有由被审计单位外部的有关人员口头说明所形成的证据(第三方声明和陈述)。外部证据的可信程度一般比内部证据高,尤其是审计人员直接从外单位取得的证据,如由银行提供的银行存款对账单等。不过,该类证据可信程度的高低还与外单位或有关人员的社会信誉高低有关。

(2) 内部证据

内部证据是指审计人员从被审计单位及其所属单位内部所获取的审计证据。如被审计单位会计部门编制的凭证、账簿和报表等,业务部门填制的入库单、出库单、发票和由被审计单位内部人员口头说明所形成的证据等,均为内部证据。与外部证据相比,内部证据的可信性要低一些。但如果被审计单位的内部控制制度健全,内部证据的可信性可得以增强。此外,如果内部编制的会计凭证曾发送给外单位,并得到承认或予以确认的,也可增加其可信性,如企业开出的转账支票一般要由收款单位送开户银行转账,就属于这种情况。

(3) 亲历证据

亲历证据是指审计人员亲眼看到、亲自参加、亲自动手取得的证据,如监盘、观察被审计单位业务执行情况取得的证据,亲自动手编制的计算表、分析表等。

3. 按证据作用不同分类

审计证据按证据作用不同,可划分为以下两类。

(1) 直接证据

直接证据是指对一定应证事项起直接证实作用的证据。例如,总分类账各账户期末余额,对于作为审计对象的财务报表中各项目是否正确和真实可以直接作证。又如,对现金报销凭证进行审查所取得的结果,可以作为证明现金出纳支出记录是否真实、正确的直接证据。严格来说,直接证据仅仅指那些与应证事项有着直接关系的证据,如前面所列举的两例便是直接证据,如果放宽一点来解释,则付款凭证对于资产负债表中现金和银行存款项目来说,也可以看作直接证据。

(2) 间接证据

间接证据是指对一定应证事项只能起间接证实作用的证据。审计人员依靠这种证据只能对作为审计对象的应证事项进行间接推论。口头证据,不论其来源如何,均为间接证据,可以对直接证据起旁证作用。除抽样检查时从审计对象主体中抽取的那部分样本为直接证据外,其余部分都是间接证据。对于企业的财务报表来说,原始凭证一般都是间接证据。

4. 按证据内容的真实性不同分类

审计证据按证据内容的真实性不同,可划分为以下两类。

(1) 真实证据

真实证据是指真实地反映了被审计事项实际情况的证据。如反映经济业务实际发生情况的各种会计凭证、账簿和报表;被调查人提供的某件事情或某个问题的真实证词等,均为真实证据。对于真实证据,还要进一步查明其合法性、合规性,或合理性、有效性。

(2) 不真实证据

不真实证据是指不真实地或歪曲地反映被审计事项实际情况的证据。它包括下列三种。

① 不实证据。不实证据是指无意地弄错或歪曲反映被审计事项的证据。如仓库保管员在填写入库单时,无意中将两种购入原材料串户,记错了品名、规格和数量,而使入库单反映内容与原材料的实际库存情况不相符合。

② 篡改证据。篡改证据是指当事人蓄意歪曲事实而进行作弊的证据。如故意涂改原始凭证的抬头、金额或日期,以便达到贪污现金的目的,为了掩盖真相,一般都不会留下明显迹象。因此,必须仔细辨认检查。

③ 伪证。伪证是指用作伪手法所伪造的凭证,其实根本没有发生凭证所指的经济业务,以及虚假证词或书面证明,如假账、假报表、假发票和假证词等。

对于以上不真实证据,审计人员应查明其虚假作弊的事实,这在财经法纪审计中具有十分重要的意义。

4.2.3 审计证据的运用

1. 审计证据的收集

(1) 审计证据收集的基本要求

审计证据收集如何,关系到审计意见和结论正确与否,以及审计工作成败与否。因此,必须收集到具有一定质量和数量要求的证据。

① 必须依照法律规定的程序和手续收集证据。严禁非法手段取证,凡是用非法手段得到的审计证据是不能被采用的。

② 必须及时、主动地收集证据。这是强调审计证据的时效性。审计人员应有计划、有目的地开展取证工作,不得迟缓、拖拉。

③ 必须客观全面地收集证据。

④ 必须深入细致地收集证据。

⑤ 必须依靠群众收集证据。

⑥ 必须借助现代科技手段收集证据。

⑦ 必须严格保密地收集证据。

⑧ 必须努力提高取证效益,降低取证成本。

(2) 审计证据收集的途径和方法

审计人员收集审计证据的途径和方法很多,一般包括以下几种。

① 要求被审计单位及有关单位和人员提供资料。

② 亲自查阅文件资料。

③ 现场观察和盘点。

④ 询问调查有关人员。

⑤ 函证往来业务。

⑥ 参加会议。

⑦ 重新计算和分析有关数据资料。

⑧ 对原始证据复印、照相、录音及录像等。

2. 审计证据的鉴定

在收集审计证据过程中,还必须对审计证据进行鉴定,以便最后经综合分析和判断,有效地形成审计意见和结论。

审计证据鉴定主要是指从数量和质量两个方面,鉴定其所收集的审计证据是否具有充分性和可靠性。

(1) 审计证据的客观性鉴定

审计证据是否客观地反映了被审计单位的经济活动,主要从以下两个方面判断:①审计证据应真实客观地反映经济活动,而不能掺杂审计人员的主观意见。②审计证据中涉及的时间、地点、事实等要确切无误。

(2) 审计证据的相关性鉴定

在审计实践中,由于证据不是由同一个审计人员收集的,来源不同,各证据之间往往会有这样或那样的矛盾。审计人员要采取具体的方法鉴定证据的相关性,主要从以下几个方面进行:①鉴定证据本身有无矛盾。②鉴定证据与证据之间有无矛盾。③鉴定证据与被审计事项的事实有无矛盾。

(3) 审计证据的充分性鉴定

充分性是指为了足以支持审计人员的意见和结论,而应当取得的审计证据的数量。

从主观方面来看,审计证据的充分性主要取决于下列因素:首先是审计人员的经验,即经验丰富的审计人员,可以凭借相对较少数量的证据而形成正确的意见和结论,而缺乏经验的审计人员,则需要收集到较多数量的证据后,才能形成意见和结论;其次是审计人员对待审计风险的态度,即敢于承担风险的审计人员,善于发现疑点并追查疑点,可以凭借较少数量的证据得出意见和结论,而过于谨慎小心的审计人员,除非获得大量的证据,否则不敢得出意见和结论;再次是审计人员针对具体审计对象作出判断的能力,即具有较强判断能力的审计人员,可以收集到数量较少、但证明力较强的审计证据来作出审计结论,而缺乏判断能力的审计人员,往往需收集到大量的证据,而且其证明力不强,以致形成的审计意见和结论并不十分有力。

从客观方面来看,审计证据的充分性主要取决于下列各项因素。

① 审计风险性。审计人员在进行财务审计过程中,其审计总体目标是保证企业财务报表的真实性与公允性,在企业发生错弊可能性较大的情况下,审计人员就有必要寻求较高的保证程度,也就需要取得较多数量的审计证据。

风险性是指发生错弊行为的可能性。风险性并不仅就金额数量而言，它也指对会计事项处理不正确及漏记账目等情况。这些错误的发生，同样会对财务报表的真实性产生影响，给财务报表的使用者造成某些错觉。

风险性大小同时与企业内部控制制度健全与否有密切的关系。如果企业在某一方面缺乏应有的内部控制制度，或者虽有制度却未能很好执行，则这方面的会计事项发生错误的可能性就大；反之，内部控制制度越健全，风险性也就越小。

影响风险性的另一个因素是被审计单位的经营环境和条件。一个发展迅速、盈利水平高的企业，往往为了保持下年度的主动性，就会有意识地在财务报表上虚减一部分本期盈利；而一个经营不善、盈利水平低或发生亏损的企业，又常常怕因影响其收入、利润和经营业绩而虚报本期利润。

此外，不同项目的风险性也是不一样的，如现金和贵重物品等流动资产，往往是犯罪分子和一些违法企业猎取的直接对象，因而其风险性就大。在审计过程中，对这些项目一般需要寻求较高的保证程度，故往往需要实行全面盘点，收集较多数量的证据。而一些大型固定资产，如厂房、设备等，则被盗的可能性极小，只是当其使用不当的情况下才有可能发生，故不必进行全面盘点，而实行有重点地抽查盘点，收集较少数量的证据。

② 审计对象的重要性。重要性与审计人员判断有很大关系。一般认为，作为审计对象的某些项目，对财务报表的真实性、公允性会产生重要影响，被视为是重要的项目，需要收集较多的审计证据予以证实。

《会计准则说明书》第 5 号公告（以下简称 AAS5）对重要性作了以下表述："如由于遗漏、掩盖或谎报而导致财务报表所编制资料失真或其他一些缺点，并由此而影响报表使用者所作出的评价或决策"，这些项目就被认为是重要的项目。

③ 获取证据的成本。审计人员必须考虑获取审计证据的成本。应当将获取证据的成本与证据所能提供的保证水平进行比较。例如，在对某个大型企业进行审计时，如该企业有些财产存放于其他地方，审计人员一般可以通过货物所在地的审计部门协助了解其存放和保管情况，而不必亲自长途跋涉去实地检查。尽管利用其他审计人员的检查结果不如自己目睹更为可靠，但是可以大大节省审计费用。不过，对于某些至关重要的事项，仍有必要花费较多人力、物力予以查证核实。

(4) 审计证据的可靠性鉴定

可靠性是指审计证据能真实、正确地反映被审计事项，因而具有较强的证明力。衡量、判断审计证据的可靠性，通常包括下列标准。

① 以书面资料方式提供的证据一般要比口头方式提供的证据更可靠。

② 从独立的外部审计单位取得的证据要比从被审计单位内部取得的证据更可靠。

③ 从健全的内部控制制度中取得的证据要比从不健全的内部控制制度中取得的证据更可靠。

④ 由审计人员亲自检查、分析、计算、观察、核对和调查所取得的证据要比间接取得的证据更可靠。

⑤ 起直接证实作用的证据要比起间接证实作用的证据更可靠。

⑥ 近期收集到的证据要比早期收集到的证据更可靠。

3. 审计证据的综合

（1）审计证据综合的作用

审计证据综合使审计证据成为有序的、系统化的、彼此联系的证据，对被审计单位进行评价，从而得出正确的审计意见。

（2）审计证据综合的方法

审计人员在对审计证据鉴定的基础上进行综合，综合方法与审计证据鉴定方法相结合成为一套整理分析审计证据的方法体系。该套方法体系包括小结和综合两种。小结是指在审计证据分类、计算和比较的基础上，审计人员对审计证据进行归纳和总结，得出具有说服力的局部审计结论。综合是指审计人员对各类审计证据及其所形成的局部审计结论进行综合分析，最终形成整体的审计意见。

4.3 审计工作底稿

4.3.1 审计工作底稿概述

1. 审计工作底稿的概念

审计工作底稿是指审计人员在审计过程中形成的全部审计工作记录和获取的资料，并且按照一定格式编制成档案性质的文件。对审计工作底稿的概念要从以下几个方面把握：①审计工作底稿是审计人员在审计工作中所形成、收集的全部资料。②审计工作底稿要有一定的格式。③审计工作底稿是审计证据的载体。审计工作是一项十分复杂且责任重大的工作，因此，审计人员在执行每一次审计任务的过程中，都必须对审计工作的执行情况、所收集的各项审计证据及被审计单位所提供的各种文件资料等，及时做好日常工作记录，以便为编写审计报告、作出审计结论和决定提供重要依据。审计工作底稿是连接审计证据与审计报告的桥梁，是审计人员进行审计工作的重要工具。

2. 审计工作底稿的作用

审计工作底稿具有下列重要作用。

（1）它是编写审计报告的重要依据。审计人员编写审计报告的资料主要来自审计工作底稿。各种审计意见、审计结论和决定，都必须以审计工作底稿中所记录的各种审计证据作为充分的根据和佐证。

（2）它是组织和协调审计工作，考核审计人员工作质量的依据。审计人员所从事的各项审计工作，都要及时地记录于审计工作底稿，包括根据会计记录所编制的试算表、分析表、计算表和调节表等各种审计证据资料，以及审计计划、工作程序及日程安排等各项审计组织管理资料，这就便于审计组负责人及时协调和组织各个成员的工作，共同完成审计任务。同时便于各级审计负责人通过复核审计工作底稿，考核和评价各个审计人员的业务技能、政策水平和工作质量，评价审计报告所依据的审计证据是否充分、可靠，判断和评价审计工作是否符合审计准则的要求。

（3）它为日后备忘和复审提供参考资料。审计工作底稿记录了被审计单位的各种情况，为今后对被审计单位复审提供重要参考资料，也为下次编制审计工作计划及改进审计管理提供参考依据。

(4) 它是审计人员用以自卫的工具。当审计人员被指控过失而诉讼法律时,审计工作底稿便成为审计人员进行辩护、驳斥指控的重要工具。因此审计人员应当切实保证审计工作底稿的质量,并应力求前后内容一致,避免相互矛盾。

3. 审计工作底稿的分类

审计工作底稿内容很多,格式各异,作用不同,按照不同的标准可以分成若干类型。

(1) 审计工作底稿按其类别不同,划分为综合类工作底稿、业务类工作底稿和备查类工作底稿。综合类工作底稿是指审计人员在审计计划和审计报告阶段,为规划、控制和总结整项审计工作,并发表审计意见所形成的审计工作底稿;业务类工作底稿是指审计人员在审计实施阶段执行具体审计程序所形成的审计工作底稿;备查类工作底稿是指审计人员在审计过程中形成的、对审计工作仅具有备查作用的审计工作底稿。

(2) 审计工作底稿按其资料来源不同,划分为自编审计工作底稿和收集审计工作底稿。前者如审计人员编制的审计工作方案、审计日记、调查表和测试表、查账明细表、分析表、计算表和征询函件等;后者如被审计单位提供的重要文件、合同和会议记录复印件等。

(3) 审计工作底稿按其功能不同,划分为审计组织管理工作底稿和审计执行业务工作底稿。前者是指审计人员对本身所实施的审计工作进行有效管理而编制的审计工作底稿,如审计工作计划和方案、审计通知书或委托书、审计日程表、出勤考核登记簿、借用资料登记簿等;后者是指审计人员在审计过程中收集和记录在案的审计证据并作出评价、判断而编制的审计工作底稿,如审计日记、调查类工作底稿、查账类工作底稿、盘点类工作底稿、专项审计事项工作底稿、审计报告底稿或副本等。

(4) 审计工作底稿按其格式不同,划分为会计平衡式工作底稿、表格式工作底稿和文字式工作底稿。其常见格式在 4.3.2 小节会讲到。

对审计工作底稿进行分类整理,形成审计档案。审计档案分为永久性档案和当期档案。永久性档案是指那些记录内容相对稳定,具有长期使用价值,并对以后审计工作具有重要影响和直接作用的审计档案;当期档案是指那些记录内容经常变化,只供当期审计使用和下期审计参考的审计档案。

4.3.2 审计工作底稿的编制与复核

1. 审计工作底稿的内容和结构

一般来说,一份完善的审计工作底稿应当包括以下基本内容。

(1) 被审计单位名称。

(2) 具体审计事项名称。

(3) 审计项目的时间或期间。

(4) 审计过程的记录。

(5) 审计标示及其说明。

(6) 审计结论。

(7) 索引号及页次。

(8) 编制者姓名及编制日期。

(9) 复核者姓名及复核日期。

(10) 其他应说明的事项。

审计工作底稿应如实反映审计计划的制订及其实施情况,包括与形成和发表审计意见有关的所有重要事项,以及审计人员的专业判断,做到内容完整、格式规范、标示一致、记录清晰和结论明确。其具体内容的编写,应视审计约定事项的性质、目的和要求及被审计单位的内部控制制度的健全、有效程度等情况予以掌握。

审计人员编制审计工作底稿的基本目的,是揭示有关审计事项的未审情况、审计人员的审计过程及有关审计事项的审定结果。为实现上述目的,审计人员在编制审计工作底稿时,应把握其基本结构。

(1) 被审计单位的未审情况,包括被审计单位的内部控制情况及有关会计账项的未审计发生额和期末余额。

(2) 审计过程的记录。

(3) 审计人员的审计结论。

2. 审计工作底稿的常用格式

(1) 审计账证表专用工作底稿,其格式如表 4-3 所示。

表 4-3 账证表

年 月 日　　　　　　　　　　　　　　　工作底稿编号:

账(证、表)名称	记账凭证		会计科目	原记录事实	金额		发现的问题	处理意见
	日期	号码			借	贷		

填表人:

(2) 审计调查专用工作底稿。该表用于对调查情况和调查结果的记录,其格式如表 4-4 所示。

表 4-4 调查记录表

工作底稿编号:

被调查人姓名		工作单位		职务	
调查时间			调查地点		
调查事项					

调查记录:

被调查人(盖章)　　　　　　　　　　　　　　　　　　调查人(盖章)
　年　月　日　　　　　　　　　　　　　　　　　　　　年　月　日

(3) 审计货币资金专用工作底稿。常用库存现金查点表的格式如表 4-5 所示,常用银行存款余额调节表的格式如表 4-6 所示。

表4-5 库存现金查点表

工作底稿编号：

被审计单位：	查点时间：	年 月 日 时 分
查点情况和内容		金　　额
1. 主币		
2. 辅币		
3. 加：已付款未记账的凭证　张。金额合计		
4. 减：已收款未记账的凭证　张。金额合计		
库存现金(含备用金)：		
账面结余额(含备用金领取数)：		
差额：		
其中原因(如白条抵库、挪用和其他原因)：		
审计结果及处理意见：		

财务主管：　　（签章）　　出纳（或备用金持有人）：　　（签章）

审计人员：　　　　　　　　　　　　　　　　　　　　　　查点人：

表4-6 银行存款余额调节表

被审计单位：　开户银行名称：　账号：　工作底稿编号：

摘　　要	金　　额	摘　　要	金　　额
银行对账单　月　日账面金额		企业银行日记账　月　日余额	
加：企业已收入账		加：银行已收入账	
银行尚未入账		企业尚未入账	
1.		1.	
2.		2.	
3.		3.	
4.		4.	
减：企业已付入账		减：银行已付入账	
银行尚未入账		企业尚未入账	
1.		1.	
2.		2.	
3.		3.	
4.		4.	
调整后余额		调整后余额	

财务主管：　　　　　　　　　　　　　　　　　　　　　　出纳：

审计人员：　　　　　　　　　　　　　　　　　　　　　　年　月　日

（4）审查内部控制制度专用工作底稿。

① 内部控制弱点分析表。该表用于对内部控制存在的弱点及其后果进行分析，其格式如表4-7所示。

表 4-7　内部控制弱点分析表

年　月　日　　　　　　　　　　　　　　　　　　　　　　　　工作底稿编号：

内部控制问题调查表编号	控制弱点性质及其产生原因	是否产生重大影响	采取何种改进措施	备　注

② 符合性测试程序和结果记录表。该表用于对内部控制制度的符合性测试，其格式如表 4-8 所示。

表 4-8　符合性测试程序和结果记录表

　　　　　　　　　　　　　　　　　　　　　　　　　　　　　工作底稿编号：

测试内容	测试项目	测试方式	测试水平	测试日期	例外事项		测试人员
					有或无	进一步测试	

填表人：

(5) 审查应收账款专用工作底稿。

① 应收账款账龄分析表。该表用于记录应收账款明细情况并反映账龄的情况，其格式如表 4-9 所示。

表 4-9　应收账款账龄分析表

年　月　日　　　　　　　　　　　　　　　　　　　　　　　　工作底稿编号：

客户名称	金额	账龄/天					备注
		0～30	31～60	61～90	91～120	120 以上	

填表人：

② 应收账款询证汇总表。该表用于应收账款询证和询证结果的汇总情况记录，其格式如表 4-10 所示。

表 4-10　应收账款询证汇总表

　　　　　　　　　　　　　　　　　　　　　　　　　　　　　工作底稿编号：

客户名称	金　额	第一次询证日期	第二次询证日期	认可日期	认可金额	备　注

填表人：

(6) 存货盘点表。其格式如表 4-11 所示。

表 4-11　存货盘点表

　　　　　　　　　　　　　　　　　　　　　　　　　　　　　工作底稿编号：

存货名称	规格	存放地点	账面数量	盘点日期	实查数量	单价	金额	明细记录	备注

填表人：

(7) 调整试算表。该表用于记录审计过程中经账项调整后的试算平衡情况和调整后的最终结果,其格式如表 4-12 所示。

表 4-12　调整试算表

年　月　日　　　　　　　　　　　　　　　　　　　　　　　　工作底稿编号:

账户名称	调整分录编号	调整前余额		调整		调整后余额		重分类		期末余额	
		借	贷	借	贷	借	贷	借	贷	借	贷

填表人:

(8) 审计工作日记。该表用于记录审计工作的进度和基本情况,其格式如表 4-13 所示。

表 4-13　审计工作日记

工作底稿编号:

日期	工作内容	审计要求	查出问题	处理意见	建议	项目负责人	备注

填表人:

(9) 备忘记录表。该表用于记录在审计工作中尚未确定,需要以后再予以审核的事项,以防忘却,其格式如表 4-14 所示。

表 4-14　备忘记录表

工作底稿编号:

序号	备忘事项	备忘原因	处理结果	备忘注销	备注

填表人:

3. 审计工作底稿的编制

审计工作底稿的质量直接影响审计工作的效果,开展任何一项审计工作,审计人员都必须认真编写审计工作底稿。一份优秀的审计工作底稿,一是必须包括重要的事项、方法和证据等完整的内容;二是必须适应编写审计报告的需要,满足其他有关人员使用的要求;三是必须简洁明了、清晰易懂;四是其内容必须符合客观实际;五是要有明确的责任,在签证、复核等各个环节上使有关人员能对其有关事项负责。

(1) 内容上的要求

① 资料要翔实可靠。记录在审计工作底稿上的各类资料来源要真实可靠,内容完整。

② 重点要突出。力求反映对审计结论有重大影响的内容。

③ 繁简要得当。重要的内容要详细记录,一般的内容简要记录。

④ 结论要明确。审计人员按审计程序对审计项目实施审计后,要对被审计项目作出明确判断意见。

(2) 形式上的要求

① 要素要齐全。应包括审计工作底稿的全部基本内容。

② 格式要规范。审计工作底稿的格式应当规范。
③ 标识要一致。审计标识的含义应当前后一致,并明确标明在审计工作底稿上。
④ 记录要清晰。审计工作底稿上的文字要工整,计算要正确。

常用的审计符号如表 4-15 所示。

表 4-15 常用的审计符号

顺序号	符号	图意	顺序号	符号	图意
1	√	已核对	7	△	意见已修改
2	?	疑问待查	8	×	错弊事项
3	?√	疑问已查明	9	◯	检查起讫
4	S	需编表格	10	W	过账已查核
5	$	表格已编妥	11	—	结总数额
6	∧	需修改意见	12	=	数据相等

4. 审计工作底稿的复核

(1) 审计工作底稿复核的作用。在审计工作中,审计工作底稿往往是由一名审计人员编制、复核或摘录的。审计人员对有关资料的处理和判断难免出现某些失误,在根据审计工作底稿形成审计意见时,也难免出现审计工作底稿不充分或形成的审计意见不合理等情况。为了保证审计工作质量,各审计组织都应建立完善的审计工作底稿复核制度。通过对审计工作底稿的复核,不仅可以减少或消除人为的审计误差,降低审计风险,提高审计质量,而且也能及时地发现问题和解决问题,保证审计计划顺利执行,不断协调审计工作进度,节约审计时间,提高审计效率,同时还便于上级管理人员对审计人员进行审计质量监控和工作业绩考评。

(2) 审计工作底稿的三级复核制度。审计工作底稿复核制度,是明确审计工作底稿必须经过的复核程序,规定复核人的级别、复核的重点和复核人的职责等方面的制度。一般来说,审计组织可以通过三级复核制度对审计工作底稿进行复核。第一级复核是审计项目负责人对审计工作底稿进行比较详细的复核;第二级复核是审计部门负责人所进行的复核,通过对重大的会计事项、账项调整、审计意见和建议等进行重点的复核,防止重要审计事项的遗漏或其他重大失误;第三级复核是审计组织负责人或其指定的代理人所进行的复核,重点解决审计工作底稿是否能够支持所形成的审计意见的问题。

(3) 审计工作底稿复核的要点和基本要求。复核的要点:①实施审计程序时引用的有关资料是否真实可靠。②获取的审计证据是否充分有效。③审计判断是否有理有据,符合审计专业标准。④审计结论是否恰当。

复核的基本要求:①做好复核记录。对审计工作底稿存在的问题和疑点,在复核工作底稿上明确指出。②复核人签名日期。各级复核人要在完成复核时签名及注明日期。这样有利于分清责任,有利于上级复核人对下级复核人的再监督。

4.3.3 审计工作底稿的管理

1. 审计工作底稿的归档

审计工作结束后,审计人员应对审计过程中所取得的审计工作底稿进行分类整理、汇集和筛选，并归档保管。归档保管的审计工作底稿就成为审计档案。由于审计工作底稿是审计人员在履行其职责过程中取得的，是审计人员完成其审计业务的完整记录和证据，因此，审计工作底稿的所有权应该属于审计人员所属的审计组织，当由审计组织对这些审计工作底稿进行归档保管。需要归档保管的审计工作底稿一般包括以下内容。

（1）审计通知书或审计约定书。

（2）审计报告、审计建议书及其附件的草案或副本。

（3）反映被审计单位一般概况的审计工作底稿，包括被审计单位设立的有关资料，如企业设立批准书、营业执照、合同、投资协议和公司章程等文件；被审计单位组织机构及管理人员结构状况的资料；重要的法律文件、合同、协议、决议和会议记录的摘录或副本；反映被审计单位业务情况的书面文件，如发展规划、经营方针和技术资料等。

（4）审计工作方案或审计计划书。

（5）被审计单位内部控制的评价记录。

（6）实施分析性复核的记录和资料。

（7）实施实质性审核的记录和资料。

（8）被审计单位未审计财务报表及其差异调整表。

（9）与审计事项有关的会谈记录、调查记录与往来信函等。

（10）被审计单位的陈述书、声明书或申诉书等。

（11）上级机关对审计事项有关的指示、批复和意见。

（12）审计项目完成后的总结资料。

（13）其他与审计事项有关的资料。

由于实施主体性质的不同及审计目的的不同，需要保存的审计工作底稿也不尽相同。一般而言，凡是重要的审计工作底稿，都应整理归档，不应有所遗漏。审计工作底稿整理以后，应按审计项目设立卷宗，所辖审计工作底稿都应予以编号，增设目录或索引，并装订成册。为了便于调用，永久性工作底稿部分也可单独立卷。审计工作底稿整理完毕以后，应将这些重要的审计档案交由审计组织的档案部门妥善保管。在国家审计中，对于一些重要的审计事项，其审计工作底稿应按照国家档案管理的要求交国家档案部门保管，审计组织可复制副本保存。

2. 审计工作底稿的保管

审计组织必须妥善地保管归档保存的审计工作底稿。为了有效地保管审计工作底稿，各审计组织应该制定审计档案的管理制度和调阅制度。通常必须指定专人对审计档案进行保管，非档案保管人未经批准不应接触已归档的审计档案。审计人员将应归档保管的审计工作底稿交档案部门保管时，档案管理人应办理签收手续，并按档案管理要求进行档案编号并编制档案目录。档案保管处所必须具有防盗、防火、防潮和防虫的设施，并定期检查档案的完好状况，对于损坏的审计档案应及时地予以修复。审计组织应该制定恰当的审计档案保管年限，审计工作底稿的归档期限为审计报告日后 60 天。会计师事务所应当自审计报告日起，对审计工作底稿至少保存 10 年。

3. 审计工作底稿的调阅

调阅已经归档保管的审计工作底稿，必须履行严格的调阅手续。由于审计工作底稿中详细记录了被审计单位的经营状况和财务状况,涉及大量被审计单位的商业秘密,审计组织有责任为被审计单位保守秘密,在一般情况下不应向外公开。审计组织应谢绝调阅审计工作底稿的请求。通常,审计工作底稿仅供审计组织内部的工作人员调阅,并应作好调阅记录,阅毕应及时归还。

在审计组织外部,以下一些情况下可调阅审计工作底稿:第一,法院、检察院及其他职能部门由于工作需要,在办理了必要的调阅手续后可调阅审计工作底稿;第二,上级国家审计机关可调阅下级国家审计机关的审计工作底稿,注册会计师协会可以调阅会计师事务所的审计工作底稿,上级内部审计机构或内部审计机构的主管部门可以调阅内部审计的审计工作底稿;第三,在民间审计方面,会计师事务所的注册会计师因审计工作的需要,办理了必要的手续后可调阅另一会计师事务所保存的审计工作底稿。

应该注意,其他会计师事务所调阅本会计师事务所归档的审计工作底稿,应该征得所涉及审计事项的委托人的同意,否则不得调阅。会计师事务所之间调阅审计工作底稿,有利于会计师事务所之间的相互配合与合作,但只限于以下情况:第一,委托人更换了会计师事务所,后受托的会计师事务所可以要求调阅前受托会计师事务所保存的与委托人有关的审计工作底稿;第二,对于合并会计报表进行审计时,母公司所委托的会计师事务所可以向其子公司所委托的会计师事务所调阅有关的审计工作底稿;第三,不同的会计师事务所对某一委托人进行联合审计时,这些会计师事务所可以相互调阅与审计项目有关的审计工作底稿;此外,会计师事务所认为是合理的其他情况,可同意其他会计师事务所调阅审计工作底稿,例如某家同时发行 A 股和 B 股股票的上市公司委托了国内会计师事务所对其财务报表进行审计,后又聘请境外会计师事务所进行审计,如果境外会计师事务所需要调阅国内会计师事务所的审计工作底稿,只有征得国内会计师事务所同意后,方可调阅。

调阅者在调阅审计工作底稿后,如果需要对审计工作底稿部分的内容进行复制或摘录,须经保存审计工作底稿的审计组织同意。该审计组织应视审计工作底稿的内容与性质来确定是否准予复制或摘录。同时,由于调阅者误用了所复制或摘录的审计工作底稿造成的损失,其责任应由调阅者本人承担,被调阅的审计组织不承担连带责任。

4.4 案例及分析

案例一

1. 基本资料

2018 年 6 月,某内部审计机构根据年度审计计划,对本单位下属公司进行例行财务审计,在检查现金管理时,发现该公司现金日记账余额为 26 760 元,实存现金只有 11 190 元。另外,有王××借 1 000 元,还有 10 000 元是为其他单位垫付的,经手人写一借条。

2. 分析要点

审计人员通过审阅法、核对法、验算法、盘点法等审计方法发现该公司在库存现金管理上存在以下问题:①现金账实不符。审查日账面结存额 26 760 元,而实际库存现金 11 190 元,短缺现金 15 570 元。②出纳员以白条借给职工王××,并为其他单位垫付现金。③审批手续不健全。出纳员未经领导批准,擅自出借现金,严重违反了货币资金管理条例和单位财务制度。

审计意见:①应查明现金短缺的原因,并追究出纳员的责任。②立即催收出借垫付的现金,及时收回交库。③应严格履行审批和复核手续,强化财务人员法制观念,增强财务人员自觉遵守财经纪律的意识。

案例二

1. 基本资料

(1) 2018年3月20日审计人员对某厂A材料进行实地盘存,查明A材料实际盘存1 000千克,计价1 200元(实物证据)。

(2) 该企业2017年12月31日的账面结存为540千克,计价648元(A材料明细账为书面证据)。

(3) 自2017年12月31日至2018年3月20日止(即结账日至盘存日),A材料入库数为800千克,计价960元;出库数为500千克,计价600元(书面证据)。

(4) 仓库保管员陈述:50千克库存损耗,尚未办理报损手续,其余短缺原因不明(口头证据)。

2. 分析要点

(1) 调节计算确定2017年12月31日A材料应结存数=1 000-800+500=700(千克)。

(2) 计算2017年年末A材料应结存数与账面结存数之间的差异=700-540=160(千克)。

(3) 审计工作底稿(材料盘点调节表)如表4-16所示。

表4-16 材料盘点调节表

编号:7

被审计单位	某企业	被审计事项	A材料数量正确性		
会计期间或截止日	2018年3月20日		签名	日期	
		编制人	李×	2018年3月20日	
		复核人	王×	2018年3月22日	
	计算:差异=160千克				
审计结论	该企业仓库管理混乱,保管不善,内控不严,材料短缺,损耗严重				

本章小结

审计方法是指审计人员在审计过程中,为取得审计证据、完成审计任务而采取的一系列技术和手段。完整的审计方法体系,包括审计的基本方法和技术方法。本章主要阐述审计的技术方法。审计的技术方法大体包括审查书面资料的方法与证实客观事物的方法。审阅法、核对法、验算法和分析法是审计技术方法的四大核心技术。

审计证据是指审计人员在审计过程中依照法定的程序和方法取得的能够证明被审计事

项真实情况的凭证。整个审计过程就是收集、鉴定、整理、分析审计证据的过程,审计方法实际上就是收集审计证据的方法。审计证据就是审计工作的抓手。审计证据具有客观性、相关性、可靠性、充分性、时效性的特点。审计证据可按不同的标准进行分类。研究审计证据的分类,对于有效地取得证据,正确地评价证据,提高审计工作的效率具有重要意义。审计证据的运用包括证据的收集、鉴定、综合。

审计工作底稿是指审计人员在审计过程中形成的全部审计工作记录和获取的资料,并且按照一定格式编制成档案性质的文件。编制审计工作底稿具有重要作用。审计工作底稿的质量直接影响审计工作的效果,开展任何一项审计工作,审计人员都必须认真编写审计工作底稿。一般来说,审计组织可以通过三级复核制度对审计工作底稿进行复核。审计工作结束后,审计人员应对审计过程中所取得的审计工作底稿进行分类整理、汇集和筛选,并归档保管。

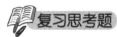 复习思考题

1. 单项选择题

(1) 通过认真阅读凭证、账簿、报表、计划、合同等有关资料,对被审计单位进行审查的一种方法是( )。

　　A. 核对法　　　　B. 审阅法　　　　C. 分析法　　　　D. 验算法

(2) 在实际工作中,往往把审阅法与( )结合起来加以运用。

　　A. 观察法　　　　B. 盘点法　　　　C. 比较法　　　　D. 核对法

(3) 顺查法一般从( )开始审查。

　　A. 会计凭证　　　B. 会计账簿　　　C. 会计报表　　　D. 会计资料

(4) 函证法是通过向有关单位发函了解情况取得审计证据的一种方法,该方法一般用于对( )的查证。

　　A. 无形资产　　　　　　　　　　　B. 固定资产
　　C. 往来款项　　　　　　　　　　　D. 长期待摊费用

(5) 在下列审计证据中,证明力最差的应是( )。

　　A. 第三者提供的函证　　　　　　　B. 被审计单位开出的发货票
　　C. 审计人员编制的验算表　　　　　D. 被审计单位收到的发货票

(6) 一般情况下,实物证据不能确定( )。

　　A. 实物资产的数量　　　　　　　　B. 实物资产所有权
　　C. 有价证券的数量　　　　　　　　D. 现金的数量

(7) 下列证据属于口头证据的是( )。

　　A. 会议记录　　　B. 座谈记录　　　C. 付款凭证　　　D. 收款凭证

(8) 审计证据的运用包括证据的( )。

　　A. 收集　　　　　B. 鉴定　　　　　C. 综合　　　　　D. 整理

(9) 越重要的审计项目,( )就越要充分。

　　A. 审计对象　　　B. 审计准则　　　C. 审计依据　　　D. 审计证据

(10) 各种审计证据都有一定的( ),不是任何时期和任何条件都能适用的。

　　A. 局限性　　　　B. 地域性　　　　C. 层次性　　　　D. 时效性

(11) 审计工作底稿的基本结构不包括（　　）。
  A. 未审情况   B. 审计过程记录
  C. 审计人员结论   D. 审计工作底稿的名称

(12) 审计工作底稿经过分类整理，形成重要的审计档案。其中当期档案的保管应自审计报告签发之日起，至少保存（　　）年。
  A. 10   B. 15   C. 0   D. 25

2. 多项选择题

(1) 下列方法中审查书面资料的方法是（　　）。
  A. 详查法 B. 审阅法 C. 核对法 D. 观察法

(2) 下列方法中证实客观事物的方法是（　　）。
  A. 详查法 B. 盘点法 C. 观察法 D. 函证法

(3) 核对法包括（　　）。
  A. 账证核对 B. 账账核对 C. 账表核对 D. 账实核对

(4) （　　）一般采用突击性盘点。
  A. 现金 B. 固定资产 C. 黄金 D. 产成品

(5) 抽查法使用范围比较广泛，审查（　　）的单位都可以采用。
  A. 规模较大   B. 经济业务较多
  C. 内部控制健全有效   D. 组织机构健全

(6) 分析性复核方法可用于（　　）。
  A. 审计准备阶段   B. 审计分析阶段
  C. 审计实施阶段   D. 审计终结阶段

(7) 函证作为一种有力的审计证据，可主要用来证实（　　）。
  A. 财产的存在性   B. 财产的价值
  C. 往来账项   D. 财产的完整性

(8) 审计证据按其形态不同，可分为（　　）。
  A. 实物证据 B. 书面证据 C. 口头证据 D. 环境证据

(9) 审计证据具有（　　）等特点。
  A. 客观性 B. 相关性 C. 充分性 D. 可靠性

(10) 审计工作底稿按照类别分为（　　）工作底稿。
  A. 综合类 B. 业务类 C. 备查类 D. 自编类

(11) 审计工作底稿的三级复核制度中的复核人是（　　）。
  A. 第一级复核是审计项目负责人 B. 第二级复核是审计小组负责人
  C. 第三级复核是单位负责人   D. 第二级复核是审计部门负责人
  E. 第三级复核是审计组织负责人

(12) 审计工作底稿的管理的内容包括（　　）管理。
  A. 归档 B. 保管 C. 使用 D. 调阅

3. 判断题

(1) 审计方法就是收集、整理、分析判断证据的方法。（　　）
(2) 无论是顺查还是逆查，均需要采用审阅法和核对法。（　　）

(3) 局部审计应采用抽查法,而全部审计应采用详查法。　　　　　(　)

(4) 函证法属于证实客观事物的方法。　　　　　　　　　　　　(　)

(5) 消极函证要求收函单位对函询事项无论与事实相符与否,都应给予函复。(　)

(6) 审计人员从被审计单位内部取得的证据(如发票),与其从被审计单位外部取得的证据(如银行存款对账单)相比,其可靠性比较差。　　　　　　　　　　(　)

(7) 审计抽样不同于抽查,抽样作为一种技术,用来取得审计证据,使用中并无严格要求。　　　　　　　　　　　　　　　　　　　　　　　　　(　)

(8) 直接证据是指审计人员亲自检查、分析、计算、观察、核对和调查所取得的证据。　　　　　　　　　　　　　　　　　　　　　　　　　　　(　)

(9) 实物证据是证明力最强的证据。　　　　　　　　　　　　　(　)

(10) 审计工作底稿是指审计人员在审计过程中形成的全部审计工作记录和获取的资料。　　　　　　　　　　　　　　　　　　　　　　　　　　(　)

(11) 审计工作底稿的第一级复核是审计项目负责人的复核。　　　(　)

(12) 对审计工作底稿的管理就是对其归档、保管。　　　　　　　(　)

4. 简答题

(1) 什么是审计方法？学习审计方法有什么重要意义？

(2) 阐述审计技术方法的构成。

(3) 什么是审计证据？研究审计证据有什么重要意义？

(4) 为什么说实物证据是重要的审计证据,但不是证明力最强的证据？

(5) 什么是审计证据的充分性？审计证据的充分性主要取决于哪些因素？

(6) 什么是审计工作底稿？审计工作底稿具有什么重要作用？

(7) 编制审计工作底稿应符合哪些基本要求？

第5章 内部控制及其评审

【学习要点】
※ 了解内部控制的形成与发展。
※ 理解内部控制的含义与作用。
※ 熟悉内部控制的要素。
※ 熟悉内部控制的描述方法。
※ 掌握内部管理控制和内部会计控制的内容。
※ 掌握内部控制制度评价的内容。

5.1 内部控制概述

5.1.1 内部控制的产生与发展

内部控制作为明确的概念提出,成为财务会计工作的重要组成因素和审计工作的重要环节之一,是在20世纪40年代以后,但其思想及雏形,却早在远古时代就已形成。到目前为止,内部控制的发展主要经历了四个阶段。

1. 第一阶段

最初的形式是内部牵制,这种古老的管理思想发源于古埃及的国库管理制度。一般认为,近代内部控制产生于18世纪产业革命以后,它是企业大规模化及资本大众化的结果。18世纪末期,美国铁路公司为了控制考核遍及各方的客货运业务,采用了内部稽核制度,由于效果显著,各大企业纷纷效仿。20世纪初,西方资本主义经济得到了较大发展,股份有限公司的规模有了扩大,生产资料的所有者和经营者相互脱离。美国一些企业在非常激烈的竞争中逐步摸索出一些组织、调节、制约和检查企业生产活动的办法,为了防范和揭露错误,按照人们的主观设想,建立了"内部牵制制度"。其理论基础是以下假设。

(1) 两个或两个以上的人或部门无意识地犯同样的错误的机会很小。
(2) 两个或两个以上的人或部门有意识地合伙舞弊的可能性大大低于单独一个人或部门舞弊的可能性。

按照这种设想,要建立两个或两个以上的人或部门经手的会计工作制度,其机能执行大致可分为四类,即实物牵制、机械牵制、体制牵制和簿记牵制,这叫作内部牵制制度,它是内部控制的雏形。

2. 第二阶段

第二阶段是20世纪30年代末至70年代,在内部牵制的基础上产生了内部控制的概念。20世纪30年代,爆发了世界性经济大危机,迫使许多企业加强经营管理,客观上使企业内部控制制度有了进一步的发展。其牵制范围超越了会计及财务部门,深入企业所有部门及整个业务活动。1936年,美国注册会计师协会在其发布的《注册会计师对财务报表的审查》文告中,首次正式使用"内部控制"这一专业术语。20世纪40年代初期,美国成立了内部稽核协会。企业控制机制的完善,促进了控制理论的发展,内部控制形成了最初的模式。1949年,美国注册会计师协会所属审计程序委员会首次提出了内部控制的概念,即内部控制包括经济组织的计划及经济组织为保护其财产、检查其会计资料的准确性和可靠性、提高经营效率,保证既定的管理政策得以实施而采取的所有方法的措施。随后,该委员会根据注册会计师进行审计的要求,将内部控制的目标划分为两块:内部会计控制和内部管理控制,这样就有可能使审计人员在检查和评价内部控制制度的基础上,确定实质性测试的性质、时间和范围。

3. 第三阶段

第三阶段的标志是1988年4月美国注册会计师协会发布《审计准则公告第55号》,该公告首次以"内部控制结构"一词取代原有的"内部控制"。该公告指出:"企业的内部控制结构包括为提供取得企业特定的目标的合理保证而建立的各种政策和程序。"该公告阐述内部控制结构的内容包括三个方面,即控制环境、会计制度和控制程序。

4. 第四阶段

第四阶段被称为内部控制整体框架阶段。内部控制整体框架是由美国反对虚假财务报告委员会的发起组织委员会于1992年9月发布的,是迄今为止对内部控制最为全面的描述。报告将内部控制定义为"一种管理方法,由一个会计主体的董事会、管理部门和其他人员共同制定,旨在对企业经营的有效性和效率、财务报告的可靠性、执行各种法规条例的合理性目标的实现提供合理的保证"。报告同时提出,一个合适、有效的内部控制整体框架由控制环境、风险评估、控制活动、信息交流和监督五部分组成。

内部控制概念的演变是企业管理的发展和现代审计推进的结果。

5.1.2 内部控制制度的概念与特征

1. 内部控制制度的概念

内部控制制度是指组织为了保证经济活动的有序进行,保护财产的安全和完整,确保会计资料的真实可靠而制定和实施的一系列具有相互联系、相互制约、相互协调的方法、措施与程序的总称。内部控制制度,作为一种约束机制,产生于加强经济管理的需要。其发展大体经过三个阶段,即内部牵制机制、内部制约机制和内部控制制度阶段。

2. 内部控制制度的特征

内部控制制度作为企业极其重要的管理制度,主要具有以下三个特征。

(1) 内部控制制度是以一个独立核算的经济单位为主体建立的。如以一个工业企业为主体建立内部控制制度,则该企业所属的各职能部门,一直到所属的车间、班组、个人都属于它的内部控制系统;如以一个企业集团为主体建立内部控制制度,则该企业集团的各个职能部门,一直到所属的成员企业、分公司都属于它的内部控制系统。

(2) 内部控制制度是以经济单位的经济活动为控制对象的。任何一项具体的管理措施都是针对特定的对象建立的,否则,就不可能有效,甚至还可能出现相反结果。就每一个经济单位来说,建立的内部控制制度不仅必须符合本单位的经济活动情况和业务特点,还要考虑管理上的需要,以使内部经济活动的各个环节、经营管理的各个方面,保持相互衔接、协调和制约。

(3) 内部控制制度是一种综合性的管理制度。内部控制制度不是单一的管理制度,而是根据不同的控制目标进行的多种控制方式和控制手段的不同组合。

3. 内部控制制度的作用

良好的内部控制制度一般能起到以下作用。

(1) 保证组织目标的实现。如一个企业,开展生产经营活动的目标就是追求利润最大化。而要实现这个目标,企业的供(产)销各个环节,人、财、物各个方面都必须健康、有序、有效地进行,健全的内部控制制度为企业管理机制的自我调节、自我控制功能的充分发挥提供了前提条件和保障。当企业的经济活动在某一环节或某一方面发生了偏差或失控,企业的职能部门就可以及时地采取措施进行处理,从而保证企业目标的实现。

(2) 保证会计及其他信息资料的可靠和正确。建立了一套健全有效的内部控制制度,就能对组织各项经济行为进行约束,就能对会计处理各环节进行控制,从而减少错弊的发生,保证会计和其他信息资料可信度的提高。

(3) 保护组织资产的安全完整。组织有一整套健全的内部控制制度,就能做到分工明确,责任落实,使各项财产物资收入、保管、发出和使用等各个环节都受到全面而严格的监督,从而避免或减少损失浪费及舞弊行为的发生,保护资产的安全完整。

(4) 为审计效率和效果的提高提供必要条件。审计的一个重要职能是经济鉴证职能,即对被审计人的会计报表及其他经济资料,通过检查和验证,确定其财务状况和经营成果是否真实、公允、合法、合规。而组织只有建立了良好的内部控制制度,才有可能提高会计报表及其他经济资料的准确程度,并提高各种业务活动的合法合规程度。因此,在组织有健全内部控制制度的情况下,只要审查验证被审计单位内部控制制度是否有效运行就能对被审计事项作出总体的和恰当的评价,并能从中发现薄弱环节,实施重点审计,以达到提高审计效率和审计效果的作用。

5.2 内部控制制度的内容

5.2.1 内部控制的要素

当前各国的审计准则,就内部控制要素问题基本上已达成共识。美国审计准则委员会发布的《正式公告——审计准则说明书第78号》,将内部控制要素分为控制环境、风险评估、控制活动、信息交流和监督5个构成要素;我国《独立审计具体准则第9号——内部控制与审计风险》将内部控制分为控制环境、会计系统和控制程序3个要素;我国《内部审计具体准则第5号——内部控制审计》将内部控制分为控制环境、风险管理、控制活动、信息与沟通和监督5个要素。

1. 控制环境

任何组织的控制都存在于一定的控制环境之下,所谓控制环境(control environment),

是指对组织控制的建立和实施有重大影响的因素的统称。控制环境的好坏直接决定组织其他控制能否实施或实施的效果。它既可以增强也可以削弱特定控制的有效性。比如，人事管理中聘用了不值得信任或不具备胜任能力的员工，可能使得某项特定控制无法实施或实施无效。控制环境主要包括以下内容。

（1）经营管理的观念、方式和风格。管理者在建立一个有利的控制环境中起着关键性的作用。如果管理者不愿意设立适当的控制或不能遵守建立的控制，那么控制环境将受到很不利的影响。下面三个方面的经营管理的观念、方式和风格，可能会极大地影响控制环境：①管理者对待经营风险态度和控制经营风险的方法；②为实现预算、利润和其他财务及经营目标，组织对管理的注视程度；③管理者对会计报表所持的态度和所采取的行动。在不考虑其他控制因素的情况下，如果管理者是受某一个人或某几个人支配，以上这几个方面的影响可能会增大。

（2）组织的组织结构和权力职责的制定方法。组织的组织结构是指企业计划、协调和控制经营活动的整体框架。设置合理的组织结构，有助于建立良好的内部控制环境。一个组织的组织结构包括：①确定组织单位的形式和性质，包括确认相关的管理职能和报告关系；②为每个组织单位内部划分责任权限制定办法。一个组织的组织结构通常用组织图来列示，该组织图应准确地反映授权方式和报告关系。在权力职责方面，如管理者明确建立和沟通了授权与分配责任的方法，就可大大增强组织的控制意识。比如，就可接受的经营实务、利益冲突和行为规范宣布书面政策等。

（3）审计委员会。独立于管理部门的审计委员会，在调整控制结构和调整管理者与独立审计人员之间的争议方面，起着非常重要的作用。因为董事会下设的审计委员会一般由董事会成员组成，这些成员并不在公司的管理部门任职。

（4）组织的人事聘用政策。一个好的人事政策，能确保执行企业政策和程序的人员具有胜任能力与正直品行。组织必须雇用足够的人员并给予足够的资源，使其能完成所分配的任务。这是建立合适的控制环境的基础。除此之外，雇用的职员还应该具有很高的道德水准。组织职员的胜任能力与正直品行在很大程度上取决于组织的有关雇用、训练、待遇、业绩考评及晋升等政策和程序的合理程度。

（5）组织的内部审计职能。现代组织管理的一个显著的特点是充分体现自我的约束机制，靠外部监控约束是治标不治本。强化自我约束机制的一个重要方面是建立和发展内部审计。内部审计是组织自我独立评价的一种活动，内部审计可通过协助管理者监督其他控制政策和程序的有效性，来促成好的控制环境的建立。此外，内部审计还能为改进内部控制提供建设性意见。内部审计的有效性与其权限、人员的资格及可使用资源紧密相关。内部审计人员必须独立于被审计部门，并且必须直接向董事会或审计委员会报告。

（6）其他影响组织经营活动的外部因素。某些外部因素的变化，可能会影响组织采用的内部控制政策和程序的变化，如国家法律、法规的修订，产业政策的调整等。再比如，国家制定严格的法律、法规，也可提高组织的控制意识。

2．风险评估

在经济环境复杂多变的当今，重视和评估各种各样的风险与危机，已成为现代组织尤其是企业在建立内部控制框架时普遍关注的课题。

所谓风险评估，是指可能发生及无法预测的风险的评价和评估。风险评估是组织对实现其既定目标的风险识别与分析,是建立风险管理机制的基础。在实践中,风险发生的因素有(以企业为例):①经营环境的变化;②新的人员;③新的或改进的信息系统;④迅速发展;⑤新的技术;⑥新的生产线、新的产品或新的操作;⑦法人重组;⑧会计声明。

3. 控制活动

控制活动是指为切实保障管理者的指示予以执行的政策和程序。只有按照特定的科学方式所进行的内部控制设计与运作,才能够针对组织目标完成过程中的风险采取必要行动。审计有关的控制活动的政策、程序一般为:①业绩检查;②信息处理程序;③实物控制;④责任分工。

4. 信息交流

信息交流是指通过与财务报告相关的信息系统,相互提供有关的信息。对于组织而言,管理行为的重点在于寻找、加工、整理甚至创新决策所需要的信息。因此,若要拥有健全的内部控制系统,就必须建立一套有效、完善的传递、沟通与反馈的信息系统。交流所运用的形式通常有:①政策手册;②会计和财务报告手册;③备忘录;④语音交流;⑤管理者行为。

5. 监督

监督是指评价一定时期内内部控制运作质量的过程。监督过程为:①持续的监督活动;②独立评价;③持续的监督活动与独立评价相结合。

5.2.2 内部控制的种类

1. 内部管理控制

内部管理控制是指那些对会计业务、会计记录和会计报表的可靠性没有直接影响的内部控制。其目的是保证经营方针、决策的贯彻执行,促进经营活动经济性、效率性、效果性及经营目标的实现。其主要内容包括组织机构控制、人员素质控制、业务程序控制、财产物质安全控制、目标计划控制等。

(1) 组织机构控制

一个组织的组织机构是对组织的目标进行规划、组织、指挥、协调和给予有效实现的组织基础。任何一个组织要搞好管理,必须有合理高效的组织机构。组织机构控制是指对组织内部组织机构设置的合理性和有效性所进行的控制。一个合理有效的组织机构的设计应遵循以下几项原则。

① 目标一致性原则。该原则要求组织机构的设计必须有利于企业目标的实现。任何一个组织成立,都有其宗旨和目标,因而,组织中的每一部分都应该与既定的宗旨和目标相关联。否则,就没有存在的意义。同时,每一机构根据总目标制定本部门的分目标,而这些分目标又成为该机构向其下属机构进行细分的基础。这样,目标被层层分解,机构层层建立,直至每一个人都了解自己在总目标的实现中应完成的任务。这样建立起来的组织机构才是一个有机整体,为总目标的实现提供了保证。

② 统一领导、分级管理的原则。统一领导是现代化大生产的客观要求,它对于建立、健全组织关系,统一组织行动,协调组织关系是至关重要的。要保证统一领导,组织机构一定要按照统一领导的原则来设计。根据这一原则,任何下级只能接受一个上级的领导,不得受到一个以上的上级的直接指挥。所谓分级管理,就是在保证集中统一领导的前提下,建立多

层次的管理组织机构,自上而下地逐级授予下级行政领导适当的管理权力,并承担相应的责任。

③ 专业化原则。专业化就是按工作任务的性质进行专业化分工。也就是说,组织内的各部门都应该尽量按专业化原则来设置,以便使工作精益求精,达到最高效率。

④ 相互协调的原则。为了确保组织目标的实现,在组织内的各部门之间及各部门的内部,都必须相互配合、相互协调地开展工作,这样才能保证整个组织活动的步调一致,否则组织的职能将受到严重影响,目标完成就难以保证。

⑤ 权责对等原则。权是指管理的职权,即职务范围内的管理权限。责是指管理者的职责,即当管理者占有某职位、担任某职务时所应履行的义务。职权应与职责相符,职责不可以大于也不可以小于所授予的职权。职权、职责和职务是对等的,一定的职务必有一定的职权和职责与之相对应。

⑥ 有效性原则。有效性原则要求组织机构和组织活动必须富有成效。首先,组织机构设计要合理。要基于管理目标的需要,因事设机构、设职务并配置人员,人与事要高度匹配,反对离开目标,因人设职,因职找事。其次,组织内的信息要畅通。由于企业内组织机构的复杂性和相互之间关系的纵横交错,往往易发生信息阻塞,这将导致企业管理的混乱,因而对信息管理要求:一要准确,二要迅速,三要及时反馈。只有这样才不至于决策失误,才能了解到命令执行情况,也才能及时得到上级明确的答复,使问题得到尽快解决。最后,主管领导者要能够对下属实施有效的管理。为此,必须规定各种明确的制度,使主管人员能对整个组织进行有效的指挥和控制。

⑦ 集权与分权相结合原则。该原则要求组织实施集权与分权相结合的管理体制来保证有效的管理。需集中的权力要集中,该下放的权力要大胆地分给下级,这样才能增加企业的灵活性和适应性。但在一个组织中,究竟哪些权力该集中,哪些权力该分散,没有统一的模式,往往是根据组织的具体性质和管理者的经验来确定。

⑧ 稳定性与适应性相结合原则。该原则要求组织机构既要有相对的稳定性,又不能频繁变动,但要随外部环境及自身需要作相应调整。

(2) 人员素质控制

任何一项控制活动都离不开人,因此,人的素质决定着控制的效果。人员素质控制包括组织在招聘、使用、培养、奖惩等方面对人员素质进行控制。招聘是保证单位职工应有素质的重要环节。单位的人事部门和用人部门应共同对应聘人员的素质、水平、能力等有关情况进行全面的测试、调查、试用,以确保受聘人员能够适应工作要求。

如果管理层重视对单位内职工的投资、管理和使用,合理配置单位内的人力资源,职工所创造的价值必然会增加;反之,就会造成人力资源价值的不充分发挥,甚至损失和浪费。

(3) 业务程序控制

业务程序是一项经济业务处理过程中必须经历的环节或顺序。每一项经济业务都有其必备的环节,每一个环节都有它特定的工作内容,业务程序控制就是对每一环节的工作内容采用规范化的手段实施直接的管理和监督,以使组织在运行过程中少出差错,减少损失和浪费。

(4) 财产物质安全控制

财产物质安全控制的目的是实现资产和记录的安全。广义上说,财产物质安全控制可以包括对实物的采购、保管、发货及销售等各个环节进行控制。狭义的财产物质安全控制主要包括接近控制和盘点控制。

接近控制主要是指严格控制无关人员对资产的接触,只有经过授权批准的人员才能够接触资产。一般情况下,现金、银行存款、其他货币资金、有价证券和存货等变现能力较强的资产必须限制无关人员直接接触,间接接触可通过保管、批准、记录及不相容职务的分离和授权批准控制来达到。

盘点控制是指对实物资产进行盘点并将盘点结果与会计记录进行比较,盘点结果与会计记录如不一致,说明资产管理上可能出现错误、浪费、损失或其他不正常现象。

(5) 目标计划控制

目标、计划和控制密不可分。目标是计划的方向,计划是目标的落实,控制则是保证计划有效实施的手段。目标既是计划工作的主要内容,也是制订计划的基本依据。科学的计划工作能正确地预测未来的发展,选择好目标方向,有效地利用现有的资源(人力、财力、物力),获得更好的经济效益、社会效益。对于企业而言,加强计划工作,能够减少失误、有效控制成本、提高工作效率,从而实现经济效益,具体表现在以下几个方面。

① 计划控制为企业经营管理提供了明确的目标。任何行动,如果没有目标,行动就是盲目的。盲目的行动不可能达到理想的效果。

计划控制以计划的形式为企业经营管理活动提供了明确的目标。该目标既是企业其他管理活动的依据,也是领导者、管理者衡量全部经营管理效果的标准。可以说,企业的一切经营管理活动,都是围绕着企业目标的实现而展开的。这就是计划职能被称为管理首要职能的原因所在。

② 加强计划管理可减少风险损失。在复杂的经济活动中,各种经济因素的变化十分活跃。企业的经营状况无时无刻不受到瞬息万变的市场经济的影响,会遇到各种风险,制订出具有科学依据和可行性的行动方案,可以避免大的经营风险。而且,计划在执行的过程中,还可通过经常性的检查和调整,进一步遏制不良后果的发生。对复杂多变的环境,企业通常要制订几套计划,以适应不同的环境变化。

③ 加强计划管理可以充分利用资源,提高经济效益。计划管理通过各种资源在数量上的综合平衡和空间、时间上的合理安排,使各种资源得到充分利用,减少了浪费,降低了流通成本,提高了企业的经济效益。

④ 加强计划管理可使各部门之间更好地协调配合,发挥综合效应的作用。企业综合效应是企业内部各部门之间协调配合的结果。现代化大规模企业,由于内部协调关系比较复杂,必须通过计划使各部门步调一致,发挥综合效应的作用,提高企业的整体效益。

2. 内部会计控制

内部会计控制是指与保护财产物资的安全性、会计信息的真实性和完整性及财务活动合法性有关的控制。制定内部会计控制的目的是提高会计信息质量,保护资产的安全、完整,确保有关法律、法规和规章制度的贯彻执行。它的主要内容一般包括授权控制、分工控制及会计记录控制等。

(1) 授权控制

授权控制是指各级业务人员必须经过授权才能执行有关的经济业务,主要目的是保证经济业务是管理人员在其授权范围内授权才产生的。业务人员未经授权和批准,不得处理有关的经济业务。经过授权,可以尽可能地减少不合规、不合理、不经济的行为发生,从而保证决策和计划的正确执行。授权批准有一般授权和特殊授权两种情况:一般授权是授予有关人员处理正常范围内经济业务的权限;特殊授权是授予他们处理超出一般授权范围特殊业务的权限。如某企业规定采购员在进行采购时,对1万元以下的材料,有权根据实际情况作出处理,决定是否采购;对于金额超过1万元的采购业务必须经过有关领导批准方可采购。前者为一般授权,后者则为特殊授权,但无论何种授权职务,都必须与执行职务分离。健全有效的授权批准控制,可以使单位各级人员按其被授予的权限办事,使授权人通过各种信息反馈对被授权人的经济行为进行事前控制、事中控制和事后控制。

(2) 分工控制

分工控制是指对某项经济业务涉及的各项职责进行合理的划分,使每一个人的工作能自动地相互检查另一个人或更多个人的工作。其目的在于预防和及时发现在执行工作任务时所产生的错误或发生的舞弊行为。从控制观点看,如果工作人员在执行业务过程中,很有可能发生错弊,而且内部控制又难以发现,那么就可以认定这项业务的工作职责是不相容的。对于不相容的职责就不能由一个人兼任而必须实行职责分工,以减少甚至杜绝发生错弊的可能性。一般来说,企业主要有下面的一些职责分工。

① 批准与执行分工。即批准某项经济业务的人员与执行经办该项业务的人员应分开。例如,审批付款与出纳就不能由一人同时担任。

② 执行与记录分工。即执行某项经济业务的人员与记录该项经济业务的人员要分离。如供销人员不能同时兼任会计等。

③ 会计工作的职责分工。即会计业务的处理程序中有钩稽关系的会计处理要分别由不同的会计人员去操作。如手工会计系统中,应收账款的总账和客户明细账应由不同的会计人员来记录,记录货币资金收付的人员不应负责调节银行账户,出纳人员不得兼任稽核、会计档案的保管及收入、支出、费用、债权债务业务账目的登记工作。

④ 财产保管与会计处理分工。即从事企业财产保管的人员不能担任对其进行会计处理的工作。如仓库材料保管员不能同时担任材料明细账的记账会计等。

⑤ 财产的保管与账实核对分工。即负责账实核对的人员不能担任财产的保管人员。

(3) 会计记录控制

会计记录控制主要包括:①建立严格的凭证制度。良好的凭证制度具有很好的控制功能。其核心内容是:空白支票等重要凭证要有专人保管、凭证来源要合法、凭证内容要完整、凭证种类要齐全、凭证编号要连续等。②建立严格的账务处理制度。对会计处理过程的各个环节都应建立严格的处理规定,包括传递程序和记账手段。③建立严格的稽核制度。包括复核、核对和盘点制度。稽核的目的是验证有关记录的正确性。

5.3 内部控制制度的描述与评价

5.3.1 调查了解内部控制制度

调查了解内部控制制度是审计人员评审内部控制制度的首要步骤。对内部控制制度的了解通常是将企业的各项经济业务分成若干业务循环,然后再了解各业务循环内的内部控制制度情况。

1. 业务循环及其分类

业务循环是指处理某一类型经济业务的工作程序和先后顺序的总称。

通过业务循环调查了解企业内部控制制度方法是20世纪70年代提出并运用的。美国注册会计师协会于1979年推荐采用业务循环法来研究评价内部控制制度。我国于1996年发布的《中国注册会计师执业规范指南第1号——年度会计报表审计》中也规定采用该方法。所谓业务循环法,也称切块审计法,是指将密切相关的业务种类和账户余额划分为同一块,作为一个业务循环,再对各业务循环的相关内部控制制度进行研究和评价。不同类型的企业,业务循环的划分也不同。以制造业为例,《中国注册会计师执业规范指南第1号》将业务循环分为以下六个既相互独立、又相互联系的业务环节。

(1) 销售与收款循环。主要包括处理顾客订货,批准赊销,开具销售发票,发送商品,处理与记录销售收入、应收账款和货款收入等业务。

(2) 购置与付款循环。主要包括处理订货单,验收商品、劳务和固定资产,确认债务及处理与记录购入资产、应付账款和货款支出等业务。

(3) 生产循环。主要包括领用材料、加工产品、支付与分摊各种生产费用、核算成本等业务。

(4) 仓储与存货循环。主要包括处理请购单,验收及储存材料、在产品、产成品,以及发送产成品等业务。

(5) 工薪与人事循环。主要包括处理人事聘用、解聘,记录工作时间,编制工薪表,支付工薪,编制代扣个人所得税计算表,核算工资成本,支付相关税款等业务。

(6) 融资与投资循环。主要包括处理和记录有关贷款、发行证券、对外投资、计算融资费用和投资收益等业务。

企业通过融资与投资循环而筹集资金,通常表现为一定量的货币资金。开始投入生产后,用货币资金购买原材料、固定资产及其他物资,形成购置与付款循环、仓储与存货循环;以货币资金支付职工的工资等,形成工薪与人事循环;通过生产循环,生产出产成品,又进入仓储与存货循环;通过组织销售,将产品出售并收回货款,形成销售与收款循环;最后又经销售与收款循环所形成的货币资金来支付税金、利息、归还到期贷款及分配股息等,开始新的周转。

2. 内部控制制度

对内部控制制度一般需要了解以下几个方面的内容。

(1) 阅读以前年度审计工作底稿。如果客户以前年度已接受过审计,则在对客户内部控制制度进行评审时,可先找出原审计工作底稿进行阅读,以便通过原审计人员的审计工作意见,对被审计单位的内部控制制度健全性和有效性有一感性认知。

(2) 了解控制环境。控制环境是指各种内部控制手续得以运行的氛围,它包括各级管理人员的控制意识、各级管理组织的设置、各级人员的素质等。控制环境的优劣与各项内部控制制度的建立和执行情况密切相关,它既影响有关信息资料的真实性和正确性,也影响整个内部控制制度的效果。

(3) 调查业务处理程序。业务处理程序是各项业务从发生到完成所经过各个环节的整个处理过程,它包括会计处理程序和供(产)销业务的处理流程。业务处理程序中各个环节的制度和手续设计是否符合规范性、标准化及制约牵制的要求,将直接影响到各项业务活动的效率、效果和健康运行。

(4) 了解会计制度。如前所述,会计制度是内部控制制度的重要内容,通过对其了解,应能获悉以下事项。

① 生产、经营的主要经济业务种类。
② 这些经济业务是怎样发生的。
③ 重要的会计记录、支持性凭证和财务报表的具体科目。
④ 重要经济业务和其他事项从其发生至财务报表所反映的过程。
⑤ 财务报表编制过程,包括对重大会计事项的估计和提示。

5.3.2 描述内部控制制度

1. 文字表述法

文字表述法是指审计人员将被审计单位的内部控制系统以简洁的文字叙述出来,即以文字叙述来描绘制度。具体使用时,一般是通过观察、查询或审阅等方法,将实际情况记述下来,加以整理形成审计工作底稿。采用文字表述法时,向被审计单位的有关人员提出的问题一般包括被询问人员的职责和权限、在业务流程中的前后衔接情况及对该名人员工作的控制点等。根据调查询问的结果,审计人员通常沿着主要业务的运行顺序,用文字记述业务的整个处理过程,指出经过了哪些环节,编写了哪些文件记录,并说明系统中每种凭证和记录的来源、处置和去向,以及是否经历了审批、复核手续等关键的控制点。

文字表述法举例如下。

希望职业培训学校
现金收入业务的内部控制制度

财务科出纳员王××负责全部现金收入业务。该校规定交款人持现金向财务科交款时,均交给出纳员王××。出纳员王××问清交款事由和看过相应凭单后,按收入现金数额出具现金收据(报销联),给交款人留存或报销之用,同时将现金放入手提钱柜中,下班前将手提钱柜放入金库。次日上班时,出纳员王××对其保管的库存现金进行清点,并附上收据(记账联)交会计员杨××编制现金收入记账凭证。出纳员王××将超过库存限额的现金,填制现金存款单送存开户银行。返回财务科后,将存款回单交会计员杨××。编制现金付款凭证予以记账。月末,出纳员王××持所记录的库存现金日记账与会计员杨××所记录的库存现金总分类账进行核对。

评价:该校现金收入业务内部控制制度不够健全。表现如下。
(1) 收款业务未经审核。
(2) 收款后次日盘点库存现金。
(3) 超过库存限额的现金未及时送存银行。

调整建议如下。
(1) 现金收据应由会计员出具,出纳员审核并收款。
(2) 当日收款必须当日送存银行。
(3) 收款后必须当日清点,做到日清月结。

审计员:王××
2019 年 5 月 9 日

文字表述法对被调查事项以简明扼要的记述作出比较深入和具体的描述,对内部控制的情况和问题可以记录得很明确,弥补了调查表只能作出简单肯定或否定的不足;使用范围广泛,不受企业类型的限制。但有时很难用简明易懂的文字来描述内部控制系统的细节,因而有时文字表述显得比较冗赘,不利于为有效地进行内部控制分析和控制风险评价提供依据。文字表述法几乎适用于任何类型、任何规模的单位,但比较起来,更适用于内部控制程序比较简单、比较容易描述的小企业。

2. 调查表法

调查表法就是事先将要调查的问题制成调查表,通过向有关人员询问填表的方式掌握内部控制制度的方法。采用这种方法,可事先进行细致研究,将内部控制制度的关键点和主要控制程序编制成一定格式的调查表。在调查表中,为每个问题设置"是""否""不适用""缺点""未实施"及"备注"等栏。"是"表示肯定;"否"表示否定;"不适用"表示该问题不适用于本单位;"缺点"表示制度中存在不足之处("缺点"还可以进一步划分为"严重"和"较轻"两小栏,以区别缺点的严重程度);"未实施"表示制度虽已制定但尚未实施;"备注"栏内填写回答问题的资料来源或其他需要说明的问题。

调查表可印发多份,分发给有关被调查人填写,填写后统一收回并将问题归纳整理,以便进行分析研究。如果调查的问题比较单一,涉及面不广,也可采用当面询问、随问随填的方式。调查表的参考格式举例如表5-1所示。

表5-1 材料采购业务内部控制调查表

被调查单位:某公司
调查日期:20 年 月 日
被调查人:

工作底稿编号:

调查问题	调查结果						
	是	否	不适用	缺点		未实施	备注
				严重	较轻		
(1) 材料采购计划是否经过批准							
(2) 大宗材料的采购是否都签订供货合同							
(3) 材料到货后是否经过严格的质量检验							
(4) 材料到货后是否经过严格的数量点收							
(5) 发生数量缺少或质量不符时是否向有关部门查询							
(6) 是否有专人催办查询结果							
(7) 材料已到、发票未到是否暂时代办保管							
(8) 是否根据材料验收的结果承付货款							
(9) 对已付款而长期不到货的材料是否有专人催办							
(10) 材料有无整批买进又整批卖出的情况							
(11) 有无为其他单位或个人代购材料的情况							
(12) 有无为了收取回扣大量采购材料造成积压情况							
(13) 退货拒付是否按规定及时办理							
(14) 材料入库的凭证传递是否合理							

调查表的优点如下:①调查范围明确,省时省力,可提高工作效率;②如果调查表设置得当,审计人员很容易抓住企业内部控制的弱点和强点;③方法简便易行,即使没有较高的专业知识和专业技能的人员也能操作;④调查表可由若干人分别同时回答,有助于保证调

查效果。当然调查表也有其局限性,这种方法缺乏灵活性,所问询和回答的问题只限于表内所提到的问题,往往难以提供一个完整的、系统的、全面的分析评价。而且由于调查表格式固定,缺乏弹性,对于不同行业的被审计单位或是特殊单位,往往"不适用"栏填得太多,而使调查表显得不太适用。此外,调查人员机械地照表提问,往往会使被调查人员漫不经心,容易流于形式,失去调查表的意义。这种方法适合于调查了解被审计单位的控制环境和各主要业务领域的控制点。

3. 流程图法

流程图法是利用图解形式来描述被审计单位的内部控制制度的方法。流程图一般按主要经营环节绘制,如果将各主要经营环节的流程图合并起来,就构成了比较完整的内部控制制度流程图。流程图的绘制方法有横式和纵式两种,无论采用哪种方式,都必须注意以下几点:①在绘制流程图前,审计人员必须全面、详细地调查了解主要经营业务各环节的相互关系、凭证传递程序、各环节和各程序应负的责任等;②必须事先确定图形符号,设计好图例说明,在目前尚无统一规定专用符号的情况下,可选用一般通用的符号;③流程图的绘制如采用横式,应将业务部门放在上端,业务流程从左上角开始自左至右,从上到下绘制。线条、符号之间的关系要表示清楚,要特别注意业务交叉线的绘制,防止紊乱。另外,还要考虑所有流程图的合并问题,要将业务之间的钩稽说明清楚。流程图的参考格式如图 5-1 所示。

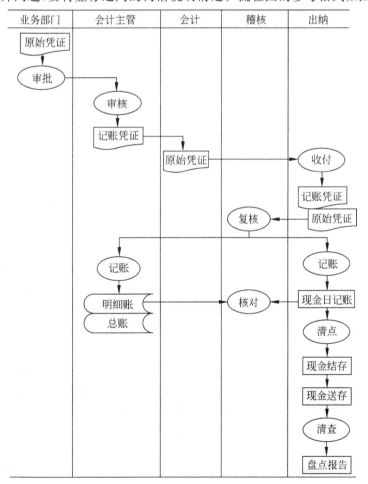

图 5-1 现金控制系统流程图

流程图法形象直观,能够清晰地表示各项经济业务的处理程序和内部控制情况,并展示各步骤之间的关系,便于进行评价。在定期审计的情况下,只要将被审计单位以前的流程图按照业务的变化情况对有关线条或符号稍加修改,就可以得到新的流程图。流程图法的缺点在于绘制流程图需要掌握一定的技术,如果绘图技术不过关,绘出的流程图不能清楚、准确地反映被审计单位的内部控制制度,就会影响审计工作的质量。此外,流程图法也不如调查表法那样容易确定内部控制制度的薄弱环节。

描述内部控制的三种方法并不相互排斥,而是相互依赖和相互补充。在描述某一单位内部控制时,可对不同的业务环节使用不同的方法,也可同时结合使用两种或三种方法。三者结合使用,往往比采用某一种方法效果更好。

5.3.3 评价内部控制制度

1. 对内部控制制度进行初步评价

(1) 健全性评价

对内部控制制度的健全性评价,即从总体角度评价应有的控制环节是否设置齐全。一方面看每个应该控制的部门、环节是否都建立了内部控制制度;另一方面分析内部控制制度的关键部位是否都建立了强有力的内部控制制度,以及内部控制制度中是否存在薄弱环节。健全性评价的重点在于分析内部控制制度的薄弱环节。审计人员把薄弱环节作为关键控制点之一。

(2) 合理性评价

对内部控制制度的合理性评价,主要是分析内部控制制度的布局是否必要,是否科学,有无多余和不必要的控制,有无把一般控制点误作为关键控制部位,控制职能是否划分清楚,人员间的分工是否恰当,牵制制度是否合适,内部控制成本和效益是否对应等。

2. 对内部控制制度进行符合性测试

符合性测试是对内部控制制度的实施情况和有效程度进行测试,是内部控制制度评价的中心环节。

(1) 符合性测试的内容

内部控制制度符合性测试的内容主要包括两个方面:一是符合程度测试;二是运行状况测试。

① 符合程度测试是指通过对被审计单位重要经济事项的各项手段和程序的检查,判明各业务的处理过程所遵循的内部控制制度是否健全、适当。进行符合性测试时,首先,应确定现有的内部控制制度与规范化的内部控制制度的符合程度;其次,应确定为证实符合程度而需采取的审计程序。即先确定符合性测试目标,然后确定符合性测试程序。如采购业务的内部控制制度符合程度的测试,假定符合性测试的目标是为采购材料的验收入库手续确定符合程度,那么符合性测试程序就可确定为从收料单中抽取一部分,将抽取的每件收料单的采购和验收人等有关项目手续与内部控制制度的要求进行比较,以查明其内部控制制度的执行情况。

② 运行状况测试是指通过各项内部控制制度执行情况的检查,判断内部控制制度的运行效果。运行状况的测试一般采取抽查方式,即对其关键控制项目或关键控制点抽取若干样本进行审查,根据样本抽查结果推断总体运行情况。

(2) 符合性测试的方式和程序

符合性测试可以采取两种方式:一种是业务程序测试;另一种是功能测试。业务程序测试是指选择典型的重要业务,沿着规定的处理程序进行一一审查,查明有关的控制环节是否符合既定的制度要求并很好地执行,来判断确认各项控制措施的遵循情况。功能测试则是针对某项控制的特定控制环节,选择若干时期的同类业务进行检查,以查明该控制环节的处理程序在被审计期内是否按规定正常地发挥了作用。如借款业务的功能测试,就可以选择不同时期发生的借款业务,检查其是否都有"借款人申请""领导批准""主管审核""出纳付款"等项手续,该手续是否均被一贯认真执行。两种测试方式在审计实践中既可以分别选用也可以配合使用。但无论采用何种方式测试,都必须按照一定的审计程序进行。可选用的符合性测试程序通常包括以下三种:①检查交易事项的凭证;②询问并实地观察内部控制制度的运行情况;③重新执行相关内部控制程序。以上三种程序既可单独使用,也可合并使用。

3. 评审内部控制制度的可信赖程度

内部控制制度的可信赖程度一般分为高、一般、低三个层次。

(1)可信赖程度高。可信赖程度高的标志是内部控制制度健全、合理,并且在测试检查有关业务活动时,未发现差错或仅发现极少的差错。审计人员可以较多地信赖、利用被审计单位的内部控制制度,在实施审计时,可相应减少实质性测试的样本数量和范围。

(2)可信赖程度一般。可信赖程度一般的标志是内部控制制度不很健全、合理,存在一定的缺陷或薄弱环节,或内部控制制度比较健全、合理,但实际执行不力,并且在测试检查有关业务活动时,发现有一定程度的差错。审计人员应降低信赖和利用内部控制制度,扩大实质性测试的深度和广度,增加实质性测试的样本数量和范围。

(3)可信赖程度低。可信赖程度低的标志是内部控制制度不健全、不合理,或虽设置了良好健全的内部控制制度,但并没有执行。在测试有关业务活动时,差错的发生非常频繁,差错发生率很高。在这种情况下,审计人员应大幅度扩大实质性测试的样本数量和范围,以获取足够的、有充分证明力的审计证据,支持其提出的审计意见和做出的审计结论。在民间审计中,在被审计单位的内部控制制度可信赖程度很低的情况下,审计人员甚至可考虑取消审计业务约定书,拒绝接受被审计单位的委托审计任务。

5.4 案例及分析

案例一

1. 基本资料

2018年7月3日,江西万年青水泥股份有限公司(以下简称万年青公司)发布《关于公司财务部原部长肖某某挪用资金、骗取票据承兑案进展公告》,二审法院维持一审原判,判定肖某某在担任万年青公司副总会计师、财务部部长期间,利用职务之便,挪用公司银行承兑汇票,提供虚假证明,构成职务犯罪,判处万年青公司财务部原部长肖某某12年有期徒刑,处罚金15万元。

(1)事件背景介绍

万年青公司是江西省国有控股上市公司,与南方水泥有限公司共同出资设立江西南方万年青水泥有限公司(以下简称南方万年青),并负责南方万年青的日常运营管理。2012年12月,万年青公司聘任肖某某为万年青公司副总会计师、财务部部长,协助总会计师对万年青公司及南方万年青进行财务管理、资金调度等工作。经查,万年青公司于2012年完成内控体系建设工作,2012—2015年内控自我评价与内控审计结论均为内控运行有效,2017年4月发布的2016年度内控运行自我评价与审计报告均显示无效,原因是公司存在重大的财务内控缺陷。其中,内控审计报告显示公司的内控体系设计有效,是执行不严格导致的运行失效。

(2) 事件情况回顾

① 私自挪用承兑汇票。南方万年青与万年青公司接洽银行承兑汇票,由肖某某全权负责。从2014年起,肖某某均是以托收的名义将汇票转给南昌瑞明建材公司的罗某供其用以资金周转,2014—2015年均能到期收款。2016年1—8月期间,肖某某分五次将承兑汇票交给罗某,一直没有回款,截至2016年8月,欠收约1.76亿元。

② 挪用资金伪造记录。2016年1—6月,南方万年青财务部分4笔付供应商上饶某公司货款4 970万元,实际欠款仅有116万元,超付4 854万元。以2016年1月的支付事项为例,肖某某自行填写付款单,且小写金额是大写金额的10倍,要求财务人员通过网银支付。南方万年青财务部分别向上饶某公司支付1 000万元,会计人员以大写金额入账(100万元)。2016年3月底核对银行流水时发现差异,财务人员向肖某某反映,肖某某重新修改了付款单,同时要求财务人员修改记账凭证。此后几个月,肖某某均进行类似操作,累计超付4 854万元。

③ 擅自提供虚假证明。江西万年县文龙实业公司(以下简称文龙公司)实际控制人姚某为解决资金困难,经事先与肖某某商量,伪造了文龙公司与万年青公司的虚假应收账凭证和供货合同,2015年7月28日向华夏银行申请了6 000万元的授信,并先后从华夏银行开出票面金额合计1.4亿元的承兑汇票。华夏银行的工作人员前去万年青公司核实文龙公司的应收款项时,肖某某没有向领导汇报,带着华夏银行工作人员到公司办公室盖了万年青公司的公章和法人章,其先后帮忙盖章5次。目前华夏银行尚有2 185.96万元未收回。

上述行为导致万年青公司于2016年年底计提资产损失11 505.82万元,计提预计负债1 297.21万元,合计影响归属于母公司净利润减少5 588.63万元。2017年年底计提损失5 466.34万元,影响归属于母公司净利润减少2 049.88万元。

2. 分析要点

(1) 承兑汇票管理不相容职务未分离

已经开具的银行承兑汇票应视同现金管理,涉及银行承兑汇票的接收验证、登记、锁柜保管,背书转出时涉及背书信息填写、印鉴加盖、领取确认等环节。而肖某某利用其职务之便,一个人操办全过程,过程缺少相应的牵制,银行承兑汇票得以多次顺利挪用。

(2) 印章使用控制失效

案件显示,在为姚某的文龙公司向华夏银行提供(虚假的)账款证明时,是由肖某某直接带着华夏银行工作人员去公司办公室盖章,未履行用印审核审批程序,印章保管员也给予用印,部门之间的牵制失效(根据背景介绍,万年青公司已完成内控体系建设,印章管理应有相应的规章制度或流程设计)。

(3) 投诉举报渠道不完善

在缺乏充分支付依据时,肖某某多次要求财务人员向上饶某公司支付钱款,具有基本财务管理知识的财务人员应可判断出此行为是不符合公司内部管理要求、不符合公司利益的,应向更高一层领导或监督部门举报。印章管理员与财务人员一样,在企业风险管理或内部控制中都属于较为关键的岗位,当慑于某领导的权威而不能按照要求履行职责时,应有通畅的举报渠道,这同时也是对本人的保护,否则将沦为"帮凶"。

这三项内控缺陷只是案件事实直接反映出的部分。另外,也可以看出万年青公司的内控环境较差,工作人员风险意识不足,资金支付时审核不严格(未及时发现大小写差异),内部管理要求不够严格,执行偏差较大。

案例二

1. 基本资料

郑州百文股份有限公司(以下简称郑百文)的前身是一家国有百货文化用品批发站。1996年4月,经中国证监会批准,郑百文成为郑州市的第一家上市企业和河南省首家商业股票上市公司。公司称:1986—1996年的10年间,其销售收入增长45倍,利润增长36倍;1996年实现销售收入41亿元,名列全国同行业前茅。按照郑百文公布的数字,1997年其主营规模和资产收益率等指标,在沪深上市的所有商业公司中均排序第一,进入了国内上市企业100强。然而神话很快破灭,第二年,郑百文即在中国股市创下每股净亏2.54元的最高纪录,而上一年其宣称每股盈利0.448元。1999年,郑百文亏损9.8亿元,再创沪深股市亏损之最。1999年4月27日,郑百文股票被列为ST。2000年,公司经营基本处于停滞状态。截至2000年6月30日,郑百文累计亏损18.21亿元,股东权益-13.46亿元,每股净资产-6.88元,严重资不抵债。2000年3月3日,中国信达资产管理公司向郑州市法院提出郑百文破产的申请。2000年8月22日,郑百文因资产重组停牌。2000年10月30日,新华社记者发表长文,正式向公众披露郑百文伪装上市,以及数年间该公司一系列弄虚作假的事实。是什么导致了郑百文神话的快速破灭?从深层次看是典型的内部控制失效。如果一个公司内部没有形成行之有效的监督机制,必然会出现问题,这是毋庸置疑的。下面我们依内部控制的若干要素,加以具体分析。

2. 分析要点

(1) 控制环境失效

控制环境是内部控制的核心,决定其他控制要素能否发挥和如何发挥作用,直接影响控制目标的实现。

① 经营管理理念混乱,缺乏风险意识。郑百文的根本问题是经营管理不善。公司年报也承认:"重经营,轻管理;重商品销售,轻战略经营;重资本经营,轻金融风险防范;重网络硬件建设,轻网络软件完善;重人才引进,轻人员监管和培训。"

郑百文以家电经销为主,由经销长虹彩电发家的家电分公司资产及其业务量在郑百文中独占鳌头,郑百文拖欠银行债务的90%以上在家电分公司。由于家电市场竞争激烈,纷纷降价,造成商品难以变现,承兑货款逾期,财务状况恶化,1998年家电分公司销售收入由上年度的65.71亿元锐减到24.43亿元。公司管理者曾四处批发其"大转盘"理论,即由河南省建设银行出面承兑,向四川长虹出具银行承兑汇票,郑百文买断长虹的电视产品,并向下游批发商赊销。郑百文领导赋予此三角合作关系高深的内涵,说商业银行信誉、生产商信誉和销售商信誉加在一起,就是中国市场经济的基本框架,完全没有考虑风险。直至信用关系解体,公司陷入困境。

与此同时,公司还盲目扩张。郑百文上市时资产负债率已高达68.9%,上市后公司没有及时调整资产结构,反而走上大规模扩张之路。1997年资产规模以60.12%的速度高速增长,股东权益仅增长24.94%,负债率达到87.97%。在1998年一年内,郑百文在全国9个城市和地区建立了12家配售中心,支出达2.7亿元,更加重了债务负担。而销售收入却没有上升,反而从1997年的70.4亿元下降到1998年的33.5亿元,负债率在1999年中期高达134.18%。公司董事长对高负债率却不以为然,认为"负债经营对公司有利",并没有认识到杠杆经营必须要用较高的销售利润率来弥补经营风险。另外,随意投资,如1998年,郑百文又以配股资金的600万元兼并了与主营业务毫无关联的郑州化工原料公司,这种投资决策的随意性,加速了其神话的破灭。

② 公司组织结构极不完善。现代企业制度要求企业建立规范的法人治理结构,股东大会、董事会、监事会和经理层互相监督制约。郑百文第一大股东持股14.64%,前十大股东持股仅占26%,流通股高达54%,第一大股东郑州市国资局将所持国有股股权划归予郑百文同一法定代表人的郑州百文集团有限公司经管,外部力量对公司干涉极弱。郑百文却利用上市后经营自主权的扩大,大行违背经济规律甚至违法乱纪之道:上市募集的资金被公司领导以投资、合作为名拆借、挪用数以亿计,郑百文的法人治理结构形同虚设。

③ 人事政策管理不当。郑百文为激励职工,以销售收入为指标,完成指标者封为副总,可以自配小车。结果各网点为完成指标不惜购销价格倒挂,商品大量高进低出,最终关门歇业,留下数目惊人的应收账款,而任职几年的分公司经理,却一个个都成了富翁。

④ 内部监督虚无。在1998年开始出现亏损时,公司才进行全面的内部审计。以前内部审计比较少,内部整顿也是在公司出了事以后。在整个经营过程中,内部审计基本就没有存在过,这种没有监管的经营,为它的失败埋下了祸根。

(2) 控制程序形同虚设,会计信息系统失真

① 会计处理缺乏一贯性、完整性。1999年上半年,郑百文将1998年度未入账的预期罚息6 922万元在调整后的"年初未分配利润"中反映,而1999年上半年又将预期罚息1.27亿元在"财务费用"中反映。1999年6月公司对其应收账款余额按1年以内10%、1~2年60%、2~3年80%、3年以上100%的比例计提坏账准备,导致当期管理费用增至3.02亿元,其中呆坏账准备高达2.6亿元。而1998年仅按0.3%的比例计提应收账款坏账准备。注册会计师声称根据公司提供的资料,无法对这些账款中可能收回的数额,以及是否需要对公司会计报表中已计提的坏账准备2.6亿元进一步的调整作出合理的估计。注册会计师对郑百文1998年报、1999年报中连续出具拒绝表示意见审计报告指出:"贵公司家电分公司缺乏我们可信赖的内部控制制度,会计核算方法具有较大的随意性,而家电分公司的资产及业务量在贵公司占较大比重,致使我们无法取得充分适当的审计证据,对贵公司整体会计报表的收入、成本及其相关的报表项目的真实性、合理性予以确认。"

② 上市前后利润存在大量泡沫。郑百文泡沫早就存在,但被虚假信息所粉饰、掩盖。公司不具备上市资格,为了能上市圈钱、筹集资金,就大量造假。即使上市后,为了继续掩盖亏损、制造账面假赢利,公司账目一片混乱,致使1998年、1999年连续两年会计师事务所拒绝出具审计意见。直到后来纸包不住火,郑百文才公布重大亏损的实情。

本章小结

内部控制制度是指组织为了保证经济活动的有序进行,保护财产的安全和完整,确保会

计资料的真实可靠而制定和实施的一系列具有相互联系、相互制约、相互协调的方法、措施与程序的总称。当前各国的审计准则已基本上达成共识。普遍认为内部控制包括控制环境、风险评估、控制活动、信息交流和监督5个构成要素。

内部控制和审计具有非常密切的关系。大量的审计实践表明：凡内部控制健全有效的领域，错弊发生的情况就少；反之就多。审计人员可通过对被审计单位内部控制评价的结果确定实质性测试的方式、重点和抽样规模，从而减少了审计风险，合理地保证了审计质量。

审计人员对企业内部控制的研究和评价一般可分为三个步骤：第一，了解调查企业内部控制的情况，并作出相应的记录，常用的描述内部控制的方法有文字表述法、调查表法和流程图法3种；第二，对拟信赖的内部控制进行符合性测试，证实有关的内部控制的设计和执行的效果；第三，评价内部控制的强弱，即评价控制风险。

符合性测试是为了确定内部控制制度的设计和执行是否有效而实施的审计程序，它并不是审计的一个必经程序。符合性测试是否实施，应当遵守"成本效益"原则。审计人员在了解内部控制后，只对那些准备信赖的内部控制执行符合性测试，并且只有当信赖内部控制而减少的实质性测试工作量大于符合性测试的工作量时，符合性测试才是必要和经济的。

完成符合性测试后，审计人员应对内部控制进行最终评价，以确定实质性测试的性质、时间和范围。如果审计人员评价企业内部控制为高信赖程度，说明控制风险为最低，审计人员可较多地信赖被审计单位的经济业务及会计资料，缩小实质性测试的范围，降低抽样规模，提高审计效率；反之，审计人员只有依靠执行更多的实质性程序或终止审计聘约。只有这样，才能降低审计风险，保证审计质量。总之，无论是对管理者还是对审计人员，内部控制都具有十分重要的意义，但我们也应认识到内部控制因其固有的限制而存在一定的局限性。

复习思考题

1. 单项选择题

(1) 内部控制源于( )。
　　A. 会计　　　　　　B. 审计　　　　　　C. 统计　　　　　　D. 控制

(2) 审计进行符合性测试的时间一般安排在( )。
　　A. 准备阶段　　　　B. 实施阶段　　　　C. 报告阶段　　　　D. 复审阶段

(3) 首次正式使用"内部控制"这一专业术语的国家是( )。
　　A. 中国　　　　　　B. 美国　　　　　　C. 英国　　　　　　D. 德国

(4) 那些对会计业务、会计记录和会计报表的可靠性没有直接影响的内部控制是( )。
　　A. 内部会计控制　　B. 内部审计　　　　C. 内部管理控制　　D. 内部监督

(5) 下列各项中，预防员工贪污、挪用销货款的最有效的方法是( )。
　　A. 记录应收账款明细账的人员不得兼任出纳
　　B. 收取顾客支票与收取顾客现金由不同的人担任
　　C. 请顾客将货款直接汇入公司所指定的银行账户
　　D. 公司收到顾客支票后立即送收据给顾客

(6) ( )是指被审计单位具有健全、合理的内部控制，并且均能有效地发挥作用。
　　A. 低信赖程度　　　　　　　　　　　B. 中信赖程度
　　C. 高信赖程度　　　　　　　　　　　D. 良好的信赖程度

(7) 供销人员不能同时兼任会计指的是(　　)。
　　A. 批准与执行的分工　　　　　　　B. 保管与记录的分工
　　C. 执行与记录的分工　　　　　　　D. 执行与会计的分工
(8) 出纳人员不得兼任稽核、会计档案的保管及收入、支出、费用、债权债务业务账目的登记工作指的是(　　)。
　　A. 批准与执行的分工　　　　　　　B. 保管与记录的分工
　　C. 执行与记录的分工　　　　　　　D. 会计工作的职责分工
(9) 审批付款与出纳不能由一人同时担任指的是(　　)。
　　A. 批准与执行的分工　　　　　　　B. 保管与记录的分工
　　C. 执行与记录的分工　　　　　　　D. 会计工作的职责分工
(10) 分析内部控制制度的布局是否必要,是否科学,有无多余和不必要的控制是指(　　)。
　　A. 健全性评价　　B. 合理性评价　　C. 正确性评价　　D. 风险性评价
(11) 对内部控制运行状况的测试一般采取(　　)方式。
　　A. 详查　　　　　B. 抽查　　　　　C. 直查　　　　　D. 普查
(12) 在民间审计中,审计人员甚至可考虑取消审计业务约定书,拒绝接受被审计单位的委托审计任务的适用情形是(　　)。
　　A. 高信赖程度　　　　　　　　　　B. 中信赖程度
　　C. 低信赖程度　　　　　　　　　　D. 良好的信赖程度

2. 多项选择题

(1) 我国独立审计具体准则将内部控制分为(　　)要素。
　　A. 控制环境　　　B. 会计系统　　　C. 控制程序　　　D. 风险评估
(2) 我国内部审计具体准则将内部控制分为(　　)要素。
　　A. 控制环境　　　B. 控制活动　　　C. 信息与沟通
　　D. 风险管理　　　E. 监督
(3) 描述内部控制的常见的方法有(　　)。
　　A. 观察法　　　　B. 文字表述法　　C. 调查表法　　　D. 流程图法
(4) 符合性测试的基本对象为(　　)。
　　A. 控制水平的测试　　　　　　　　B. 控制能力的测试
　　C. 控制设计的测试　　　　　　　　D. 控制执行的测试
(5) 可以不进行符合性测试的情况有(　　)。
　　A. 企业规模小
　　B. 相关内部控制不存在
　　C. 内部控制存在,但执行无效
　　D. 符合性测试结果不能减少实质性测试的工作量
(6) 内部管理控制包括的主要内容是(　　)。
　　A. 组织机构控制　　B. 人员素质控制　　C. 业务程序控制
　　D. 财产物质安全控制　　E. 目标计划控制
(7) 通过授权控制,可以尽可能地减少(　　)的行为发生。
　　A. 不合规　　　　B. 不合法　　　　C. 不合理　　　　D. 不经济

(8) 会计记录控制主要包括( )。
　　A. 建立严格的凭证制度　　　　　　B. 建立严格的账务处理制度
　　C. 建立严格的审批制度　　　　　　D. 建立严格的稽核制度
(9) 内部会计控制的主要内容一般包括( )。
　　A. 授权控制　　　B. 分工控制　　　C. 会计记录控制　　　D. 内部审计
(10) 对内部控制制度进行初步评估包括( )。
　　A. 健全性评价　　　B. 合法性评价　　　C. 正确性评价　　　D. 合理性评价
(11) 内部控制制度测试内容主要包括( )。
　　A. 健全性测试　　　　　　　　　　B. 符合程度测试
　　C. 运行状况测试　　　　　　　　　D. 运行结果测试
(12) 对内部控制最终的评价结果，根据可信赖程度的高低不同，可分为( )。
　　A. 低信赖程度　　　　　　　　　　B. 中信赖程度
　　C. 高信赖程度　　　　　　　　　　D. 良好的信赖程度

3. 判断题

(1) 现代审计与内部控制之间存在着密切的联系。　　　　　　　　　　　　( )
(2) 为了提高工作效率，减少工作环节，会计和出纳应由一人承担。　　　　( )
(3) 审计人员在执行审计业务时，不论被审计单位的规模大小，都应对相关的内部控制进行充分的了解。　　　　　　　　　　　　　　　　　　　　　　　　　　　( )
(4) 描述内部控制的三种方法是相互排斥的，不能在同一单位内使用这三种方法。
　　　　　　　　　　　　　　　　　　　　　　　　　　　　　　　　　( )
(5) 一般来说，风险水平越高，可信赖程度越低；风险水平越低，可信赖程度越高。
　　　　　　　　　　　　　　　　　　　　　　　　　　　　　　　　　( )
(6) 调查了解内部控制制度是审计人员评审内部控制制度的首要步骤。　　　( )
(7) 合理性评价的重点在于分析内部控制制度的薄弱环节。　　　　　　　　( )
(8) 符合性测试是内部控制制度评价的中心环节。　　　　　　　　　　　　( )
(9) 从符合性测试到实质性测试是必经程序。　　　　　　　　　　　　　　( )
(10) 通过各项内部控制制度执行情况的检查，判断内部控制制度的运行效果的测试是符合程度测试。　　　　　　　　　　　　　　　　　　　　　　　　　　　( )
(11) 几乎适用于任何类型、任何规模单位的内部控制制度的描述方法是文字表述法。
　　　　　　　　　　　　　　　　　　　　　　　　　　　　　　　　　( )
(12) 内部控制是高信赖程度，审计人员可较多地信赖、利用被审计单位的内部控制，在实施审计时可相应地减少实质性测试的数量和范围。　　　　　　　　　　　( )

4. 简答题

(1) 什么是内部控制？它有什么作用？
(2) 内部控制的要素有哪些？
(3) 叙述内部管理控制和内部会计控制的内容。
(4) 描述内部控制的方法。
(5) 如何进行内部控制制度的评价？

第6章 资产审计

【学习要点】
※ 了解货币资金、应收款项、存货的审计目标。
※ 了解长期股权投资、固定资产和累计折旧的审计目标。
※ 熟悉货币资金、应收款项、存货的内部控制。
※ 熟悉长期股权投资、固定资产和累计折旧的内部控制。
※ 掌握现金、银行存款、应收账款及坏账准备、存货的审计程序和内容。
※ 掌握固定资产和累计折旧的审计程序与内容。

6.1 流动资产审计

资产是指企业过去的交易或者事项形成的、由企业拥有或者控制的、预期会给企业带来经济利益的资源。当资产符合以下条件时,应确认为流动资产:

(1) 预计在一个正常营业周期中变现、出售或耗用;
(2) 主要为交易目的而持有;
(3) 预计在资产负债表日起一年内(含一年,下同)变现。

流动资产审计就是对被审计单位的货币资金、应收款项、存货等各类流动资产的收付业务及结存情况的真实性、正确性和合法性所进行的审计。通过对流动资产的审计,可以对被审计单位与流动资产有关的内部控制制度的健全性、有效性作出评价,对流动资产结存数的真实性和正确性予以证实,从而提高企业流动资产的使用效率。

6.1.1 货币资金审计

1. 货币资金业务一般存在的错弊分析

货币资金审计是指对企业的现金、银行存款和其他货币资金收付业务及结存情况的真实性、正确性和合法性所进行的审计。由于货币资金具有流动性强、手续频繁等特点,容易出现差错和舞弊现象,货币资金业务常见的错弊包括以下几个方面。

(1) 坐支及白条抵库

坐支是指从现金收入中直接支付现金支出。白条抵库是指出纳根据没有经过正常批准手续的借款单借款,然后将此借款单不进行会计处理,而是放在保险柜中充当库存现金。

(2) 出借账户

通过被审计单位银行账户为其他单位或个人进行结算。表现形式是:从银行取得的对账单中出现金额相等、日期相近的一收一支的记录,而企业日记账中不做反映,或在日记账中一收一付。

（3）私设"小金库"

表现为收入不入账，账外现金不存银行，或存放在保险柜，或存放在他处。

（4）贪污舞弊

企业的贪污舞弊行为大多数是通过现金收付业务进行的，它包括以下常见的手段。

① 以少报多或以多报少：汇总原始凭证时，现金支出多记账，现金收入少记账，差额据为己有。

② 虚报冒领：用伪造的和不经审批的自制原始凭证，登记银行存款日记账，虚列支出。然后将支出存款贪污或转移资金。

③ 涂改原始凭证。

④ 重复报账：将已报销的原始凭证多次报销。

⑤ 抵减现金：通过银行账户，故意用错对方科目，抵减账面金额，然后从库存中取出现金占为己有。

⑥ 隐瞒现金长款，纳入私囊。

⑦ 公款私存，贪污利息。

⑧ 挪用公款用于投资，赚取利润纳入私囊等。

2. 货币资金审计的目标

对货币资金的审计，必须确定审计目标。一般地说，货币资金主要包括以下审计目标。

（1）存在或发生。确定被审计单位资产负债表中的货币资金在会计报表日是否确实存在。

（2）完整性。确定被审计单位在特定期间内发生的货币资金收支业务是否均已记录完毕，有无遗漏。

（3）权利和义务。企业对资产负债表中所有的货币资金是否都拥有法律上的所有权。

（4）估价与分摊。确定货币资金余额是否正确。

（5）表达与披露。确定货币资金在资产负债表上的披露是否恰当。

3. 货币资金的内部控制

依据国家对企业货币资产管理的有关规定，良好的货币资金内部控制应包括以下内容。

（1）授权。资金收付必须经事前批准。如购买办公用品、出差人员借支差旅费等。

（2）严格的稽核制度。资金收付业务必须有严格的稽核制度。如原始凭证必须经过复核、验算、收付凭证须审核无误方能记账，以保证账证相符。

（3）明确的职责分工。出纳与记账应严格分工，管钱不能管账。

（4）良好的支票保管及签发制度。支票按顺序编号，严格控制。支票的领用必须有明确的范围和审批手续；对于已作废的支票必须加盖作废章并妥善保管。

（5）定期核对制度。要求按日盘点现金，定期编制银行存款余额调节表，以做到账实相符。

4. 货币资金审计的实质性测试

（1）核对现金日记账与现金总账的余额是否相符

审计人员测试现金余额的起点，是核对现金日记账与总账的余额是否相符。如果不相符,应查明原因,并作出适当调整。

(2) 盘点库存现金并取得库存现金盘点表

① 现金盘点的要求。制定库存现金盘点程序,实施突击性的检查,时间最好选择在上午上班前或下午下班时进行,盘点的范围一般包括企业各部门经管的现金。在进行现金盘点前,应由出纳员将现金集中起来存入保险柜。盘点时,必须有出纳人员、会计部门负责人和审计人员同时在场。如企业现金存放部门有两处或两处以上者,应同时进行盘点。

② 实施盘点程序。要求出纳将所有现金及有价证券拿出,并说明所有权(列清单);出纳自点,审计人员监点;审计人员复点,编制库存现金盘点表;将盘点现金交出纳签收;检查是否有未入账的单据;编制审计工作底稿,即库存现金盘点表,确定审查日库存现金实有数及现金审定数。库存现金盘点表如表6-1所示。

表6-1 库存现金盘点表

库存现金限额1 000元　　　　2019年8月31日　　　　　　　　　　单位:元

项　目	凭证编号	金　额	备　注
库存现金账面余额		1 572.60	
加:已收款未入账部分			
① 收入凭证525#		952.00	
② 收入凭证526#		179.40	
减:已付款未入账部分			
① 支出凭证527#		811.00	
② 支出凭证528#		107.50	
③ 张三已经批准的借条		400.00	
库存现金应存数		1 385.50	
库存现金实存数		1 240.50	
溢缺数		145.00	
溢缺原因:			
① 白条抵库			
② 收付差错		145.00	

(3) 抽查大额现金收支事项

审计人员应对大额现金的收支作详细的审查,通过抽查大额现金收支的原始凭证,着重查明经济业务内容是否完整,有无未经授权批准;并审查相关账户的入账情况,分析收支的合理性,是否存在盗用现金等舞弊行为。如发现有与被审计单位生产经营业务无关的收支事项,应查明原因,并作相应的记录。

(4) 检查现金收支的截止日期

被审计单位资产负债表上的现金数额,应以结账日实有数额为准。因此,审计人员必须验证现金收支的截止日期,以防止将属于本期的货币资金收支记入下期,或将属于下期的货币资金收支记入本期,从而防止被审计单位高估或低估货币资金数额,以达到隐瞒某些事实真相的目的。为了达到上述审计目标,审计人员可以对结账日前后一段时期内现金收支凭证进行审计,根据现金收支的实际日期确定是否存在跨期事项。

(5) 检查外币现金、银行存款的折算是否正确

对于有外币现金的被审计单位,审计人员应检查:被审计单位对外币现金的收支是否

按所规定的汇率折合为记账本位币金额；外币现金期末余额是否按期末市场汇率折合为记账本位币金额；外币折合差额是否按规定记入相关账户。

(6) 检查现金是否在资产负债表上恰当列报

根据有关会计制度的规定，现金在资产负债表上"货币资金"项下反映，审计人员应在实施上述审计程序后，确定"现金"账户的期末余额是否恰当，据以确定货币资金是否在资产负债表上恰当列报。

5．银行存款审计的实质性测试

(1) 核对银行存款日记账与银行存款总账的余额是否相符，编制余额核对明细表

审计人员测试银行存款余额的起点，是核对银行存款日记账与总账的余额是否相符。如果不相符，应查明原因，并作出适当调整。

(2) 函证银行存款余额，确定银行存款实有数

函证银行存款余额。其目的是通过银行取得企业在银行开立的存款户、贷款户及截止日期的余额，作为重要的、可靠的外部证据。

(3) 取得或编制银行存款余额调节表

银行存款余额调节表通常应由被审计单位根据不同的银行账户及货币种类分别编制，其格式如表6-2所示。检查银行存款余额调节表是证实资产负债表所列银行存款是否存在的重要程序。如果被审计单位内部控制较好，可以对其编制的调节表进行复核；如果被审计单位内部控制较弱，审计人员应自行独立编制银行存款余额调节表。

表6-2　银行存款余额调节表

编制单位：A公司　　　　　2019年12月31日　　　　　单位：元

项　目	金　额	项　目	金　额
企业银行存款日记账余额	49 800	银行对账单余额	65 000
加：银行已收，企业未收款	5 800	加：企业已收，银行未收款	3 000
减：银行已付，企业未付款	1 800	减：企业已付，银行未付款	14 000
加：企业记账差错数	200		
调节后的存款余额	54 000	调节后的存款余额	54 000

表6-2调节后的余额，就是企业银行存款的应有数额。调节后双方余额如果一致，则说明调节前两者余额不一致的原因主要是由于存在未达账项；调节后双方余额如果不一致则说明调节前两者余额不一致的原因，不仅因为存在未达账项，还有账务处理上的差错。在这种情况下，要进一步查明账务处理差错的原因，并予以纠正。

值得注意的是，银行存款余额经调节后相符，也不能绝对说明企业的银行存款收付业务没有问题。如果出现银行对账单和银行存款日记账同时有一收一付金额相等的收支记录，或银行对账单一方有一收一付金额相等的收支记录，而银行存款日记账上并没有此类收付记录的情况，即使调节表双方余额一致，企业也可能存在出租出借银行账户或有非法经营、转移资金等弊端。在这种情况下，应进一步追查原始凭证，看是否有出租出借银行账户等问题。

(4) 抽查大额银行存款的收支

审计人员应抽查大额现金收支、银行存款(含外埠存款、银行汇票存款、银行本票存款、

信用证存款)收支的原始凭证内容是否完整,有无授权批准,并核对相关账户的进账情况。如有与被审计单位生产经营业务无关的收支事项,应查明原因,并作相应的记录。

(5) 审查银行存款结算凭证

审核被审计单位的现金支票、转账支票、付款委托书和汇出款项等银行结算凭证的存根和回单,查明被审计单位是否按照规定使用支票和其他结算凭证。在此,应着重查明的是,有无签发空头支票和随意将支票出借的问题;签发的支票和其他结算凭证,是否符合国家的有关规定,是否及时入账;签发的支票存根是否妥善保管,是否连续编号,有无脱号、伪造印鉴,向银行冒领款项等舞弊行为;作废支票是否仍保留在支票簿内,并加盖"作废"戳记;支票丢失是否及时挂失等。

(6) 检查外币银行存款的折算是否正确

对于有外币银行存款的被审计单位,审计人员应检查被审计单位对外币银行存款的收支是否按所规定的汇率折合为记账本位币金额;外币银行存款期末余额是否按期末市场汇率折合为记账本位币金额;外币折合差额是否按规定记入相关账户。

(7) 检查银行存款是否在资产负债表上恰当列报

根据有关会计制度的规定,企业的银行存款在资产负债表上"货币资金"项目下反映。所以,审计人员应在实施上述审计程序后,确定"现金""银行存款""其他货币资金"账户的期末余额合计数是否与资产负债表上"货币资金"项目的数额相符,从而确定银行存款在资产负债表上是否恰当列报。

6. 其他货币资金审计的实质性测试

其他货币资金是指企业现金、银行存款以外的外埠存款、银行汇票存款、银行本票存款、信用卡存款、信用证保证金存款以及存出投资款等。它们与现金和银行存款相比,具有单独的存放地点和专门用途等特点。所以在会计制度中单独设置会计科目进行核算和监督。对其他货币资金的审计,其审计程序和审计方法与银行存款审计基本一致,在此不再赘述。

7. 案例及分析

【例 6-1】 2019 年 8 月 31 日,审计人员对某公司现金进行审计,出纳员结出当日现金日记账余额 1 572.60 元,现金清点结果为 100 元票 4 张、50 元票 12 张、10 元票 16 张、5 元票 8 张、2 元票 10 张、1 元票 16 张、角票及分币 4.50 元,共计 1240.50 元。企业库存现金限额为 1 000.00 元,在盘点中发现出纳员持有下列凭证尚未入账。

(1) 8 月 26 日,销售商品 952.00 元,收到现金,已编制 525# 凭证。
(2) 8 月 28 日,出售废旧物资收到现金 179.40 元,已编制 526# 凭证。
(3) 8 月 28 日,以现金购买办公用品 811.00 元,已编制 527# 凭证。
(4) 8 月 29 日,李明报销医药费 107.50 元,现金已付,并编制 528# 凭证。
(5) 8 月 30 日,张三未经批准的借条一张,金额 400.00 元。

【要求】 编制库存现金盘点表,指出存在的问题。

【解答】 (1) 库存现金盘点表如表 6-1 所示。

(2) 存在的问题及建议如下。

① 超过库存现金限额 385.50 元,应及时解缴银行。
② 借条 400.00 元,属于白条,应及时催收或入账处理。

③ 短缺 145.00 元应查明原因，并报经批准后做出调账处理。
④ 现金收付凭证记账不及时，应做到日清月结。
⑤ 库存现金管理制度不严密，现金收付业务的程序及手续不明确，应建立一套严密的现金管理制度。

【例 6-2】 审计人员于 2019 年 8 月 28 日检查了安建公司 2019 年 7 月银行存款日记账，并与对账单进行核对。7 月 31 日银行存款日记账余额为 228 500 元，银行对账单余额 223 360 元（经核实是正确的），核对后发现下列情况。

(1) 7 月 8 日，银行对账单有存款利息 320 元，银行存款日记账为 230 元，经查系记账凭证写错。

(2) 7 月 10 日，银行对账单上有收入外地汇款 8 500 元（查系外地某乡镇企业），而日记账上无此记录。

(3) 7 月 15 日，银行对账单上有支出外地汇款 1 500 元，而日记账上无此记录。

(4) 7 月 18 日，对账单上付出 8 500 元（查系转账支票），但日记账上无此记录。

(5) 7 月 20 日，银行存款日记账收入 2 000 元，银行对账单上无此记录。

【要求】 (1) 根据上述资料，运用审计调节法，编制银行存款余额调节表。

(2) 分析其中可能存在的问题并提出进一步审查的方法。

(3) 2019 年 7 月 31 日银行存款日记账的正确余额是多少？

(4) 如果 2019 年 7 月 31 日资产负债表上"货币资金"项目中银行存款余额为 228 000 元，请问是否真实？

【解答】 (1) 银行存款余额调节表如表 6-3 所示。

表 6-3 银行存款余额调节表

编制单位：安建公司　　　　2019 年 8 月 28 日　　　　　　　　　　　　单位：元

项目	金额	项目	金额
企业银行存款日记账余额	228 500	银行对账单余额	223 360
加：银行已收、企业未收款	8 500	加：企业已收、银行未收款	2 000
减：银行已付、企业未付款	1 500	减：企业已付、银行未付款	
	8 500		
加：企业记账差错数	90		
调节后的存款余额	227 090	调节后的存款余额	225 360

(2) 存在的问题如下。

① 记账人员工作不仔细，出现记账错误。

② 银行取得的对账单中出现金额相等、日期相近的一收一支的记录，而企业日记账中不作反映，疑有出租（借）银行账户的情况，应向有关人员询问或向银行询证，进一步查明情况。

③ 调节表发现的错误数额是 1 730（227 090－225 360）元。

④ 由于本题银行存款对账单中存款余额（即 225 360 元）是正确的，所以，第一，可能属于企业登记银行存款减少上的错误。因为少记企业银行存款的减少，会导致银行存款余额虚增。第二，可能属于企业登记银行存款收入上的虚增，同样会导致企业银行存款余额虚增。

(3) 7 月 31 日企业银行存款账面的正确余额是 226 770（228 500－1 730）元。

(4) 资产负债表上"货币资金"项目中的银行存款数 228 500 元不真实,应加以调整。正确余额为 228 360(226 770＋8 500＋1 500－8 500＋90)元。

6.1.2 应收款项审计

1. 应收款项业务一般存在的错弊分析

(1) 虚列应收账款,虚增企业利润

企业为了粉饰业绩,往往在年末虚列应收账款,虚增销售收入,进而达到虚增企业利润的目的。虚列应收账款时会计凭证后面所附的原始凭证往往没有正规的销货凭证,审计人员通过检查原始凭证或函证应收账款均能查清事实。

(2) 应收账款的入账金额不实

根据会计制度的规定,在存在销货折扣与折让的情况下,应收账款的入账金额采用总额法;而在实际工作中可能出现按净额法入账的情况,以达到推迟纳税或将正常销售收入转为营业外收入的目的。

(3) 对坏账损失的处理方法不合理

企业会计制度规定,对确认的坏账损失只能用备抵法核算;但在实际工作中,存在用直接转销法和备抵法交替使用的现象。

(4) 对企业坏账的核算不合规

主要表现在以下几个方面。

① 人为扩大计提范围和标准。

② 不按规定及时足额计提坏账准备。

③ 核销不应该核销的应收账款,或已核销的应收账款又收回时,不予入账,被个人贪污或转入单位私设的"小金库"中。

2. 应收款项审计的目标

(1) 确定应收账款是否存在。

(2) 确定应收账款是否归被审计单位所有。

(3) 确定应收账款增减变动的记录是否完整。

(4) 确定应收账款是否可收回,坏账准备的计提方法和比例是否充分。

(5) 确定应收账款和坏账准备期末余额是否正确。

(6) 确定应收账款和坏账准备是否在会计报表上恰当列报。

3. 应收款项内部控制的基本要求

(1) 应收款项的发生必须经过授权。

(2) 专职人员负责应收款项的记录。

(3) 总账、明细账会计分工,月末对账。

(4) 定期与债务人核对。

(5) 建立催收款项制度。

(6) 坏账核销经过批准。

4. 应收款项审计的实质性测试

(1) 取得或编制应收账款明细表,复核加计正确,并与报表数、总账数和明细账合计数核对相符。

(2) 分析应收账款账龄。应收账款账龄是指资产负债表中的应收账款从销售实现产生应收账款之日起,至资产负债表日止所经历的时间。审计人员可以通过编制或索取应收账款账龄分析表来分析应收账款账龄,以便了解应收账款的可收回性。表 6-4 所示为应收账龄分析表的一个范式。

表 6-4 应收账龄分析表

年　月　日　　　　　　　　　　　　　　　　　　　　　　　　　货币单位:

顾客名称	期末余额	账龄			
		1年以内	1~2年	2~3年	3年以上
合　计					

编制应收账龄分析表时,可以选择重要的顾客及其余额列示,不重要的或余额较小的,可以汇总列示。应收账龄分析表的合计数减去已计提的相应坏账准备后的净额应该等于资产负债表中的应收账款数。

(3) 向债务人函证应收账款。函证的目的是证实应收账款账户余额的真实性、正确性,防止或发现被审计单位及其有关人员在销售业务中发生的差错或弄虚作假、营私舞弊行为。通过函证,可以比较有效地证明债务人的存在和被审计单位记录的可靠性。询证函由审计人员利用被审计单位提供的应收款项明细账户名称及地址编制,但询证函的寄发一定要由审计人员亲自进行。

函证对象的选择:余额大、发生额大、账龄长、余额为零等。

函证方式的选择:审计人员采用哪种函证方式,可以根据具体情形作出选择。

当债务人符合下列情况时,采用肯定式函证较好。

① 个别账户的欠款金额较大。

② 有理由相信欠款可能会存在争议、差错等问题。

当债务人符合以下所有条件时,可以采用否定式函证。

① 相关的内部控制是有效的。

② 预计差错率较低。

③ 欠款金额小的债务人数量很多。

④ 审计人员有理由确信大多数被函证者能认真对待询证函,并对不正确的情况予以反馈。

有时候两种函证方式结合起来使用可能更适宜:对于大金额账项采用肯定式函证,对于小金额账项则采用否定式函证。

函证结果的分析如下。

① 不回信。再次发函不回信的,应采取替代审计程序,即为了确定应收账款的存在性,要检查发生有关业务的账簿记录及记账凭证和所附原始凭证,确认应收账款余额的真实性。

② 回函结果如与函证金额一致,可立即确认该金额的正确性。

③ 回信结果如与函证金额不一致,应查明差异原因,并分析确认应收账款的余额。

(4) 检查应收账款收支业务真实性、合法性。

① 审查应收账款是否存在虚列现象。审查时应通过落实客户,检查销货凭证和销货退

回凭证,查明被审计单位有无利用应收账款科目虚列销售收入,或将销货退回业务不做账务处理以虚增销售额,从而虚增利润,达到其不良目的。

② 审查不正常的应收账款。对应收账款悬欠已久,欠款单位不清,或对方拒付的,应重点审查。审查时,要注意查阅有关资料,如合同、契约和往来函件。如果签订的合同明确,对方并无足够理由延期归还的,则要进行追踪审查。如果债务人已不存在或属关停并转的企业,要注意审查是否存在乘机侵吞贪污情况,对存在经济纠纷的应收账款,要查明原因。

【例 6-3】 2019 年 5 月 6 日审计人员对 A 公司往来款项进行审计,应收账款明细账的部分内容如表 6-5 所示。

表 6-5 应收账款明细账

2019 年	摘 要	借 方	贷 方	余 额
1 月 1 日	上年结转			56 000
3 月 5 日	售电视机,每台 500 元,共 10 台	5 000		61 000
4 月 8 日	收到 3 月 5 日的货款		5 000	56 000

经审计人员查明上年结转为 56 000 元,为 2018 年 2 月 9 日销售电器材料款。

【要求】 对该账户反映的情况是否正常,并提出意见。

【解答】 该账户反映的情况是不正常的。该公司上年结转为 56 000 元,实为 2019 年 2 月 9 日销售电器材料款,账龄超过一年。可从 3 月 5 日和 4 月 8 日两笔账务处理来看,2019 年发生的销售款在一个多月就结算,故 2018 年结转的 56 000 元,可能存在业务上的纠纷或挪用货款的问题。审计人员应进一步查明原因,可发函查询或派人前往购货单位实地调查核实,并提出处理意见。

(5) 确定应收账款在资产负债表上是否已恰当披露。审计人员应核实资产负债表中的"应收账款"项目是否正确,要核实"应收账款"项目的数额是否根据"应收账款"和"预收账款"账户所属各明细账的期末借方余额的合计数减去"坏账准备"账户中有关应收账款计提的坏账准备期末余额后的金额填列的;有关应收账款项目的异常变动是否在会计报表附注中进行了必要的说明。

5. 坏账准备的实质性测试

坏账是指企业无法收回或收回的可能性极小的各项应收款项。由于发生坏账而产生的损失称为坏账损失。

企业通常应采用备抵法按期估计坏账损失,形成坏账准备。与直接转销法相比,备抵法将预计不能收回的应收款项的净额,有助于会计报表使用者了解企业真实的财务状况,并同时还使得应收款项实际占用资金更接近实际,消除了虚列的应收款项,有利于加快企业资金周转,提高企业经济效益。

在市场经济的社会信用制度尚未完善时期,企业间交易形成款项部分或全部无法收回的情形已经司空见惯。因此,企业应当定期或者至少于每年年度终了,对应收款项进行全面检查,预计各项应收款项可能发生的坏账,对于没有把握能够收回的应收款项,应当计提坏账准备。正因为如此,坏账准备通常是审计的重点领域。

坏账准备的实质性测试主要包括以下程序。

企业会计准则规定,企业应当在期末对应收款项进行检查,并合理预计可能产生的坏账损失。应收款项包括应收票据、应收账款、预付款项、其他应收款和长期应收款等,下面以应收账款相关的坏账准备为例,阐述坏账准备审计常用的实质性程序。

(1) 取得或编制坏账准备明细表,复核加计是否正确,与坏账准备总账数、明细账合计数核对是否相符。

(2) 将应收账款坏账准备本期计提数与信用减值损失相应明细项目的发生额核对是否相符。

(3) 检查应收账款坏账准备计提和核销的批准程序,取得书面报告等证明文件,评价计提坏账准备所依据的资料、假设及方法。

企业应根据所持应收账款的实际可收回情况,合理计提坏账准备,不得多提或少提,否则应视为滥用会计估计,按照重大会计差错更正的方法进行会计处理。

对于单项金额重大的应收账款,企业应当单独进行减值测试,如客观证据证明其实已发生减值,应当计提坏账准备。对于单项金额不重大的应收账款,可以单独进行减值测试,或包括在具有类似信用风险特征的应收账款组合中(例如账龄分析)进行减值测试。此外,单独测试未发生减值的应收账款,应当包括在具有类似信用风险特征的应收账款组合中(例如账龄分析)再进行减值测试。

采用账龄分析法时,收到债务单位当期偿还的部分债务后,剩余的应收账款,不应改变其账龄,仍应按原账龄加上本期应增加的账龄确定;在存在多笔应收账款且各笔应收账款账龄不同的情况下,收到债务单位当期偿还的部分债务,应当逐笔认定收到的是哪一笔应收账款;如果确实无法认定的,按照先发生先收回的原则确定,剩余应收账款的账龄按上述同一原则确定。

在确定坏账准备的计提比例时,企业应当在综合考虑以往的经验、债务单位的实际财务状况和预计未来现金流量(不包括尚未发生的未来信用损失)等因素,以及其他相关信息的基础上作出合理估计。

(4) 审查坏账损失。对于被审计单位在被审计期间内发生的坏账损失,应检查其原因是否清楚,是否符合有关规定,有无授权批准。实际发生坏账损失的,检查转销依据是否符合有关规定,会计处理是否正确。已经确认并转销的坏账重新收回的,检查其会计处理是否正确。

(5) 检查函证结果。对债务人回函中反映的例外事项及存在争议的余额,注册会计师应查明原因并作记录。必要时,应建议被审计单位作相应的调整。

(6) 实施分析程序。通过比较前期坏账准备计提数和实际发生数,以及检查期后事项,评价应收账款坏账准备计提的合理性。

(7) 确定应收账款坏账准备是否恰当列报。企业应当在财务报表附注中清晰地说明坏账的确认标准、坏账准备的计提方法和计提比例。并且,上市公司还应在财务报表附注中分项列报以下事项。

① 本期全额计提坏账准备,或计提坏账准备的比例较大的(计提比例一般超过40%及以上的,下同),应说明计提的比例以及理由。

② 以前期间已全额计提坏账准备,或计提坏账准备的比例较大但在本期又全额或部分收回的,或通过重组等其他方式收回的,应说明其原因、原估计计提比例的理由及原估计计提比例的合理性。

③ 本期实际冲销的应收款项及其理由,其中,实际冲销的关联交易产生的应收账款应单独列报。

【例 6-4】 某企业 2017 年首次计提坏账准备,应收账款年末余额 120 万元,坏账准备提取率为 5‰。2018 年发生坏账损失 0.5 万元,其中甲单位为 0.4 万元,乙单位为 0.1 万元,年末应收账款余额 140 万元。2019 年收回 2018 年已转销的甲单位坏账损失 0.4 万元,年末应收账款余额 100 万元。假定该企业不单独设置"预收账款"账户核算。

【要求】 计算各年度的坏账准备数和应收账款净额。

【解答】 2017 年该企业应提的坏账准备数 $=120 \times 5‰ = 0.6$(万元)

2017 年资产负债中"应收账款净额"项目的数额 $=120 - 0.6 = 119.4$(万元)

2018 年该企业应提的坏账准备数 $=140 \times 5‰ - (0.6 - 0.5) = 0.6$(万元)

2018 年资产负债中"应收账款净额"项目的数额 $=140 - 140 \times 5‰ = 139.3$(万元)

2019 年该企业应提的坏账准备数 $=100 \times 5‰ - (0.7 + 0.4) = -0.6$(万元)

2019 年资产负债中"应收账款净额"项目的数额 $=100 - 100 \times 5‰ = 99.5$(万元)

6. 应收票据的实质性测试

应收票据的实质性测试包括以下程序。

(1) 获取或编制应收票据明细表,复核加计正确,并核对其期末余额合计数与报表数、总账数和明细账合计数是否相符。

(2) 监盘库存票据。

(3) 必要时,抽取部分票据向出票人函证,证实其存在性和可收回性,编制函证结果汇总表。

(4) 检查有疑问的商业票据是否曾经更换或转让,或向出票人函询以确定其兑现能力。

(5) 验明应收票据的利息收入是否正确入账。

(6) 对于已贴现的应收票据,审计人员应审查其贴现额与利息额的计算是否正确,会计处理方法是否适当。复核、统计已贴现以及已转让但未到期的应收票据的金额。

(7) 验明应收票据在会计报表上的披露是否恰当。审计人员应检查被审计单位资产负债表中应收票据项目的数额是否与审定数相符,是否剔除了已贴现票据,已贴现票据是否按规定在财务报表附注中单独披露。

7. 预付账款的实质性测试

预付账款的实质性测试包括以下程序。

(1) 获取或编制预付账款明细表,复核加计正确,并核对其期末余额合计数与报表数、总账数和明细账合计数是否相符;同时请被审计单位协助,在预付账款明细表上标出截止审计日已收到货物并冲销预付账款的项目,抽查复核其真实性和正确性。

(2) 根据被审计单位的具体情况,选择以下方法对预付账款进行分析性复核。

① 将期末预付账款余额与上期期末余额进行比较,分析其波动原因。

② 了解预付账款惯例及收回货款的平均天数,并分析预付账款的账龄;有确凿证据表明企业的预付账款不符合预付账款性质,或者因供货单位破产、撤销等原因已无望再收回所购货物的,是否将原计入预付账款的金额转入其他应收款项目。

③ 计算预付账款金额与主营业务成本的比率与以前各期末比较,分析异常波动的

原因。

④ 将预付账款余额增减幅度与主营业务成本的增减幅度比较,分析异常变动的原因。

(3) 分析预付账款账龄及余额构成,根据审计策略选择大额或异常的预付账款重要项目(包括零账户),函证其余额是否正确,并根据回函情况编制函证结果汇总表;回函金额不符的,要查明原因作出记录或建议作适当调整;未回函的,可再次函证,也可采用替代审计程序进行检查,如检查该笔债权的相关凭证资料,或抽查资产负债表日后预付账款明细账及存货明细账,核实是否已收到货物、转销预付账款,并根据替代检查结果判断其债权的真实性或出现坏账的可能性。

(4) 分析明细账余额,对于出现贷方余额的项目应检查原因,必要时建议作重分类调整。

(5) 检查预付账款长期挂账的原因。

(6) 验明预付账款是否在会计报表上作出恰当的列报。

6.1.3 存货审计

1. 存货业务一般存在的错弊分析

存货是指企业在日常活动中持有以备出售的产成品或商品、处在生产过程中的在产品、在生产过程或提供劳务过程中耗用的材料和物料等。企业存货业务常见的错弊主要表现为以下几个方面。

(1) 存货发出的计价方法不合理、不适当、不正确;或随意变更存货的计价方法,造成利润不实。

(2) 存货收发制度不健全,未按领料单发货,以致出现多发、少发、错发,造成存货账存数与实存数不符。

(3) 不按规定摊销"材料成本差异""商品进销差价",不按规定计提"存货跌价准备",甚至将其作为调节成本的"蓄水池",达到随时随意调节利润的目的。

(4) 存货改变用途或发生非常损失时,在冲减存货的同时,不结转相应的进项税额,以达到多抵扣、少交增值税的目的。

2. 存货审计的目标

(1) 审查存货的内部控制制度是否健全,且被一贯执行。

(2) 确定资产负债表上所列示的存货是否实际存在,且确实为被审计单位所有。

(3) 确定存货增减变动业务的记录是否完整。

(4) 确定存货的品质状况。

(5) 确定存货的计价方法是否恰当,存货跌价准备的计提是否合理,存货的年末余额是否正确。

(6) 确定存货是否已在会计报表上作出恰当的列报。

3. 存货内部控制的基本要求

健全有效的存货内部控制制度,应做到以下几点。

(1) 存货的采购业务的发生必须经过授权。

(2) 有严密的业务流程和手续制度。

(3) 有严密的存货仓储和保管制度。

(4) 有定期盘点和对账制度。

4. 存货审计的实质性测试

(1) 核对各项存货明细账与总账的余额是否相符

企业的存货很多,对其进行实质性测试时,应先核对材料采购、原材料、包装物及低值易耗品、材料成本差异、委托加工物资、库存商品等科目明细账与总账是否相符。如不符应查明原因,并作出记录和相应调整。

(2) 执行分析性复核程序

分析性复核在存货审计中占有重要的地位。实施存货分析性复核的目的,是审查存货总体上的合理性,以发现年度内存货项目的重大波动与异常现象,判断存货审计的重点。审计人员在存货审计过程中往往需要大量运用分析性复核来获取审计证据,并协助形成恰当的审计结论。在存货中常用的分析性复核方法主要包括以下几种。

① 比较前后各期及本期各个月份的存货余额及其构成,以评价期末存货余额及其构成的总体合理性。

② 计算原材料周转率、产成品周转率和总的存货周转率,并与以前各期或行业平均水平相比较,以确定是否存在严重的残损呆滞现象。

③ 比较各项存货的实际单位成本与成本标准,以发现存货成本的高估或低估现象。

④ 对每月存货成本差异进行比较,以确定是否存在调节成本的现象。

(3) 对存货实施盘点,以确定存货实有数

存货实际盘点时,审计人员应根据不同存货项目的重要性、数量、金额等因素,选择不同方式对不同的存货项目进行盘点,以查明存货的实际数量,并与存货管理人员登记的存货数量进行核对,然后与存货明细账中的存货数量进行核对,检查账实是否相符。

实际盘点时,对于种类繁多、数量较大,但单位价值不高因而价值不大的存货,可以由被审计单位实际盘点,审计人员在现场监盘,观察被审计单位有关人员的操作程序和盘点过程是否符合要求;对于单位价值高,或金额大,或核算薄弱和混乱的存货,或反映有舞弊嫌疑,或近期尚未盘点过的存货,应由审计人员亲自盘点。盘点时,审计人员还应通过多种途径了解是否有产权属于外单位,或产权属于本单位而在外单位存放的存货,然后通过审阅合同、信函、记录、函证等方式进一步证实。

无论是监督盘点还是亲自盘点,审计人员要在盘点结束后编制存货盘点表,记录盘点的账存和实存情况,并在"存货盘点表"中进行详细记录,见表6-6。

表6-6 存货盘点表

年 月 日

序号	存货类别	存货编号	存货规格	计量单位	账面记录		实际存量		盘盈		盘亏		备注
					数量	金额	数量	金额	数额	金额	数量	金额	

会计主管:_____ 盘点:_____ 保管:_____ 审计人员:_____

(4) 检查存货的质量

在观察存货盘点过程中,审计人员要对存货的质量或性能状况加以必要的审查,确定存货是否处于较好状态,能够被销售、使用和耗用,是否存在陈旧、滞销积压或损坏的商品。例如,有些保管不善往往造成废损,有些存货长期堆放,很可能其原有功能作用已经丧失。对存货明细账上极少变动的存货项目,要注意查明是否已有退废项目。若被审计单位存货为精密技术仪器和产品,审计人员应要求有关专家协助审查。审计人员针对这些方面审查的结果,根据具体情况作出必要的调整分录,合理地反映结账日的存货价值。

(5) 审查盘亏调整和损失处理

审计人员应获取存货盘点盈亏调整和损失处理记录,检查重大存货盘亏和损失的原因有无合理解释,会计处理是否经过授权审批,对于发生的存货毁损,是否将处置收入扣除账面价值和相关税费后的金额计入当期损益。将审阅结果记录到审计工作底稿中,如表 6-7 所示。

表 6-7 存货盘盈、盘亏、报废检查情况表

单位名称:　　　　　　　　查验人员:　　　　　　　　日期:
截 止 日:　　　　　　　　复核人员:　　　　　　　　日期:　　　　　　单位:元

存货类别	金额		授权审批人	盘盈会计处理贷方科目	盘亏、报废会计处理借方科目	审计说明
	盘盈	盘亏				
材料采购						
原材料						
包装物及低值易耗品						
⋮						
合　计						

审计说明:

(6) 复核购销业务的年底截止日期

在验证年底存货的正确性、完整性时,确定正确的购、销截止日期是重要因素之一。如果被审计单位于 12 月 31 日收到货物并已包括在 12 月 31 日的实地盘存内,而购货发票于次年 1 月 3 日才收到并记入 1 月账中,12 月的账中并无进货和负债记录,这就多记了存货,少记了应付账款。相反,若购货发票于 12 月 31 日收到并入账,而这张发票包括的商品却在 1 月 3 日收到,未包括在年底实地盘存内,则会造成结账日资产低估或负债高估,造成资产负债表反映的数据不实,或是企业管理者有意利用年底购销业务的时间差来虚增资产、虚减负债。因此,审计人员要审查结账日前后若干日的购货发票与货物验收记录,确定购货验收记录与负债记录均列示在相同期间。

存货截止测试的主要方法如下。

① 检查存货盘点日前后的购货(销售)发票与验收报告、入库单(或出库单),验证其是否归属同一会计期间。

② 检查验收部门的业务记录,凡是接近年底(包括次年年初)购进或销售的货物,均要查明其对应的购货或销售发票是否在同期入账,对于未收到购货发票的入库存货,是否将入

库单分开存放并暂估入账;对已填制出库单而未发出的商品,应查明是否将其单独保管。

对于测试完成以后发现的截止期处理不当的情况,审计人员应提请被审计单位进行必要的会计账务调整。

(7) 进行存货计价测试

为了验证会计报表上存货项目余额的真实性,还必须对期末存货的计价进行测试。存货计价测试的方法可以利用存货计价测试表来进行(如表6-8所示),主要包括以下步骤。

① 选择测试的样本。计价测试样本,应从存货数量已经盘点、单价和总金额已经记入存货汇总表的结存存货中选择。选样时应着重结存余额较大且价格变化较频繁的项目,同时考虑所选样本的代表性,抽样方法一般采用分层抽样法,抽样规模应足以推断总体的情况。

表6-8 存货计价测试表

被审计单位名称		编制人		日期		索引号	
调查项目	存货计价测试	复核人		日期		页次	
会计期间或截止日							

存货编号	存货名称及规格	账面存货记录		进货发票内容				
		数量	单价	卖方单位	日期	发票号	数量	单价

结论:

编制说明:
(1) 本表用于测试某项存货所采用的计价方法,如先进先出法、加权平均法等。
(2) 本表用于抽查时,应注明抽查部分占总金额的比例。
(3) 进货发票内容的选择应根据被审计单位事先确定的计价政策而定。
(4) 结论部分应表明该项存货是按照某种计价政策执行的或未按规定计价政策执行的应调整金额,并作出调整分录。

② 计价方法的确认。存货计价的方法多种多样,《企业会计准则第1号——存货》规定,企业应当采用先进先出法、加权平均法或者个别计价法确定发出存货的实际成本。企业可结合国家法规要求选择适合自身特点的方法。审计人员除应了解掌握企业存货的计价方法外,还应对所选计价方法的合理性和一致性予以关注。审计人员在审查当中,若发现被审计单位采用的存货计价基础或计价方法不符合会计准则或其他有关制度的规定,就必须建议管理者加以调整或在会计报表附注披露。若审计人员发现期间内存货计价方法发生了变动,就要审查变动的理由是否充分、方法是否适当,并要进一步分析或确定这种变动对本期存货和销售成本的影响数。

③ 进行计价测试。进行计价测试时,审计人员首先应对存货价格的组成内容予以审核,然后按照所了解的计价方法对所选择的存货样本进行计价测试。测试时,应排除企业已有计算程序和结果的影响,进行独立测试。待测试结果出来后,再与企业账面记录对比,编

制对比分析表,分析形成差异的原因。如果差异过大,应扩大范围继续测试,并根据测试结果作出审计调整。

在存货计价审计中,由于被审计单位对期末存货采用成本与可变现净值孰低的方法计价,所以审计人员应注意检查存货可变现净值的确定及存货跌价准备的计提是否正确。

可变现净值是指企业在日常活动中,存货的估计售价减去至完工时估计将要发生的成本、估计的销售费用及相关税费后的金额。企业确定存货的可变现净值,应当以取得的确凿证据为基础,并且考虑持有存货的目的及资产负债表日后事项的影响等因素。

(8) 抽查存货的会计处理是否正确

审计人员抽查存货的凭证及账簿资料,检查所附原始凭证是否齐全,存货的收入、发出的会计处理是否正确;如果外购存货发生损耗与短缺,是否区分了不同情况予以正确处理,对于在采购途中出现的非定额内短少,是否将应纳增值税转出;存货出现盘盈、盘亏后是否及时查明原因,进行恰当的会计处理。了解几种主要存货的市场价格,查明被审计单位在会计期末是否按规定计提了存货跌价准备。

(9) 审查存货在会计报表中的反映是否恰当

在资产负债表上,存货应作为流动资产下的一个单独项目列示,其金额应根据"材料采购""原材料""周转材料""材料成材差异""委托加工物资""库存商品"及"存货跌价准备"等各账户的期末余额计算填列。审计人员除对资产负债表上存货余额及相关账户的金额进行仔细核对外,还应审查会计报表附注。根据《企业会计准则第1号——存货》的规定,企业要在会计报表附注中披露各类存货的期初和期末账面价值;披露确定发出存货成本所采用的方法;披露存货可变现净值的确定依据,存货跌价准备的计提方法,当期计提的存货跌价准备的金额,当期转回的存货跌价准备的金额,以及计提和转回的有关情况;披露用于担保的存货账面价值等重要信息。审计人员要审查这些信息揭示的充分性及正确性。

【例6-5】 审计人员对ABC股份有限公司年终决算的存货项目进行审计时,发现下列问题。

① 年终存货实地盘点时将其他单位寄存代管的物品误计其中。
② 甲存货实有1 000个单位,年终盘点时误记为100个单位。
③ 乙物品销售时,未做销售记录。因其实物尚存在仓库,已将其列入期末存货内。
④ 丙物品销售时,未做销售记录,也未包括在期末存货内。

【要求】 根据上述资料,指出企业存货业务中存在的问题。

【解答】 ① 由于其他单位寄存代销的物品计入期末存货中,造成了存货项目的高估。
② 由于盘点时甲存货少计了900个单位,造成了年末存货项目的低估。
③ 乙物品销售时未及时做销售收入和结转销售成本的账务处理,并将所有权已转移的货物计入期末存货,最终造成了存货项目的高估和销售收入、销售成本、本期利润的虚减。
④ 丙物品未做销售记录,尽管没有造成存货数量的虚增虚减,但却造成了销售收入、销售成本和本期利润的虚减。

【例6-6】 2019年3月,某审计组对乙公司2018年度的财务收支进行了审计。乙公司主要从事钢材产品的加工和贸易业务。有关审计的情况和资料如下。

(1) 为了检查乙公司生产和存货业务循环内部控制的有效性,审计组准备实施以下审计程序。

①检查生产通知单是否连续编号。

②检查永续盘存记录是否由财会部门负责。

③抽查领料凭证是否经由生产部门经理的批准。

④抽查乙公司若干月份的存货盘点记录。

(2) 经审计组确认,乙公司2018年产成品发运单的最后一个顺序编号是8498。在检查主营业务收入相关账簿与凭证时,审计组发现下列情况。

①编号为8478的发运单于2018年入账。

②编号为8513的发运单于2018年入账。

③编号为8512的发运单于2019年入账。

④编号为8486的发运单于2019年入账。

(3) 在对产品成本的审查中,审计人员注意到2018年年末原材料明细账显示,螺纹钢数量为零,而金额为红字1 350万元。

(4) 审计组发现,乙公司仓库中存放着以下类型的存货。

①第三方寄销的镀锌板;

②来料加工的电工钢;

③已办理提货手续并确认销售但尚未装运的高强钢;

④已验收入库但尚未付款的螺纹钢。

(5) 根据审计人员以往的经验,某些大型贸易企业会通过产品循环销售的手法虚增销售业绩,即在产品实物不转移的情况下,将货物销售给客户后再进行回购,为避免过高税费支出,其出售与回购的价格差异较小。审计组决定将该问题列为审计重点。

【要求】 根据上述材料,为下列问题从备选答案中选出正确的答案。

(1) "资料(1)"中,在所列示的审计程序中,合理的有(   )。

  A. 检查生产通知单是否连续编号

  B. 检查永续盘存记录是否由财会部门负责

  C. 抽查领料凭证是否经由生产部门经理的批准

  D. 抽查乙公司若干月份的存货盘点记录

(2) "资料(2)"中,审计人员认为主营业务收入存在错报风险的情况有(   )。

  A. 编号为8478的发运单于2018年入账　　B. 编号为8513的发运单于2018年入账

  C. 编号为8512的发运单于2019年入账　　D. 编号为8486的发运单于2019年入账

(3) "资料(3)"中,审计组认为可能的原因是(   )。

  A. 领用原材料尚未入账　　　　　　　　B. 购入原材料尚未入账

  C. 原材料未入库即领用　　　　　　　　D. 多结转了原材料成本

(4) "资料(4)"中,审计人员认为存放在乙公司仓库中的下列存货,所有权不属于乙公司的有(   )。

  A. 第三方寄销的镀锌板

  B. 来料加工的电工钢

  C. 已办理提货手续并确认销售但尚未装运的高强钢

  D. 已验收入库但尚未付款的螺纹钢

(5)"资料(5)"中,为了查找产品销售业务真实性方面的疑点,审计人员下一步可以采用的审计程序有( )。

A. 追踪产品发运单审查货物是否发出
B. 对比筛选既是供应商又是销货客户的单位
C. 分析比较产品销售与采购价格差异较小的批次
D. 分析比较产品增值税销项税额与进项税额差异较小的批次

【解答】"资料(1)"中,在所列示的审计程序中,合理的有 A、B、C、D。

"资料(2)"中,审计人员认为主营业务收入存在错报风险的情况有 B、D。

"资料(3)"中,审计组认为可能的原因是 D。

"资料(4)"中,审计人员认为存放在乙公司仓库中的下列存货,所有权不属于乙公司的有 A、B、C。

"资料(5)"中,为了查找产品销售业务真实性方面的疑点,审计人员下一步可以采用的审计程序有 A、B、C、D。

6.2 非流动资产审计

流动资产以外的资产应当归类为非流动资产,包括债权投资、其他债券投资、长期应收款、长期股权投资、投资性房地产、固定资产、无形资产、商誉、长期待摊费用等。非流动资产审计主要是对非流动资产增减变动及实有数额的真实性、合法性和效益性进行的审计。本节主要以长期股权投资和固定资产为例来说明非流动资产审计。

6.2.1 长期股权投资审计

1. 长期股权投资业务一般存在的错弊分析

(1) 违规进行长期股票投资。为了保证证券交易市场的公开、公平、公正,中国证券管理委员会对法人投资有诸多规定,但有些企业仍无视这些规定,违规操作。如开立大量的个人股票投资账户;或进行内幕交易;或与投资公司或证券商联合操纵股价;或将银行信贷资金投入证券市场等。

(2) 长期股权投资的买卖、保管由同一人负责,引发弊端。

(3) 长期股权投资的会计处理不正确。如未按规定确定长期股权投资的入账价格;对长期股权投资的核算方法采用不当;未按规定确认投资收益等。

2. 长期股权投资审计的目标

(1) 确定长期股权投资是否存在。
(2) 确定长期股权投资是否归被审计单位所有。
(3) 确定长期股权投资的增减变动及其收益(或损失)的记录是否完整。
(4) 确定长期股权投资的计价方法(成本法或权益法)是否正确。确定长期股权投资的年末余额是否正确。
(5) 确定长期股权投资是否已在会计报表上恰当列报。

3. 长期股权投资内部控制的基本要求

(1) 有明确的长期股权投资业务职责分工制度,对长期股权投资的授权、执行、会计记录及保管等工作应分别由不同的人担任,实行不相容职务的分离。

(2) 有健全的财产保管制度。企业对投资资产(指股票和债券资产)一般有两种保管方式:一种方式是由独立的专门机构保管,如在企业拥有较大的投资资产的情况下,委托银行、证券公司、信托投资公司等机构保管。这些机构拥有专门的保存措施和防护措施,可以防止各种证券及单据的失窃或毁损,并且由于它与投资业务的会计记录工作完全分离,可以大大降低舞弊的可能性;另一种方式是由企业自行保管,在这种方式下,必须建立严格的联合控制制度,即至少要由两名以上人员共同控制,不得一人单独接触证券。对于任何证券的存入或取出都要将证券名称、数量、价值及存取的日期、数量等详细记录于证券登记簿内,并由所有在场的经手人员签名。

(3) 详尽的会计记录控制制度。企业的投资资产无论是自行保管的还是由他人保管的,都要进行完整的会计记录,并对其增减变动及投资收益进行相关会计核算。具体而言,应对每一种股票分别设立明细分类账,并详细记录其名称、证书编号、数量、取得日期、经纪人(证券商)名称、购入成本、收取的股息或利息等,对于联营投资类的其他投资,也应设置明细分类账,核算其他投资的投出及其投资收益和投资收回等业务,并对投资的形式(如流动资产、固定资产和无形资产等)、投向(即接受投资单位)、投资的计价以及投资收益等作出详细的记录。

(4) 严格的记名登记制度。除无记名证券外,企业在购入股票时应在购入的当日尽快登记于企业名下,切忌登记于经办人员名下,防止冒名转移或借其他名义谋取私利的舞弊行为发生。

(5) 完善的定期盘点制度。对于企业所拥有的投资资产,应由内部审计人员或不参与投资业务的其他人员进行定期盘点,检查是否确为企业所拥有,并将盘点记录与账面记录相互核对以确认账实的一致性。

4. 长期股权投资的实质性测试

(1) 获取或编制长期股权投资明细表,复核加计正确,并与总账数和明细账合计数核对相符;结合长期股权投资减值准备科目与报表数核对相符。

(2) 确定长期股权投资是否存在,并归被审计单位所有。根据有关合同和文件,确认股权投资的股权比例和持有时间,检查股权投资核算方法是否正确。

(3) 对于重大的投资,向被投资单位函证被审计单位的投资额、持股比例及被投资单位发放股利等情况。

(4) 对于应采用权益法核算的长期股权投资,获取被投资单位已经注册会计师审计的年度财务报表,如果未经注册会计师审计,则应考虑对被投资单位的财务报表实施适当的审计或审阅程序。

① 复核投资收益时,应以取得投资时被投资单位各项可辨认资产等的公允价值为基础,对被投资单位的净利润进行调整后加以确认;被投资单位采用的会计政策及会计期间与被审计单位不一致的,应当按照被审计单位的会计政策及会计期间对被投资单位的财务报表进行调整,据以确认投资损益。

② 将重新计算的投资收益与被审计单位所计算的投资收益相核对,如有重大差异,则查明原因,并做适当调整。

③ 关注被审计单位在其被投资单位发生净亏损或以后期间实现盈利时的会计处理是

否正确。

④ 检查除净损益以外被投资单位所有者权益的其他变动,是否调整计入所有者权益。

(5) 对于采用成本法核算的长期股权投资,检查股利分配的原始凭证及分配决议等资料,确定会计处理是否正确,对被审计单位实施控制而采用成本法核算的长期股权投资,比照权益法编制变动明细表,以备合并报表使用。

(6) 对于成本法和权益法相互转换的,检查其投资成本的确定是否正确。

(7) 确定长期股权投资的增减变动的记录是否完整。

① 检查本期增加的长期股权投资,追查至原始凭证及相关的文件或决议及被投资单位验资报告或财务资料等,确认长期股仅投资是否符合投资合同、协议的规定,并已确实投资,会计处理是否正确。

② 检查本期减少的长期股权投资,追查至原始凭证,确认长期股权投资的收回有合理的理由及授权批准手续,并已确实收回投资,会计处理是否正确。

(8) 期末对长期股权投资进行逐项检查,以确定长期股权投资是否已经发生减值。

① 核对长期股权投资减值准备本期与以前年度计提方法是否一致,如有差异,查明政策调整的原因,并确定政策改变对本期损益的影响,提请被审计单位做适当披露。

② 对长期股权投资逐项进行检查,根据被投资单位经营政策的变化、法律环境的变化、市场需求的变化、行业的变化、盈利能力的变化等各种情形予以判断长期股权投资是否存在减值现象。确有出现导致长期股权投资可收到金额低于账面价值的,将可收回金额低于账面价值的差额作为长期股权投资减值准备予以计提。并与被审计单位已计提数相核对,如有差异,查明原因。

③ 将本期减值准备计提金额与利润表资产减值损失中的相应数字核对无误。

④ 长期股权投资减值准备按单项资产计提,计提依据充分,得到适当批准。减值损失一经确认,在以后会计期间不得转回。

(9) 结合银行借款等的检查,了解长期股权投资是否存在质押、担保情况。如有,则应详细记录,并提请被审计单位进行充分列报。

(10) 确定长期股权投资在资产负债表上已恰当列报。按照《企业会计准则第 2 号——长期股权投资》的规定,企业应在会计报表附注中列报以下信息:子公司、合营企业和联营企业清单,包括企业名称、注册地、业务性质、投资企业的持股比例和表决权比例;合营企业和联营企业当期的主要财务信息,包括资产、负债、收入、费用等合计金额;被投资单位向投资企业转移资金的能力受到严格限制的情况;当期及累计未确认的投资损失金额;与对子公司、合营企业及联营企业投资相关的或有负债。审计人员应确认长期股权投资在会计报表附注中列报是否充分。

6.2.2 固定资产审计

1. 固定资产业务一般存在的错弊分析

固定资产是指为生产商品、提供劳务、出租或经营管理而持有的,使用寿命超过一个会计年度的有形资产。某一资产项目,要作为固定资产加以确认,需要符合以下特征:第一,该固定资产包含的经济利益很可能流入企业;第二,该固定资产的成本能够可靠地计量。尽管固定资产的流动性较差,似乎不容易舞弊,但由于固定资产在企业资产总额中一般都占有较大的比例,固定资产的安全、完整对企业的生产经营影响极大,因而,审计人员应对固定资产的审计给予高度的重视。固定资产业务一般存在以下错误和弊端。

(1) 未建立严格的固定资产保管制度,造成固定资产流失。

(2) 随意调整固定资产"累计折旧"账户的本期发生额,以达到调节利润的目的。

(3) 基建工程物资管理混乱,引发损失。

企业如果有在建工程项目,领用工程物资后散布于建筑或安装工地现场,若不加强管理,则可能被人顺手牵羊,造成工程物资的损失;工程物资损失以后,会增加工程物资的成本,影响工程竣工交付使用以后会计期间的利润。

2. 固定资产审计的目标

固定资产审计的目标一般包括以下内容。

(1) 确定固定资产是否真实存在。

(2) 确定固定资产是否归被审计单位拥有或控制。

(3) 确定固定资产的计价方法、折旧政策是否恰当;折旧费用分摊是否合理、一贯。

(4) 确定固定资产减值准备的计提是否充分、完整,方法是否恰当。

(5) 确定固定资产、累计折旧和固定资产减值准备增减变动的记录是否完整。

(6) 确定固定资产、累计折旧和固定资产减值准备的期末余额是否正确。

(7) 确定固定资产、累计折旧和固定资产减值准备是否已在会计报表上作出恰当的列报。

3. 固定资产内部控制的基本要求

(1) 固定资产的预算制度。预算制度是固定资产内部控制中最重要的部分。通常,大企业应编制旨在预测与控制固定资产增减和合理运用资金的年度预算;小企业即使没有正规的预算,对固定资产的购建也要事先加以计划。审计人员应注意检查固定资产的取得处置是否均依据预算,对实际支出与预算之间的差异以及未列入预算的特殊事项,应检查其是否履行特别的审批手续。如果固定资产增减均能处于良好的经批准的预算控制之下,审计人员即可适当减少对固定资产增加、减少审计的实质性测试的样本量。

(2) 授权批准制度。完善的授权批准制度包括企业的资本性支出预算,只有经过董事会等高层管理机构批准方可生效;所有固定资产的取得和处置均需经企业管理者的书面认可。审计人员不仅要检查被审计单位固定资产授权批准制度本身是否完善,还要关注授权批准制度是否得到切实执行。

(3) 账簿记录制度。除固定资产总账外,被审计单位还须设置固定资产明细分类账和固定资产登记卡,按固定资产类别、使用部门和每项固定资产进行明细分类核算。固定资产的增减变化均应有充分的原始凭证。一套设置完善的固定资产明细分类账和登记卡,将为审计人员分析固定资产的取得和处置、复核折旧费用和修理支出的列支带来帮助。

(4) 职责分工制度。对固定资产的取得、记录、保管、使用、维修和处置等,均应明确划分责任,由专门部门和专人负责。明确的职责分工制度有利于防止舞弊,降低审计人员的审计风险。

(5) 固定资产的处置制度。固定资产的处置,包括投资转出、报废和出售等,均要有一定的申请报批程序。

(6) 固定资产的定期盘点制度。
(7) 固定资产的维护保养制度。

4. 固定资产审计的实质性测试

对企业固定资产的审计主要采用以下步骤和方法。

(1) 编制或取得固定资产及累计折旧分类汇总表。具体如表 6-9 所示。

表 6-9 固定资产及累计折旧分类汇总表

被审计单位：华兴公司

编号	类别	固定资产				累计折旧				
		期初余额	增加额	减少额	期末余额	年折旧率	期初余额	计提额	减少额	期末余额
1	房屋									
2	机器设备									
3	其他									
	合计									
	备注									

审核人：　　　　　　　　　　　　　　制表：
日期：　　　　　　　　　　　　　　　日期：

(2) 实施分析性复核。审计人员应根据被审计单位的实际情况，选择以下方法对固定资产实施分析性复核测试程序。

① 计算固定资产原值与本期产品产量的比率，并与以前期间比较，旨在发现有无闲置固定资产或已减少固定资产未在账户上注销的问题。

② 计算本期计提折旧额与固定资产总成本的比率，将此比率同上期比较，旨在确定本期折旧额的计算有无错误。

③ 计算累计折旧与固定资产总成本的比率，将此比率同上期比较，旨在确定累计折旧的核算有无错误。

④ 比较本期各月之间、本期与以前各期之间的修理费用，旨在发现有无将资本性支出和收益性支出相混淆的现象。

⑤ 分析比较各年度固定资产保险费，查明变动有无异常。

⑥ 分析固定资产期末余额的构成，与以前各期相比较，并根据被审计单位的生产经营趋势判断其变动是否合理。

(3) 盘点固定资产实有数，验证固定资产所有权的归属。企业的固定资产是否确实存在，需要通过盘点加以证实。一般对房屋、建筑物等不能移动的固定资产，可以重点抽查；对安装使用设备，可以在小范围抽查验证；对可移动的固定资产，需要在较大范围内抽查验证。

对实存于企业的固定资产，审计人员应收集不同的证据以确定其是否归被审计单位所有：对外购的机器设备等固定资产，通常经审核采购发票、购货合同等予以确定；对于房地产类固定资产，可查阅有关的合同、产权证明、财产税单、抵押贷款的还款凭据和保险单等书面文件；对融资租入的固定资产，应验证有关融资租赁合同，证实其并非经营租赁；对汽车等运输工具，应验证有关运营证件等。

(4) 审查固定资产的增加。固定资产增加的审计,一般通过审阅固定资产明细账并核对有关凭证等进行。

① 询问管理层当年固定资产的增加情况,并与获取或编制的固定资产明细表进行核对。

② 检查本年度增加固定资产的计价是否正确,手续是否齐备,会计处理是否正确。

对于外购固定资产,通过核对采购合同、发票、保险单、发运凭证等资料,抽查测试其入账价值是否正确,授权批准手续是否齐备,会计处理是否正确;如果购买的是房屋建筑物,还应检查契税的会计处理是否正确;检查分期付款购买固定资产的入账价值及会计处理是否正确。

对于在建工程转入的固定资产,应检查在建工程转入固定资产的时点是否符合会计准则的规定,入账价值与在建工程的相关记录是否核对相符,是否与竣工决算、验收和移交报告等一致;对已经达到预定可使用状态,但尚未办理竣工决算手续的固定资产,检查其是否已按估计价值入账,相关估价是否合理,并按规定计提折旧。

对于投资者投入的固定资产,检查投资者投入的固定资产是否按投资各方确认的价值入账,并检查确认价值是否公允,交接手续是否齐全;涉及国有资产的,检查是否有评估报告并经国有资产管理部门评审备案或核准确认。

对于更新改造增加的固定资产,检查通过更新改造而增加的固定资产,增加的原值是否符合资本化条件,是否真实,会计处理是否正确,重新确定的剩余折旧年限是否恰当。

对于融资租赁增加的固定资产,获取融资租入固定资产的相关证明文件,检查融资租赁合同的主要内容,并结合长期应付款、未确认融资费用科目检查相关的会计处理是否正确。

对于企业合并、债务重组和非货币性资产交换增加的固定资产,检查产权过户手续是否齐备,检查固定资产入账价值及确认的损益和负债是否符合规定。

对于通过其他途径增加的固定资产,应检查增加固定资产的原始凭证,核对其计价及会计处理是否正确,法律手续是否齐全。

③ 检查固定资产是否存在弃置费用,如果存在弃置费用,检查弃置费用的估计方法和弃置费用现值的计算是否合理,会计处理是否正确。

(5) 审查固定资产的减少。固定资产的减少,包括报废、出售、向其他单位投资转出、盘亏等。对固定资产减少审查时,应结合"固定资产清理"等账户,调阅涉及减少固定资产项目的明细账及会计凭证,按固定资产减少的不同情况,分别进行审查。

① 对于报废的固定资产,应审查报废固定资产是否达到规定的使用年限,报废后的固定资产残值是否及时收回入库。报废固定资产的净损失的计算是否准确,是否按规定计入了营业外支出。如属提前报废的固定资产还应查明原因。

② 对于出售的固定资产,应审查出售的价值是否合理,有无借职务之便以出售固定资产为名谋取私利的行为。固定资产出售后是否进行了正确账务处理。

③ 对于盘亏或毁损的固定资产,应审查固定资产盘亏或毁损的原因是否合理、正常;企业对盘亏或毁损的固定资产有无审批核销手续,是否进行了相应的账务处理。

④ 对于对外投资的固定资产,应审查对外投资是否签有合同或契约;对外投出固定资产的作价是否合理,有无利用作价之机蓄意压价,损害企业利益而个人收取好处费的现象;

对外投资所取得的投资收益是否及时、足额地入账。

(6) 审查固定资产的折旧。折旧是指在固定资产的使用寿命内,按照确定的方法对应计折旧额进行的系统分摊。按照《企业会计准则第 4 号——固定资产》的规定,企业应计折旧额,指应当计提折旧的固定资产的入账价值扣除其预计净残值后的余额。如果已对固定资产计提减值准备,还应当扣除已计提的固定资产减值准备累计金额。

① 编制或索取累计折旧分类汇总表,复核加计是否正确,并与总账和明细账合计数进行核对。

② 运用分析方法进行审查。将当年的折旧费用与以前年度折旧费用比较,将应计提折旧的固定资产乘以本期的折旧率,分析折旧计提的总体合理性;计算本期计提折旧额占固定资产原值的比例,并与上期比较,分析本期计提折旧额的合理性;计算本期计提折旧额占固定资产原值的比例,评价固定资产新旧程度,并估计可能发生的固定资产损失、使用年限的变更或折旧政策的变化。

③ 审查固定资产折旧政策的执行情况。审计人员主要应检查折旧范围、折旧方法是否符合企业会计准则规定,如有无扩大或缩小固定资产折旧范围、随意变更折旧方法的问题。企业会计准则规定,企业应对所有的固定资产计提折旧。但是,已提足折旧仍继续使用的固定资产和单独计价入账的土地除外。已全额计提减值准备的固定资产和提前报废的固定资产不再计提折旧;已达到预定可使用状态但尚未办理竣工决算的固定资产,应按估计价值确定成本,计提折旧。企业应当根据与固定资产有关的经济利益的预期实现方式,合理选择固定资产折旧方法。可选用的折旧方法包括年限平均法、工作量法、双倍余额递减法和年数总和法等;除非由于与固定资产有关的经济利益的预期实现方式有重大改变,应当相应改变固定资产折旧方法,否则折旧方法一经选定,不得随意调整。

④ 审查固定资产折旧费用的计算。审计人员应审阅、复核固定资产折旧计算表,并对照记账凭证、固定资产卡片和固定资产分类表,通过核实月初固定资产原值、分类或个别折旧率,结合固定资产当期增加及减少的情况,复算折旧额的计算是否正确。审查时应注意:计提减值准备的固定资产,计提的折旧是否正确;因更新改造而停止使用的固定资产是否停止计提折旧,因大修理停用的固定资产是否照提折旧;固定资产装修费用的处理是否正确;未使用、不需用的和暂时闲置的固定资产是否按规定计提折旧。

⑤ 审查固定资产折旧费用的分配。将"累计折旧"账户贷方的本期发生额与相应成本费用中的折旧费用明细账户相核对,以确定所计提折旧金额是否全部计入本期产品成本费用、折旧费用的分配是否合理、分配方法与上期是否一致。

⑥ 检查累计折旧的披露是否恰当。

(7) 审查固定资产的租赁。企业固定资产的租赁业务可以分为经营性租赁和融资性租赁两种。审查固定资产的租赁时,应确定以下内容。

① 固定资产的租赁是否签订了有效的合同、协议,是否经过了正规的审批手续。

② 租入的固定资产是否确属被审计单位所必需,租出的固定资产是否确属企业的闲置资产。

③ 租金或融资利率的确定是否合理,是否存在关联方交易。

④ 经营性租入的固定资产是否已登入备查簿,经营性租出的固定资产是否继续计提折旧。

⑤ 融资租入固定资产是否正常计提折旧、进行维修，入账价值是否正确。

⑥ 租入固定资产改良支出的核算是否符合规定。

(8) 审查固定资产减值准备。《企业会计准则第 4 号——固定资产》规定，由于固定资产发生损坏、技术陈旧或其他经济原因，导致其可收回金额低于账面价值的，应当将资产的账面价值减记至可收回金额，减记的金额确认为资产减值损失，计入当期损益，同时计提相应的资产减值准备。资产减值损失一经确认，在以后会计期间不得转回。审计人员应审查被审计单位计提固定资产减值准备的依据和方法是否恰当，计提的金额是否充分，对已计提减值准备的固定资产，是否按照该固定资产的账面价值及尚可使用寿命重新计算确定折旧率和折旧额，企业是否存在任意转回已计提的减值准备的现象。

(9) 检查固定资产的后续支出，确定固定资产有关的后续支出是否满足资产确认条件；如不满足，该支出是否在该后续支出发生时计入当期损益。

(10) 获取暂时闲置固定资产的相关证明文件，并观察其实际状况，检查是否已按规定计提折旧，相关的会计处理是否正确。

(11) 获取持有待售固定资产的相关证明文件，并作相应记录，检查对其预计净残值调整是否正确、会计处理是否正确。

(12) 检查有无与关联方的固定资产购售活动，是否经适当授权，交易价格是否公允。对于合并范围内的购售活动，记录应予合并抵消的金额。

(13) 对应计入固定资产的借款费用，应根据企业会计准则的规定，结合长短期借款、应付债券或长期应付款的审计，检查借款费用（借款利息、折溢价摊销、汇兑差额、辅助费用）资本化的计算方法和资本化金额，以及会计处理是否正确。

(14) 检查固定资产的抵押、担保情况。结合对银行借款等的检查，了解固定资产是否存在重大的抵押、担保情况。如存在，应取证，并作相应的记录，同时提请被审计单位作恰当列报。

(15) 确定固定资产有关项目在资产负债表中列报的恰当性。

固定资产有关项目应在资产负债表中恰当列报，否则会影响资产负债表的公允性和真实性。表中的"固定资产""在建工程""工程物资""固定资产清理"等项目，应根据总账账户的期末余额减去其备抵账户如"累计折旧""固定资产减值准备"后的金额填列。

此外，企业通常应当在会计报表附注说明固定资产的标准、分类、计价方法和折旧方法；融资租入固定资产的计价方法；固定资产的预计使用寿命和预计净残值；对固定资产所有权的限制及其金额（这一列报要求是指，企业因贷款或其他原因而以固定资产进行抵押、质押或担保的类别、金额、时间等情况）；已承诺将为购买固定资产支付的金额；暂时闲置的固定资产账面价值（这一列报要求是指，企业应列报暂时闲置固定资产账面价值，导致固定资产暂时闲置的原因，如开工不足、自然灾害或其他情况等）；已提足折旧仍继续使用的固定资产账面价值；已报废和准备处置的固定资产账面价值。固定资产因使用磨损或其他原因而需报废时，企业应及时对其处置，如果其已处于处置状态而尚未转销时，企业应列报这些固定资产的账面价值。

如果企业计提了固定资产减值准备，根据《企业会计准则第 8 号——资产减值》的规定，企业应当在会计报表附注中列报：当期确认的固定资产减值损失金额；企业计提的固定资产减值准备累计金额。如果发生重大固定资产减值损失，还应当说明导致重大固定资产减值损失的原因,固定资产可收回金额的确定方法,以及当期确认的重大固定资产减值损失的金额。

【例 6-7】 ABC 公司 2019 年固定资产和累计折旧明细情况如表 6-10 所示。

表 6-10 固定资产和累计折旧明细情况表   单位:元

资产类别	年初余额		年末余额		备注
	原值	累计折旧	原值	累计折旧	
房屋建筑物	27 652 416.07	2 602 103.46	50 747 606.50	4 403 799.90	折旧年限 20~40 年,新增一建筑物 23 095 190.43 元,12 月启用
通用设备	13 826 208.00	2 000 652.30	14 798 637.08	3 386 804.80	折旧年限 10~15 年
专用设备	20 739 312.05	3 000 978.46	20 982 419.31	5 078 855.63	折旧年限 8~13 年
运输设备	3 110 896.82	1 081 960.55	3 110 896.82	1 831 109.65	折旧年限 3~5 年
其他设备	3 802 207.23	1 322 395.46	3 746 935.48	2 202 351.91	折旧年限 3~5 年
合计	69 131 040.17	10 008 090.23	93 386 495.19	16 902 921.89	

抽查 2019 年 1 月折旧情况的有关资料如下:2019 年 1 月累计折旧月初余额为 10 008 090.23 元,月末余额为 10 542 857.75 元。2018 年 12 月报废一台电阻冷焊机原价 21 500 元;购入抛光机一台,原价 6 500 元;购入油漆检测仪一台,原价 110 000 元。以上三台设备折旧率均为 0.8%。根据资料,审计人员编制固定资产折旧检查情况如表 6-11 所示。

表 6-11 ABC 公司固定资产折旧检查情况表

2019 年度

单位名称:ABC 公司   单位:元

(1) 固定资产累计折旧率(分析性复核)

固定资产类别	年初	年末	增减/%	说明
房屋建筑物	0.094 1	0.086 7	-0.007 4	12 月新增建筑物 2 300 万元未提折旧,导致累计折旧率下降,属正常变动
通用设备	0.144 7	0.228 8	+0.084 1	平均折旧年限 12 年,增加 0.084 1,属正常范围
专用设备	0.144 7	0.242 0	+0.097 3	平均折旧年限 10 年,增加 0.097 3,属正常范围
运输设备	0.347 7	0.588 6	+0.240 9	平均折旧年限 4 年,增加 0.240 9,尚属正常
其他设备	0.347 7	0.587 7	+0.240 0	平均折旧年限 4 年,增加 0.240 0,尚属正常
合计	0.144 7	0.180 9	+0.036 2	

(2) 折旧计算(抽查、计算)

月份	固定资产名称	摘要	原值	月折旧率/%	月折旧额	累计折旧	备注
1 月	月初余额					10 008 090.23	
	2018 年 12 月折旧额				534 767.52		
	抛光机	购入	6 500	0.8	52.00		
	油漆检测仪	购入	110 000	0.8	880.00		
	电阻冷焊机	报废	21 500	0.8	172.00		
	1 月折旧额				535 527.52	10 542 857.75	

审计说明:根据年初、年末固定资产原值和累计折旧,计算累计折旧表,检查累计折旧增长情况,未发现异常情况。抽查一个月的累计折旧计算,无差错。

审计结论:累计折旧可以确认。

【例 6-8】 审计人员审查了某企业基本生产车间 6 月初设备计提折旧业务。在审阅固定资产明细账和制造费用明细账时,发现以下记录。

(1) 该企业年折旧率为 5%,5 月末该车间设备计提折旧额为 12 000 元。

(2) 5 月初购入不需安装设备一台,原值 25 000 元,已交付生产使用。

(3) 5 月初将原来未使用的一台设备投入车间使用,原值 10 000 元。

(4) 5 月交外单位大修理设备一台,当月交付使用,该设备原值为 200 000 元,技改支出为 60 000 元,变价收入为 18 000 元。

(5) 6 月该车间设备计提折旧额为 20 300 元。

【要求】 累计折旧的计提是否正确?如何查证?

【解答】 (1) 审计人员就上述问题,抽查了有关会计凭证,验算该车间设备 6 月应提折旧额。

$$应提折旧额 = 12\ 000 + [25\ 000 + 10\ 000 + (200\ 000 + 60\ 000 - 18\ 000)] \times 5\% \div 12$$
$$= 13\ 154.17(元)$$

该企业 6 月多计提的折旧额为:20 300 - 13 154.17 = 7 145.83(元)

(2) 审计人员经对有关会计询问后证实,造成多计提折旧 7 145.83 元,是由于会计人员计算差错所致。鉴于此,建议企业将多提的折旧予以冲回。

【例 6-9】 2019 年 3 月,某审计组对甲公司 2018 年度财务收支进行审计。有关固定资产审计的情况和资料如下。

(1) 2018 年年初,甲公司购入了一台机器设备。审计组发现其入账价值只包括买价,与该机器设备相关的其他费用,如运杂费和安装成本等,计入了当期管理费用。

(2) 2018 年 8 月,甲公司自行建造的一条生产线已达到预定可使用状态,但甲公司一直未编制竣工决算报告。

(3) 审计组在对"累计折旧"账户进行审查时,发现其期末余额较以前年度减少。

【要求】 根据上述材料,为下列问题选出正确答案。

(1) "资料(1)"中,甲公司仅将买价计入设备的入账价值,而将其他相关费用计入当期管理费用的账务处理,对该公司 2018 年度财务报表产生的影响有( )。

    A. 固定资产原值虚减　　　　　　　B. 累计折旧虚减

    C. 负债总额虚增　　　　　　　　　D. 利润总额虚减

(2) 针对"资料(2)",审计组认为甲公司应采取的措施有( )。

    A. 甲公司对自行建造的工程,应当直接以账目记录为基础确定固定资产的入账价值

    B. 甲公司应为完工的自行建造工程编制竣工决算报告

    C. 甲公司应对自行建造工程完工的质量是否符合要求进行审查

    D. 甲公司应对自行建造工程价款的计算方法是否符合标准和合同约定进行审查

(3) "资料(3)"中所述"累计折旧"期末余额减少的情况,可能的原因有( )。

    A. 甲公司当期清理、报废了较多的固定资产

    B. 甲公司当期购买了较多的固定资产

    C. 甲公司当期出现了固定资产盘亏

    D. 甲公司期末在建工程余额较大

【解答】 (1) "资料(1)"中,甲公司仅将买价计入设备的入账价值,而将其他相关费用

计入当期管理费用的账务处理,对该公司 2018 年度财务报表产生的影响有 A、B、D 三个选项。仅以设备的买价作为入账价值,会虚减固定资产的原值,根据原值计提的折旧也会被虚减。将原本应计入固定资产入账价值的费用计入管理费用,会虚减利润总额。

(2) 针对"资料(2)",审计组认为甲公司应采取的措施有 B、C、D 三个选项。对于自行建造的固定资产,审计人员应审查其入账价值是否按照建造过程中实际发生的全部支出记账,有无将固定资产建造过程中发生的料、工、费计入生产成本,或者相反。

(3)"资料(3)"中所述"累计折旧"期末余额减少的情况,可能的原因有 A、C 两个选项。B、D 会导致累计折旧期末余额增加。

本章小结

本章主要论述了流动资产和非流动资产的审计目标以及内部控制的要求,分析了企业有关资产业务常见的错弊,重点阐述了如何对企业的流动资产和非流动资产开展实质性测试。学习的重点是货币资金审计,应收账款及坏账准备审计,存货审计及固定资产和累计折旧审计。

对于货币资金审计,应重点掌握现金盘点表的编制和银行存款余额调节表的编制。

应收账款是企业因销售商品、产品或提供劳务而形成的债权。应收账款审计的主要内容:审查应收账款是否归被审计单位所有,审查应收账款增减变动的记录是否完整,审查坏账准备的计提方法和比例是否恰当,坏账准备的计提是否充分,确定应收账款和坏账准备期末余额是否正确及审查应收账款和坏账准备的列报是否恰当等。函证法是本项目审查中常用的方法。

存货是指企业在日常生产经营过程中持有以备出售,或者仍然处在生产过程,或者在生产或提供劳务过程中将消耗的材料或物料等。存货审计的重点内容是对存货计价和对存货成本的审查。

长期股权投资的审计重点是审查长期股权投资的存在性,查明长期股权投资的入账价值是否正确、核算方法是否恰当、业务处理是否合规、收益确认是否正确,在会计报表上的列报是否充分。

固定资产是指为生产商品、提供劳务、出租或经营管理而持有的,使用寿命超过一个会计年度的有形资产。某一资产项目,要作为固定资产加以确认,需要符合以下特征。

(1) 该固定资产包含的经济利益很可能流入企业。

(2) 该固定资产的成本能够可靠地计量。由于固定资产在企业资产总额中一般都占有较大的比例,固定资产的安全、完整对企业的生产经营影响极大,因而,审计人员应对固定资产的审计给予高度的重视。对固定资产的审计,主要是审查固定资产增减变动的真实性和合法性;验证固定资产余额的真实性和正确性;审查固定资产折旧提取的正确性和合法性;审查固定资产保管的安全性和完整性;审查固定资产的保养维修和利用效率。

1. 单项选择题

(1) 银行存款余额调节表应由(　　)来调节,以保证资产安全、记录准确。

　　A. 采购员　　　　　　　　　　　　B. 出纳员

C. 出纳员以外人员　　　　　　D. 出纳员或记录员

(2) 以下业务分工容易导致内部控制失效的是(　　)。

　　A. 货币资金收付与记录岗位分离　　B. 业务处理与内部审计独立

　　C. 款项结算与审核分离　　　　　　D. 支票、印章由一人保管,但要与记录分离

(3) 抽查现金日记账记录时,审阅"摘要"栏一般是为了检查(　　)。

　　A. 现金收付业务的账务处理是否准确

　　B. 有无坐支现象

　　C. 有无超过规定的库存现金限额现象

　　D. 现金收付业务是否合法

(4) 审查库存现金时,由出纳员清点库存现金以后,填制"库存现金清点表"的人员应是(　　)。

　　A. 审计人员　　　　　　　　　　　B. 出纳员

　　C. 会计主管　　　　　　　　　　　D. 财务经理

(5) 审计人员对被审计单位现金进行盘点,其范围应当包括(　　)。

　　A. 出纳员保管的现金　　　　　　　B. 财务部门保管的现金

　　C. 各部门保管的现金　　　　　　　D. 存入银行的现金

(6) 审查应收账款的最重要的实质性测试程序是(　　)。

　　A. 函证　　　B. 询问　　　C. 计算　　　D. 观察

(7) 审计人员使用函证程序审查应收账款时,最难发现的错弊是(　　)。

　　A. 应收账款提前入账　　　　　　　B. 应收账款金额记录错误

　　C. 漏记应收账款　　　　　　　　　D. 虚列应收账款

(8) 下列应收账款中,最应使用肯定式函证的是(　　)。

　　A. 账龄长且金额大　　　　　　　　B. 账龄短且金额大

　　C. 账龄长且金额小　　　　　　　　D. 账龄短且金额小

(9) 对于未函证的应收账款,审计人员应当执行的最有效的审计程序为(　　)。

　　A. 测试相关的内部控制制度　　　　B. 抽查有关原始凭证

　　C. 进行分析性复核　　　　　　　　D. 审查资产负债表日后的收款情况

(10) 对应收票据的审查,在清点的基础上继续进行核对,应采用的方法是(　　)。

　　A. 核对法　　　B. 分析法　　　C. 复核法　　　D. 函证法

(11) 审计人员审查存货项目,发现S原材料数量为零,而金额为红字38万元,可能的原因是(　　)。

　　A. 存货提前入账　　　　　　　　　B. 存货延期入账

　　C. 计价方法不一致所引起　　　　　D. 多转成本费用

(12) 审计人员在存货审查过程中,应采取措施防止被审计单位虚增存货,以下(　　)措施最为有效。

　　A. 明细账与总账核对　　　　　　　B. 抽查被审计单位盘点结果

　　C. 询问保管人员　　　　　　　　　D. 审查材料收发凭证

2. 多项选择题

(1) 检查货币资金不相容职务划分情况时，审查内容包括（   ）。
    A. 抽查收付款凭证上有无审批授权人的签章
    B. 抽查银行存款调节表，检查编制人员签章是否为出纳员以外人员
    C. 抽查现金及银行存款日记账与相应的记账凭证，检查是否由会计人员编制并审核记账凭证
    D. 支票的保管和登记及印章的保管是否分别由两人保管

(2) 关于库存现金的监盘，下列说法正确的有（   ）。
    A. 将所有的库存现金同时全面清点
    B. 提前通知出纳人员做好准备
    C. 盘点时间一般安排在营业前或营业终了后
    D. 盘点时应由审计人员亲自清点

(3) 审查银行存款存在性，以下（   ）审计手续是有效的。
    A. 银行存款日记账与总账核对　　B. 编制银行存款余额调节表
    C. 询证开户银行　　　　　　　　D. 审核收付款凭证

(4) 审计某企业应收账款，发现一笔款项 320 万元，账龄已经超过 2 年，审计人员对该笔应收款项采取的进一步审查措施是（   ）。
    A. 向欠款单位发函询证　　　　　B. 认定是坏账
    C. 查阅销售合同　　　　　　　　D. 审查发货凭证

(5) 以下属于应收账款实质性审查内容的是（   ）。
    A. 取得或编制应收账款账龄分析表　B. 发函询证应收账款
    C. 检查应收账款不相容职务的分离　D. 审查坏账准备的提取

(6) 在符合下列（   ）情况时，审计人员可以采用否定式函证。
    A. 债务人欠款余额很小　　　　　B. 债务人能认真对待询证函
    C. 预计差错率较低　　　　　　　D. 内部控制较差

(7) 对应收票据进行实质性测试，实施以下（   ）程序可以证实有关具体审计目标。
    A. 检查应收票据在报表中的列报　B. 编制应收票据明细表
    C. 检查应收票据手续是否健全　　D. 向开票人函证

(8) 应收账款和应收票据审计的目的是审查（   ）。
    A. 应收账款和应收票据是否存在
    B. 应收账款和应收票据的记录是否真实正确
    C. 发生的应收账款和应收票据是否全部入账
    D. 应收账款和应收票据的期末截止是否正确

(9) 审查产成品时，审计人员应特别注意的问题是（   ）。
    A. 产成品存在性　　　　　　　　B. 产成品所有权
    C. 产成品等级和数量　　　　　　D. 账实是否相符

(10) 审计人员对存货的监盘结果可以证明存货（   ）。
    A. 计价的正确性　　　　　　　　B. 所有权的归属
    C. 是否存在　　　　　　　　　　D. 是否毁损、短缺

(11) 对固定资产进行实质性测试时,审计人员应把重点放在( )上。
　　A. 购入的固定资产　　　　　　B. 捐赠的固定资产
　　C. 自建的固定资产　　　　　　D. 租入的固定资产
(12) 对固定资产折旧审计的主要目标是确定( )。
　　A. 折旧政策和方法是否恰当
　　B. 折旧费用分摊是否合理
　　C. 固定资产减值准备的计提是否充分、完整
　　D. 固定资产、累计折旧和固定资产减值准备的期末余额是否正确

3. 判断题

(1) 审计人员函证银行存款余额只是为了证实资产负债表所列银行存款是否存在。　　　　　　　　　　　　　　　　　　　　　　　　　　　　( )
(2) 审计人员对现金和存货审查时,通常要进行全部盘点。　　( )
(3) 询证函需要由审计人员亲自编制和寄发。　　　　　　　　( )
(4) 审计人员在对应收账款进行函证时,如果函证结果表明存在审计差异,审计人员应进一步扩大函证范围。　　　　　　　　　　　　　　　　　　( )
(5) 通过对应收账款内部控制制度的测试和评价,就确定了应收款项数据真实性检查可以依赖的程度,因而不必对应收款项进行审计了。　　　　　　( )
(6) 审查坏账准备提取是否正确,仅关系到资产负债表的正确性。　( )
(7) 企业收到的应收票据,到期时出票人或付款人或承兑人无力付款或拒绝付款时,应将此票据作为坏账损失处理。　　　　　　　　　　　　　( )
(8) 审计人员对贴现的应收票据进行审计,应审查其贴现额与利息的计算是否正确,会计处理方法是否恰当。　　　　　　　　　　　　　　　　( )
(9) 受托代销商品因为不属于被审计单位,因此无须纳入盘点范围。　( )
(10) 存货的监盘是重要的审计程序,因此,审计人员应亲自制订盘点计划。( )
(11) 对于增加的固定资产,只要审查其增加的合理性。　　　　( )
(12) 审计人员审计固定资产减少的目的,在于查实被审计单位已减少的固定资产已进行正确的会计处理。　　　　　　　　　　　　　　　　　　( )

4. 简答题

(1) 对库存现金进行监督盘点时,需要注意哪几个要点?
(2) 一个良好的货币资金内部控制制度应做到哪几个方面?
(3) 确定应收账款函证的范围和对象时需要考虑哪些因素?对应收账款函证的结果应如何处理?
(4) 健全的固定资产内部控制制度应当包括哪些内容?
(5) 简要说明对固定资产增加业务审查的重点内容。

5. 综合分析题

【案例一】

【资料】　某审计小组于9月1日对某电机厂的现金进行了审计,在审计中发现以下问题及情况。

(1) 8月30日现金日记账账面余额2 200元,银行对其核定的库存现金限额是

1 700元。

（2）8月10日用现金支付采购材料款7 300元。

（3）8月12日向某商业企业销售产品一批，收入现金6 000元。

（4）9月1日下午盘点现金，截止盘点时的账面余额为2 842元，实际盘点结果为1 324元，另有当日下午收入现金320元和支出现金250元因时间关系尚未入账。

（5）发现白条一张，金额1 000元，未入账，系厂长个人借款。

（6）发现有8月18日收到的销售产品转账支票一张，价值20 500元，尚在保险柜内。

【要求】 指出该企业在货币资金管理上存在什么问题？应对其提出什么建议？

【案例二】

【资料】 某企业按应收账款余额百分比法计提坏账准备，提取率为5‰，本年度应收账款余额为600 000元。在审查"坏账准备"账户时审计人员得知，坏账准备账户年初有贷方余额4 200元。本年度发生以下经济业务。

5月8日，收回2017年核销的坏账4 000元，存入银行。企业的会计处理为

借：银行存款　　　　　　　　　　　　　　　4 000
　　贷：其他应收款　　　　　　　　　　　　　　　4 000

11月10日，因一客户破产，有应收账款2 500元不能收回，经批准确认为坏账。企业的会计处理为

借：坏账准备　　　　　　　　　　　　　　　2 500
　　贷：应收账款　　　　　　　　　　　　　　　2 500

年末，会计人员计提坏账准备的会计处理为

借：管理费用　　　　　　　　　　　　　　　3 000
　　贷：坏账准备　　　　　　　　　　　　　　　3 000

【要求】 分析该公司有关应收账款和坏账准备的业务处理是否存在问题，如果有，指出并作出调整分录。

【案例三】

【资料】 审计人员在审查某企业固定资产"累计折旧"账户时，发现5月固定资产折旧总额为76 400元，6月的折旧总额为78 070元，7、8月的折旧总额均为76 670元。经查，该企业曾在6月提前半年报废一台设备（价值24 000元，预计使用年限为10年），同时购入两台价值共计56 400元，使用年限为10年的新设备。

【要求】 试分析怎样审查该企业的固定资产折旧。

【案例四】

【资料】 某企业发出材料按每月一次加权平均法计价，审计人员在审查该企业上年度12月甲材料的明细账时发现：月初结存500吨，单价120元，12月只购进一批500吨，单价130元。该月发出450吨，单价按每吨130元计算，并全部记入生产成本账户。经查，该材料为本企业在建工程领用，该工程目前尚未完工。

【要求】 试分析企业在发出材料中存在的主要问题。

第7章 负债审计

【学习要点】
※ 了解流动负债审计的产生与发展。熟悉流动负债审计的特点。
※ 理解流动负债内部控制的基本要求。
※ 理解非流动负债审计的特点。
※ 掌握短期借款、应付账款、应付职工薪酬、应交税费的实质性测试程序和方法。
※ 掌握长期借款、应付债券、长期应付款的实质性测试程序和方法。

7.1 流动负债审计

7.1.1 流动负债审计概述

1. 流动负债审计的特点和审计目标

负债是指企业过去的交易或者事项形成的、预期会导致经济利益流出企业的现时义务。当负债满足下列条件之一的,应当归类为流动负债:①预计在一个正常营业周期中清偿;②主要为交易目的而持有;③自资产负债表日起一年内到期应予以清偿;④企业无权自主地将清偿推迟至资产负债表日后一年以上。流动负债审计是指对符合流动负债条件的债务所进行的审计,主要包括短期借款审计、应付票据审计、应付账款审计、预收账款审计、应付职工薪酬审计、应付股利审计、应交税费审计、其他应付款审计等。流动负债是构成企业负债的重要组成部分,对企业会计报表的反映有着直接的、重大的影响。因此,在执行审计业务时,流动负债项目应作为审计的一个重要方面。

从审计角度来看,上述各项负债具有以下几个显著的特点。

第一,检查负债的重点在于揭示和纠正负债的低估或漏列。这是因为,企业高估负债和高估资产一样,往往需要通过篡改会计记录或记载虚假交易才能达到目的,企业这样做的同时,也留下了各种作假的痕迹和证据,比较容易被审计人员发现和查出;而低估和漏列负债则不易找到书面证据,难以发现和证实会计人员的错弊,加之与低估和漏列负债相伴的通常是企业成本费用的虚减与低估,企业成本费用的低估,又必然引起净收益的虚增高估。所以,防止企业低估、漏列负债在负债审计中就显得比高估、虚增负债更为重要。

第二,某企业的债务即为其他企业的债权,债权企业必定有完整的会计记录。如果债务企业不按期清偿,将会受到债权企业的直接催讨,这在某种意义上而言可以保证负债记录的正确性。所以,对负债项目的内部控制制度和账务处理,相对资产而言,就较为简单了。因为,它受外部债权人的牵制。

第三,负债一般在发生时已明确规定了未来清偿金额,不存在不同计价基础与方法问题,对其审查验证的工作量可以适当减少。

根据上述特点,对流动负债审计的目标可以大致归纳为以下几点。

(1) 判断有关负债项目了解并确定被审计单位有关流动负债的内部控制制度是否存在、有效且一贯遵守。

(2) 确定被审计单位所记录的流动负债在特定时期内是否确实存在,是否为被审计单位所承担。

(3) 确定被审计单位在特定时期发生的流动负债业务是否记录完整,有无遗漏;确定被审计单位各项流动负债的会计处理是否正确无误。

(4) 确定被审计单位流动负债在会计报表上的分类和反映是否恰当。

2. 流动负债内部控制的基本要求

(1) 重要的流动负债的发生及变更经过授权审批。

(2) 经办流动负债的会计记录与授权和执行等方面明确职责分工。

(3) 借款合同或协议由专人保管,如保存债券持有人的明细资料,应同总分类账核对相符,如有外部机构保存,需定期同外部机构核对。

(4) 建立严密完善的账簿体系和记录制度,定期核对流动负债。

7.1.2 短期借款审计

1. 短期借款业务一般存在的错弊分析

(1) 短期借款程序和手续不完备,不符合规定。

(2) 短期借款未按规定用途使用。企业取得短期借款后,往往用于非规定用途的基建工程、职工福利设施、抵交税款及发放职工工资等;或将短期借款转借其他企业或个人,以谋取高额利息收入等。

(3) 故意隐匿、漏列短期借款,以证明企业具有良好的财务状况。

(4) 短期借款利息账务处理不当或不正确,以调节企业利润。

2. 短期借款审计的目标

(1) 确定资产负债表中记录的短期借款是否存在。

(2) 确定短期借款的发生及偿还是否记录完整。

(3) 确定资产负债表中记录的短期借款是否为被审计单位应当履行的现时义务。

(4) 确定短期借款期末余额是否正确,与之相关的计价调整是否已恰当记录。

(5) 确定短期借款是否已在会计报表上作出恰当的列报。

3. 短期借款的实质性测试

短期借款是企业向银行或其他金融机构等借入的期限在 1 年以下(含 1 年)的各种借款。短期借款一般是企业为维持正常的生产经营所需的资金而借入的或者为抵偿某项债务而借入的款项。

对短期借款进行实质性测试,审计人员应根据被审计单位年末短期借款余额的大小、占负债总额的比重、以前年度发现问题的多少及相关内部控制制度的强弱等确定短期借款的审计程序和方法。一般而言,对于短期借款的审计应包括以下内容。

(1) 获取或编制短期借款明细表。审计人员应首先获取或编制短期借款明细表,复核其加计是否正确,并核对其与明细账和总账是否相符。

(2) 函证短期借款的实有数。审计人员应在期末对短期借款余额较大或认为必要时向银行或其他债权人函证短期借款,以证实短期借款的存在和条件,以及有无抵押贷款。

为了控制函证的情况,审计人员应当编制银行借款函证控制汇总表,列明所发函证的银行债权人名称、函证金额、发函日期、回函金额。如果回函金额不符,应查明原因并作出记录;如果函证无法收回,应实施替代审计程序。

(3) 审查年度内短期借款的增减情况。对年度内增加的短期借款,审计人员应检查借款合同和授权批准情况,了解借款数额、借款条件、借款日期、还款期限和借款利率,并与相关会计记录相核对。对年度内减少的短期借款,审计人员应检查相关记录和原始凭证,核实还款数额。审计人员还应检查被审计单位有无到期未偿还的短期借款,如果有,则应查明是否已向银行提出申请并经同意后办理延期手续。

(4) 审查短期借款利息的计算及账务处理是否正确。短期借款利息的账务处理有预提法和据实列支法两种,无论采用哪种方法,短期借款的利息支出均计入财务费用。审计人员首先应根据短期借款的利率和期限,复核被审计单位短期借款的利息计算是否正确,有无多算或少算利息的情况,如有未计利息和多计利息,应作出记录,必要时进行适当调整。其次,审计人员应注意审查会计记录是否正确,尤其是对于采用预提法核算借款利息费用的,预提时是否记入了"应付利息"账户,支付利息时是否冲减了已预提的费用,有无不冲减已预提的费用,而直接记入"财务费用"账户,从而导致财务费用重记,虚减企业利润的情况。

(5) 审查外币借款账户的折算。如果企业有外币短期借款,审计人员应检查非记账本位币折合记账本位币采用的折算汇率是否正确,折算差额是否按规定进行会计处理,折算方法是否保持前后期一致。

(6) 审查短期借款是否恰当披露。企业的短期借款在资产负债表上通常设"短期借款"项目单独列示,对于因抵押而取得的短期借款,应在资产负债表附注中揭示,应注意被审计单位对短期借款项目的反映是否正确和充分。

4. 案例及分析

【例7-1】 审计人员在审查某公司"短期借款——生产周转借款"使用情况时,发现该公司2018年6—12月平均贷款为800 000元,存货合计为240 000元,其他应收款为400 000元。

【要求】 该公司是否存在非法使用或占用短期借款的行为?审计人员如何查证?

【解答】 该公司其他应收款占用比重过大,可能存在非法使用或占用短期借款的行为。审计人员调阅了相关借入短期借款的凭证,并通过银行存款日记账追查存款的去向。审查过程中发现6月1日借入借款的12#凭证,其记录如下。

借:银行存款　　　　　　　　　　　　　　　390 000
　　贷:短期借款——生产周转借款　　　　　390 000

12#凭证所附"入账通知"和"借款契约"两张原始凭证,借款期限为6个月。审阅银行存款日记账时,发现6月15日银付字102#凭证,减少银行存款380 000元,调阅该凭证如下。

借:其他应收款——王某　　　　　　　　　　380 000
　　贷:银行存款　　　　　　　　　　　　　380 000

其摘要为"汇给某公司货款"。经核实,所汇款是该公司为职工垫付的购买空调 60 台的款项,王某是向职工收回垫付款的负责人,全部货款至本年 12 月陆续收回。审计人员认为为职工垫付空调款是占用短期借款,并增加了公司的财务费用。

上述问题查实后,审计人员提出审计意见,公司收回的垫付款应归还借款,已入账的借款利息应由职工承担。按借款利息占用时间计算,应负担利息 21 000 元,应调整有关账簿记录如下。

按规定应收利息为
借:其他应收款　　　　　　　　　　　　　　　　21 000
　贷:财务费用　　　　　　　　　　　　　　　　　　　　21 000

7.1.3　应付账款审计

应付账款是企业在正常经营过程中,因购买材料、商品和接受劳务供应等而应付给供应单位的款项。可见,应付账款业务是随着企业的赊购交易的发生而发生的,审计人员应结合赊购业务进行应付账款的审计。

1. 应付账款业务一般存在的错弊分析

(1) 截留销售收入。即对已经实现的销售收入,不记入"主营业务收入"账户,而是记入"应付账款"账户,以便试图偷漏增值税,贪污、挪用现金。

(2) 销货退回不冲减应付账款。按照会计制度的规定,企业如果发生全部或部分销货退回时,应同时冲减供货方的应付账款。但被审计单位却往往不按规定办理,除无意内有调账外,有可能是利用购货退回或虚假购进货物,贪污盗窃货款。

(3) 应付账款长期挂账。主要表现为企业若干的"应付账款"明细款项长期未付而挂账。有的属于合同纠纷或无力偿还,有的属于销货单位消亡而无从支付的情况,这样容易造成被审计单位虚列债务,造成会计信息失真。

(4) 虚列应付账款,调节成本费用。企业的分支机构为了控制其利润的实现情况,往往采用虚列应付账款的形式,设置虚假费用项目,从而达到挤占利润、控制利润实现金额的目的,这些应付账款账户往往是和一些费用列支账户相挂钩的。

(5) 多列应付账款,将多余款项私吞。企业内部会计人员通过做账时多列应付账款,还款时私吞多列的款项,达到私吞财产的目的。

2. 应付账款审计的目标

应付账款审计的目标一般包括以下内容。
(1) 确定资产负债表中记录的应付账款是否存在。
(2) 确定应付账款的发生及偿还是否记录完整。
(3) 确定资产负债表中记录的应付账款是否为被审计单位应当履行的现时义务。
(4) 确定应付账款期末余额是否正确,与之相关的计价调整是否恰当记录。
(5) 确定应付账款是否已在会计报表上作出恰当的列报。

3. 应付账款的实质性测试

应付账款审计的实质性测试包括以下程序。

（1）确定账户余额计算的正确性。获取或编制应付账款明细表，复核其加计是否正确，并将其与报表数、总账数和明细账合计数核对是否相符，以确定账户余额计算的正确性。

（2）对应付账款进行分析性复核。

① 对本期期末应付账款额与上期期末余额进行比较，分析其波动原因。

② 计算应付账款占存货的比例、应付账款占流动负债的比例，进行对比分析，评价应付账款期末余额变动的合理性。

③ 计算应付账款增减额占存货、主营业务收入增减额的比例，评价应付账款增减变动的合理性。

（3）函证应付账款，以确定其余额的真实性。一般情况下，应付账款不需要函证，这是因为函证不能保证查出未记录的应付账款，况且审计人员能够取得购货发票等外部凭证来证实应付账款的余额。但如果控制风险较高，某应付账款明细账户金额较大或被审计单位处于财务困难阶段，则应进行应付账款函证。

进行函证时，审计人员应选择以下债权人作为函证对象：①较大金额的债权人；②在资产负债表日金额不大甚至为零，但作为企业重要供货人的债权人；③没有按月寄送对账单的供应商；④与母（子）公司往来的账户等。

函证最好采用肯定形式，不宜具体说明应付金额，而由债权人填写，这样更能保证函证的有效性。同应收账款的函证一样，审计人员必须对函证的过程进行控制，要求债权人直接回函，并根据回函情况编制与分析函证结果汇总表。对未回函的，应考虑是否再次函证。如果存在未回函的重大项目，审计人员应采用替代审计程序。比如，可以检查决算日后应付账款明细账及现金和银行存款日记账，核实其是否已支付，同时检查该笔债务的相关凭证资料，核实交易事项的真实性。

（4）查找未入账或未列报的应付账款，防止低估或隐瞒债务。通常，审计人员查找未入账应付账款的审计程序包括以下内容。

① 检查被审计单位在决算日尚未处理的不符合要求的购货发票及有材料入库凭证但未收到购货发票的经济业务，并询问会计人员未入账的原因。

② 检查购货发票与验收单不符或未列明金额的发票单据；审查决算日的全部待处理凭单，确定是否有漏记的应付账款。

③ 审阅结账日之前签发的验收单，追查至应付账款明细账，检查是否有货物已收而负债未入账的应付账款。

④ 检查被审计单位在决算日后收到的购货发票，确定这些发票记录的负债是否应记入决算日。

⑤ 检查被审计单位在决算日后收到应付账款明细账贷方发生额的相应凭证，确定其入账时间是否正确。

⑥ 抽查未结算货物和劳务采购，检查有无未入账的应付账款。

（5）检查"应付账款"账户是否存在借方余额。企业"应付账款"账户的借方余额应在资产负债表的"预付账款"项目反映，因此，审计人员应检查"应付账款"账户是否存在借方余额，如果有，应查明原因，必要时建议被审计单位重新作分类调整。同时结合预付账款的明细账，检查有无在应付账款和预付账款两面同时挂账的项目；结合其他应付款的明细账，查明有无不属于应付账款的其他应付款。

(6) 检查长期挂账的应付账款。在审计过程中，如果发现长期挂账的应付账款，审计人员应当询问被审计单位应付账款长期挂账的原因，将询问结果记录在工作底稿中。注意其是否可能为无须支付的，对其发生额的真实性、合规性进行审计。对确实无法支付的应付账款是否按规定转入营业外收入，相关依据及审批手续是否完备。

(7) 检查带有现金折扣的应付账款是否按发票上记载的全部应付金额入账，待实际获得现金折扣时再冲减财务费用项目，以确定其发生额计算的准确性。

(8) 检查外币应付账款的折算是否正确。对于被审计单位用非记账本位币结算的应付账款，审计人员应检查其采用的折算汇率是否正确，折算汇率的选择方法前后期是否一致，外币折算差额的处理是否正确。

(9) 验明应付账款在资产负债表上的列报是否恰当。一般来说，"应付账款"项目应根据"应付账款"科目和"预付账款"科目所属明细科目的期末贷方余额的合计数填列。审计中，如果发现被审计单位因重复付款、付款后退货、预付货款等，导致某些明细账户借方出现较大余额，审计人员应在审计工作底稿中编制建议调整的重分类分录，以便将这些借方余额在资产负债表中列示为资产。

4. 案例及分析

【例7-2】 H公司审计人员正在对本单位的应付账款项目进行审计。根据需要，该审计人员决定对某些应付账款进行函证。下列客户被拟作为函证对象，如表7-1所示。

表7-1 拟进行函证的客户相关资料   单位：元

客户名称	年末应付账款余额	本年度进货总额
A公司	38 520	56 692
B公司	200 000	1 880 000
C公司	127 000	193 000
D公司	189 000	2 120 000

【要求】 审计人员从上列客户中，应选择其中哪两个客户作为应付账款的函证对象，并说明理由。

【解答】 审计人员应选择B客户和D客户作为应付账款的函证对象。因为，应付账款函证对象应是那些较大金额的债权人，而并非在资产负债表日有较大余额的债权人。应付账款函证的目的在于查实有无未入账的应付账款，而不在于验证具有较大年末余额的应付账款。本年度H公司从B、D两家公司采购了大量商品，存在漏记负债的可能性较大，故应选择B客户和D客户作为函证对象。

【例7-3】 某审计组组长让两位审计人员审查应付账款，这两位审计人员查阅了所有应付账款的会计记录，并向被审计单位索取了有关应付账款的无漏记债务说明书，进而作出以下结论：被审计单位的应付账款已全部入账，且入账应付账款均存在。

【要求】 (1) 上述结论是否正确？
(2) 审计组组长应让两位审计人员补充执行哪些审计程序？

【解答】 (1) 上述结论中被审计单位的应付账款已全部入账的结论不正确。因为审计人员在此除了索取有关应付账款的无漏记债务说明书外，未采取任何其他审计程序，而被审计单位的无漏记债务说明书是出自被审计单位的承诺书，是内部证据，证明力较弱，不能替代、减轻审计人员的审计责任,审计人员不能因此而减少相应的审计查证。

(2) 审计组组长应让两位审计人员补充执行的审计程序包括以下内容。

① 审阅结账日之前签发的验收单,追查到应付账款明细账,检查是否有货物已收,而负债未入账的应付账款。

② 审查被审计单位决算日后收到的购货发票,确定这些发票记录的负债是否应记入所审计的会计期间。

③ 检查被审计单位决算日后应付账款明细账贷方发生额的相应凭证,确定其入账时间是否正确,其他如询问被审计单位会计和采购人员等。

7.1.4 预收账款审计

预收账款是买卖双方协议商定,由购货方预先支付一部分货款给供应方而发生的一项负债。由于预收账款是随着企业销货业务的发生而发生的,所以审计人员应结合企业销售业务对预收账款进行审计。

1. 预收账款业务一般存在的错弊分析

(1) 利用预收账款,虚增商品销售收入。有些企业利用预收账款来调节商品销售收入,将尚未实现的销售收入提前作收入处理,虚增商品销售收入,调节利润。这些企业为平衡利润,在未发出商品时就虚作商品销售收入,虚增当期利润,在下一个会计期间再冲回原账务处理。

(2) 利用预收账款,偷逃收入、税金。有些企业将预收账款长期挂账,不作销售处理,也不结转成本,以达到偷逃收入和税金的目的。

2. 预收账款审计的目标

(1) 确定资产负债表中记录的预收账款是否存在。

(2) 确定预收账款的发生及偿还是否记录完整。

(3) 确定资产负债表中记录的预收账款是否为被审计单位应当履行的现时义务。

(4) 确定预收账款期末余额是否正确。

(5) 确定预收账款是否已在会计报表上作出恰当的列报。

3. 预收账款审计的实质性测试

预收账款审计的实质性测试通常包括以下程序。

(1) 获取或编制预收账款明细表,复核其加计是否正确,并核对其期末余额合计数与报表数、总账数和明细账合计数是否相符。

(2) 检查已转销的预收账款。请被审计单位协助,在预收账款明细表上标出至审计日止已转销的预收账款,重点对已转销金额较大的预收账款进行检查,核对记账凭证、仓库发运凭证、销售发票等,并注意这些凭证发生日期的合理性。

(3) 抽查有关凭证。抽查预收账款有关的销售合同、仓库发运凭证和收款凭证,检查已实现销售的商品是否及时转销预收账款,确保预收账款期末余额的正确性和合理性。

(4) 函证预收账款。选择预收账款的若干重大项目函证,根据回函情况编制函证结果汇总表。对于回函金额不符的,应查明原因并作出记录或建议并且适当调整;对于未回函的,应再次函证或通过检查资产负债表日后已转销的预收账款是否与仓库发运凭证、销售发票相一致等替代程序,确定其是否真实、正确。

(5) 检查预收账款是否存在借方余额,决定是否建议作重分类调整。

(6) 检查预收账款长期挂账的原因,并作出记录,必要时提请被审计单位予以调整。

(7) 对税法规定应予纳税的预收销售款,结合应交税金项目,检查是否及时、足额计缴有关税金。

(8) 确定预收账款是否已在资产负债表上作恰当列报。

【例7-4】 YH公司审计人员在审查公司"预收账款"明细账时,将其与销售合同核对,发现"预收账款——H企业"无销售合同,在摘要中也没有注明发货日期和偿还期,审计人员怀疑其为非法收入。于是调阅会计凭证,其分录如下。

借:银行存款　　　　　　　　　　　　　　　　　　　35 100
　　贷:预收账款——H企业　　　　　　　　　　　　　　35 100

原始凭证附进账单和发货票,发货票上注明货款为30 000元,增值税税款为5 100元。查询经办人员时,供认该笔收入为盘盈商品的销售收入。

审计人员认为,该公司利用"预收账款"账户截留收入,偷漏税金。审计人员要求该公司调整有关账簿记录,会计分录如下。

借:预收账款——H企业　　　　　　　　　　　　　　　35 100
　　贷:主营业务收入　　　　　　　　　　　　　　　　　30 000
　　　　应交税金——应交增值税(销项税额)　　　　　　　5 100

7.1.5 应付职工薪酬审计

职工薪酬是指企业为获得职工提供的服务或解除劳动关系而给予的各种形式的报酬或补偿。职工薪酬包括短期薪酬、离职后福利、辞退福利和其他长期职工福利。

短期薪酬是指企业在职工提供相关服务的年度报告期间结束后12个月内需要全部予以支付的职工薪酬,因解除与职工的劳动关系给予的补偿除外。短期薪酬具体包括职工工资、奖金、津贴和补贴;职工福利费;医疗保险费、工伤保险费和生育保险费等社会保险费;住房公积金;工会经费和职工教育经费;短期带薪缺勤,短期利润分享计划;其他短期薪酬等。

离职后福利是指企业为获得职工提供的服务而在职工退休或与企业解除劳动关系后,提供的各种形式的报酬和福利,短期薪酬和辞退福利除外。企业应当将离职后福利计划分类为设定提存计划和设定受益计划。离职后福利计划是指企业与职工就离职后福利达成的协议,或者企业为向职工提供离职后福利制定的规章或办法等。其中,设定提存计划是指向独立的基金缴存固定费用后,企业不再承担进一步支付义务的离职后福利计划;设定受益计划是指除设定提存计划以外的离职后福利计划。

辞退福利是指企业在职工劳动合同到期之前解除与职工的劳动关系,或者为鼓励职工自愿接受裁减而给予职工的补偿。

其他长期职工福利是指除短期薪酬、离职后福利、辞退福利之外所有的职工薪酬,包括长期带薪缺勤、长期残疾福利、长期利润分享计划等。

1. 应付职工薪酬业务一般存在的错弊分析

(1) 虚报员工人数,虚增应付职工薪酬,转移应付职工薪酬。主要表现为:有的单位虚增调入员工,扩大应付职工薪酬;有的单位则不删除调出员工姓名,增加应付职工薪酬;有的单位故意不删除死亡职工,虚增应付职工薪酬;甚至有的单位干脆虚列员工姓名,无中生有,扩大应付职工薪酬,并将其金额转入"小金库"。

(2) 利用工资费用,调节产品成本。主要表现为:有的单位为了调节当期损益,将不该列入工资薪酬的费用列入工资费用,将不该列入生产成本的工资列入生产成本,在管理费用和制造费用之间进行调节;有的单位偏离工资分配的正确分配方法,在完工产品和在产品之间进行调节,在主要产品和在建工程之间进行调节,从而调节成本,达到调控利润的目的。

(3) 冒领贪污。有些企业的会计人员利用会计部门内部管理不健全、单位临时工的流动性特点,虚列职工姓名,捏造临时工用工人数、多报加班天数、夜班费,串通舞弊扩大工资,然后冒领工资,侵占工资款项,贪污占用;或者使原始凭证与记账凭证不一致,进行贪污。

(4) 未按规定比例提取各项社会保险费或错列各项社会保险费的核算账户。例如,用生产人员计提的各项社会保险费,应由"生产成本"账户列支的却列支在"管理费用"账户等。

(5) 未按规定核算企业非货币性福利,存在错列账户,调节产品成本和企业利润的现象。

2. 应付职工薪酬审计的目标

(1) 确定资产负债表中记录的应付职工薪酬是否存在。
(2) 确定所有应当记录的应付职工薪酬是否均已记录。
(3) 确定资产负债表中记录的应付职工薪酬是否为被审计单位应当履行的现时义务。
(4) 确定应付职工薪酬期末余额是否正确。
(5) 确定应付职工薪酬是否已在会计报表上作出恰当的列报。

3. 应付职工薪酬审计的实质性测试

应付职工薪酬审计的实质性测试通常包括以下程序。

(1) 获取或编制应付职工薪酬明细表,复核其加计是否正确,并核对其与报表数、总账数和明细账合计数是否相符。

(2) 对本期职工薪酬执行实质性分析程序。

① 比较被审计单位员工人数的变动情况,检查各部门各月工薪费用的发生额是否有异常波动,若有,则查明波动原因是否合理。

② 将本期工薪费用总额与上期进行比较,要求被审计单位解释其增减变动原因,或取得公司管理当局关于员工工薪标准的决议。

③ 比较本期应付职工薪酬余额与上期应付职工薪酬余额,是否有异常变动。

④ 确定可接受的差异额。

⑤ 将实际的情况与期望值相比较,识别需要进一步调查的差异。

⑥ 如果其差额超过其可接受的差异额,调查并获取充分的解释和恰当的佐证审计证据。

⑦ 评估实质性分析程序的测试结果。

(3) 检查工薪、奖金、津贴和补贴。

① 计提是否正确,依据是否充分。将执行的工薪标准与有关规定核对,并对工薪总额进行测试。如果被审计单位实行与工效挂钩的办法,应取得有关主管部门确认的效益工薪发放额的认定证明,结合有关合同文件和实际完成的指标,检查其计提额是否正确,是否应作纳税调整。

② 检查分配方法与上年是否一致。并将应付职工薪酬计提数与相关的成本、费用项目核对一致。

③ 检查发放金额是否正确,代扣款项及其金额是否正确。

④ 检查是否存在拖欠性质的职工薪酬并了解拖欠的原因。

(4) 检查社会保险费、住房公积金、工会经费等。检查医疗保险费、工伤保险费和生育保险费等社会保险费是否按照国家规定的基准和比例计算,检查住房公积金、工会经费和职工教育经费是否按照国家规定的基准和比例计算,计提和支付的会计处理是否正确。

(5) 检查离职后福利。检查企业为职工提供的离职后福利是否符合会计准则界定的范围,是否符合离职后福利的定义;是否按照规定,将离职后福利计划分类为设定提存计划和设定受益计划,并分别设置"应付职工薪酬——设定提存计划""应付职工薪酬——设定受益计划"科目;对于设定提存计划的离职后福利,是否分不同情况,记入"生产成本""制造费用""管理费用""销售费用"等科目;对于设定受益计划的离职后福利,企业是否按照会计准则要求,区分情况分别计入当期损益或相关资产成本。重新计量设定受益计划净负债或者净资产所产生的变动是否计入其他综合收益,且后续会计期间不应重分类计入损益。

(6) 检查辞退福利。检查企业所计提的辞退福利是否符合会计准则的界定范围,是否为企业在职工劳动合同到期之前解除与职工的劳动关系,或者为鼓励职工自愿接受裁员而给予的补偿;对于在职工正式退休之前的经济补偿,是否比照辞退福利处理,并在其正式退休日期之后,按照离职后福利处理;对于企业因解除与职工的劳动关系而向职工给予的补偿,其会计处理是否正确。

(7) 检查非货币性福利。

① 检查以自产产品作为非货币性福利发给职工的,是否根据受益对象按照该产品的公允价值,计入当期相关资产成本或当期损益;对难以认定受益对象的非货币性福利,是否直接计入当期损益和应付职工薪酬。

② 检查无偿给职工提供住房的非货币性福利,是否根据受益对象,将该住房每期计提的折旧计入相关资产成本或当期损益;对难以认定受益对象的非货币性福利,是否直接计入当期损益和应付职工薪酬。

③ 检查租赁住房等资产供职工无偿使用的非货币性福利,将该住房每期应付的租金计入相关资产成本或当期损益。对难以认定受益对象的非货币性福利,是否直接计入当期损益和应付职工薪酬。

(8) 检查以现金与职工结算的股份支付。

① 检查授予后立即可行权的以现金结算的股份支付,是否在授权日以承担负债的公允价值计入相关成本或费用。

② 检查完成等待期内的服务或达到规定业绩条件以后才可行权的以现金结算的股份

支付,在等待期内的每个资产负债表日,是否以可行权情况的最佳估计为基础,按照承担负债的公允价值金额,将当期取得的服务计入成本或费用。在资产负债表日,后续信息表明当期承担债务的公允价值与以前估计不同的,是否进行调整,并在可行权日,调整至实际可行权水平。

③ 检查可行权日之后,以现金结算的股份支付当期公允价值的变动金额,是否借记或贷记"公允价值变动损益"。

④ 检查在可行权日,实际以现金结算的股份支付金额是否正确,会计处理是否恰当。

(9) 检查应付职工薪酬的期后付款情况。

检查应付职工薪酬的期后付款情况并关注在资产负债表日至财务报表批准报出日之间,是否有确凿证据表明需要调整资产负债表日原确认的应付职工薪酬事项。

(10) 检查应付职工薪酬是否在会计报表上作出恰当的列报。

7.1.6 应交税费审计

应交税费是指企业依法应缴纳的各种税费,主要包括增值税、消费税、所得税、资源税、土地增值税、城市维护建设税、房产税、城镇土地使用税、车船税、教育费附加、矿产资源补偿费等。各种税费按照税收管理办法的规定,其计税依据和计税方法不完全相同,会计处理方法也不完全一样。同时,由于税金的种类较多,内容较为复杂,因此,在审计实务中,常常将应交税费的审计作为一个特别重要的领域。

1. 应交税费业务一般存在的错弊分析

应交税费业务最主要的错弊表现为偷漏税款。

(1) 虚增应交税费的借方数,抵减贷方数,达到偷漏税款的目的。如虚增物资购进、虚增收到投资物资、虚增免税农产品购进等,从而虚增增值税借方数。

(2) 隐瞒收入,达到偷漏税款的目的。如已经实现商品销售,却将收到款项的凭证隐瞒,不作销售的会计处理;已经出售材料,却不做销售处理;已经提供劳务,却故意不办理结算手续,使会计处理不及时进行,使贷记"应交税费——应交增值税(销项税额)"减少。

(3) 对应视同销售的业务不按规定处理,偷漏税款。按照《增值税暂行条例实施细则》的规定,企业将自产、委托加工或购买的货物分配给股东或投资者,将自产、委托加工的货物用于集体福利或个人消费、无偿赠送他人等行为,应视同销售货物,计算应交增值税。但企业在具体处理业务时,却不视同销售,不贷记"应交税费——应交增值税(销项税额)",有的甚至将自产货物与对方交易,各取所需,不缴纳税金。

(4) 虚增成本费用,偷漏税款。有的虚增主营业务成本,虚减主营业务利润;有的虚增销售费用、管理费用和财务费用,虚减营业利润;有的虚增营业外支出,虚减利润总额。企业通过以上手段,从而达到偷漏税款的目的。

2. 应交税费审计的目标

(1) 确定资产负债表中记录的应交税费是否存在。

(2) 确定资产负债表中记录的应交税费是否为被审计单位应当履行的现时义务。

(3) 确定应交税费和已交税金的记录是否完整。

(4) 确定应交税费的期末余额是否正确。

(5) 确定应交税费是否已在会计报表上作出恰当的列报。

3. 应交税费审计的实质性测试

应交税费审计的实质性测试通常包括以下程序。

(1) 获取或编制应交税费明细表,复核其加计是否正确,并核对其期末余额与报表数、总账数和明细账合计数是否相符。注意印花税、耕地占用税及其他不需要预计应交数的税金有无误入应交税费项目。

(2) 查阅被审计单位纳税鉴定或纳税通知及征、免、减税的批准文件,了解被审计单位适用的税种、计税基础、税率,以及征、免、减税的范围与期限,确认其在被审计期间内的应纳税内容。

(3) 核对期初未交税费与税务机关的认定数是否一致,如有差额,查明原因并作出记录,必要时建议作适当调整。

(4) 取得税务部门汇算清缴或其他确认文件、有关政府部门的专项检查报告、税务代理机构的专业报告、企业纳税申报有关资料等,分析其有效性,并与上述明细表及账面情况进行核对。

(5) 检查应交增值税的计算是否正确。

① 获取或编制应交增值税明细表,复核其加计是否正确,并核对其与明细账是否相符。

② 将"应交增值税明细表"与企业增值税纳税申报表进行核对,检查进项、销项的入账与申报期间是否一致,金额是否相符,增值税纳税申报表有无经税务机关认定。

③ 进项税额的检查。复核购进货物、加工修理修配劳务、服务、无形资产或不动产所支付或负担的、准予从当期销项税额中抵扣的增值税税额是否按规定进行了账务处理。检查不应从销项税额中抵扣的进项税额转出数是否正确。如购进货物、加工修理修配劳务、服务、无形资产或不动产,用于简易计税方法计税项目、免征增值税项目、集体福利或个人消费等,其进项税额不得从销项税额中抵扣,检查其进项税额是否记入"待认证进项税额"明细科目,并经税务机关认证后,记入"应交增值税(进项税额转出)"。检查出口货物退税的计算、记录是否正确。自2016年5月1日起,营业税改征增值税试点全面推开后,对于一般纳税人企业,应审查其2016年5月1日后取得并在会计制度上按固定资产核算的不动产或者2016年5月1日后取得的不动产在建工程,其进项税额是否自取得之日起分两年从销项税额中抵扣,抵扣比例是否符合相关规定。

④ 销项税额的检查。检查企业发生销售货物、加工修理修配劳务、服务,无形资产或不动产等应税销售行为;发生将存货对外投资、捐赠他人、分配给投资者,或将自产、委托加工的产品用于非应税项目等视同销售行为时,应计的销项税额计算、记录是否正确。如检查是否存在将自产的货物用于集体福利却未视同销售计提销项税,以及视同销售处理却以产品成本为基数计算销项税额的问题。审查主营业务收入账户,查明有无虚假退货或多冲减主营业务收入及销项税额的问题。检查进口货物应纳增值税是否按照组成计税价格计算。

⑤ 检查应纳税额。增值税应纳税额(当期按一般计税方法计算并应缴纳的增值税税额)为当期销项税额与实际抵扣税额之间的差额。实际抵扣税额为当期进项税额与上期留抵税额之和,扣减免、抵、退应退税额和进项税额转出后的差额。当期应纳税额合计(纳税人本期应交增值税的合计数)为上述计算所得增值税应纳税额,加简易计税办法计算的应纳税额,减应纳税额减征额之后的余额。因此,除了核实当期销项税额和进项税额之外,还应审

查应纳增值税税额的计算是否正确,是否把不应抵减的项目做了抵扣;减征的增值税应纳税额是否符合税法规定;实行"免、抵、退"办法的一般纳税人应退增值税税额是否经税务机关审批,账务处理是否符合相关规定。审查过程中还应注意有无将应交增值税错误纳入"税金及附加"账户核算的问题。对于小规模纳税人,检查其是否按主管税务机关核定的征收率计算应纳税额,复核其计算的正确性及账务处理的正确性。

(6) 检查应交消费税的计算是否正确。结合税金及附加等项目,根据审定的应税消费品销售额(或数量),检查消费税的计税依据是否正确,适用税率(或单位税额)是否符合税法规定,是否按规定进行了会计处理。

(7) 检查应交资源税的计算是否正确,是否按规定进行了会计处理。

(8) 检查应交土地增值税的计算是否正确,是否按规定进行了会计处理。

(9) 检查应交城市维护建设税的计算是否正确。结合税金及附加和其他业务利润等项目的审计,根据审定的计税基础和按规定适用的税率,计算复核被审计单位本期应交城市维护建设税税额。

(10) 检查应交车船税和房产税的计算是否正确。获取被审计单位自有车船数量、吨位(或座位),以及自有房屋建筑面积、用途、造价(购入原价)、购建年月等资料,并与固定资产(含融资租入固定资产)明细账复核一致;了解其使用、停用时间及其原因等情况;通过审核本期完税单,检查其是否如实申报和按期缴纳,是否按规定进行了会计处理。

(11) 检查应交土地使用税的计算是否正确。

(12) 结合所得税项目,确定应纳税所得额及企业所得税税率,复核应交企业所得税的计算是否正确,是否按规定进行了会计处理。

(13) 检查除上述税项外的其他税项及代扣税项的计算是否正确,是否按规定进行了会计处理。

(14) 确定本期应缴纳的税款,检查有关账簿记录和交税凭证,确认本期已交税款和期末未交税款。

(15) 确定应交税费是否已在资产负债表上作恰当列报。

4. 案例及分析

【例 7-5】 A 公司为增值税一般纳税人,2018 年 12 月审计人员对其进行审计过程中有以下发现。

(1) 2018 年 2 月 2 日,公司购进机器设备一台,增值税发票上注明价款 90 000 元,增值税 15 300 元。另外,发生设备运杂费 1 000 元,设备安装费 2 000 元。款项均以银行存款支付。该机器设备于购买当月投入使用(直线法折旧,年折旧率为 10%)。所做的会计分录如下:

借:固定资产　　　　　　　　　　　　　　　　　　90 000
　　应交税费——应交增值税(进项税额)　　　　　15 300
　　　贷:银行存款　　　　　　　　　　　　　　　　　105 300
借:管理费用　　　　　　　　　　　　　　　　　　 3 000
　　　贷:银行存款　　　　　　　　　　　　　　　　　　3 000

(2) 审查库存商品明细账时发现,该公司曾于 2018 年 6 月将自产的 A 商品 2 000 件用于职工福利,每件成本价 4 元,售价 6 元,企业所做的会计分录如下。

借：应付职工薪酬　　　　　　　　　　　　　　　　　　　　　　　　8 000
　　贷：库存商品　　　　　　　　　　　　　　　　　　　　　　　　　　　　8 000

【要求】 指出上述业务存在的问题，并提出处理意见。

(1) 上述结论是否正确？

(2) 审计组组长应让两位审计人员补充执行哪些审计程序？

【解答】 (1) 购入固定资产的原值包括买价、运杂费和安装调试费。该公司上述做法使公司的资产和利润同时虚减3 000元，还影响了折旧的计提，漏记的折旧数＝3 000×10%÷12×10＝250(元)，调整分录如下。

借：固定资产　　　　　　　　　　　　　　　　　　　　　　　　　3 000
　　贷：累计折旧　　　　　　　　　　　　　　　　　　　　　　　　　　　　250
　　　　以前年度损益调整　　　　　　　　　　　　　　　　　　　　　　2 750

(2) 税法规定，将自产、委托加工的货物用于集体福利或个人消费的，应视同销售货物，于货物移送当天计算缴纳增值税。而该公司未对其做视同销售货物处理，从而少计算了销项税额。审计人员应责成该公司调整有关账簿记录。调整分录如下。

借：应付职工薪酬　　　　　　　　　　　　　　　　　　　　　　　　2 040
　　贷：应交税费——应交增值税(销项税额)　　　　　　　　　　　　　　2 040

7.2　非流动负债审计

非流动负债审计是指对被审计单位除流动负债以外的负债进行的审计，包括长期借款、应付债券和长期应付款等。与流动负债相比，非流动负债的特点是数额大、偿还期长、利率高，需要支付的利息多等，同时，非流动负债对企业的生产经营和财务成果都有较大的影响。所以，审计人员一般都非常重视对非流动负债的审计，将其列为审计的主要内容。

7.2.1　长期借款审计

1. 长期借款业务一般存在的错弊分析

(1) 长期借款的利息计算、账务处理不正确。根据我国企业会计制度的规定，企业长期借款在固定资产建造期间的利息费用应予以资本化，不能计入期间损益；在固定资产达到预计可使用状态后发生的利息支出，可直接计入当期损益。但有些企业为了体现利润，在固定资产支付使用后作"借：固定资产，贷：长期借款"的账务处理，不将利息收入列为期间费用，由此虚增企业利润。

(2) 将本应列入"长期借款"账户核算的借款列入"短期借款"账户，同样将应计入固定资产价值的利息直接列入财务费用，从而减少本期利润总额，达到少缴企业所得税的目的。

(3) 企业未按规定合理使用借款或擅自改变借款用途，如将用于固定资产更新的借款用来购买股票、债券等。

2. 长期借款审计的目标

(1) 确定资产负债表中记录的长期借款是否存在。

(2) 确定所有应当记录的长期借款是否均已记录。

(3) 确定资产负债表中记录的长期借款是否为被审计单位应当履行的现时义务。

(4) 确定长期借款期末余额是否正确,与之相关的计价调整是否已恰当记录。

(5) 确定长期借款是否已在会计报表上作出恰当的列报。

3. 长期借款审计的实质性测试

长期借款同短期借款一样,都是企业向银行或其他金融机构借入的借款,因此,长期借款的审计与短期借款的审计较为相似。审计人员在进行长期借款的审计时,一般需要执行以下程序。

(1) 获取或编制长期借款明细表,复核其加计是否正确,并核对其与明细账和总账是否相符。

(2) 审核授权凭证和合同。企业在办理长期借款时必须有主管部门的授权,同时应当与银行签订借款协议或合同。对年度内增加的长期借款,审计人员应检查借款合同和授权批准情况,了解借款数额、借款条件、借款日期、还款期限和借款利率,并与相关会计记录相核对。

(3) 函证长期借款的实有数。根据内部控制制度评审的结果,如果期末长期借款余额较大或认为内部控制存在薄弱环节时,要向银行或其他债权人函证长期借款,以证实长期借款的存在和条件,以及有无抵押贷款。

(4) 审查长期借款合同履行情况。根据长期借款合同有关条款,查明金融机构是否按规定及时发放贷款,对借款的使用和归还是否符合合同规定,借款的用途和使用是否合理、合法,企业有无违约行为。

(5) 审查长期借款账户。对年度内增加的长期借款,审计人员应检查借款合同,并与相关会计记录相核对。对年度内减少的长期借款,应检查相关记录和原始凭证,核实还款数额。检查年末有无到期未偿还的借款,逾期借款是否办理了延期手续,分析计算逾期贷款的金额、比率和期限,判断被审计单位的资信程度和偿债能力。检查一年内到期的长期借款是否已转列为流动负债。

(6) 审核长期借款利息的计算及账务处理是否正确。财政部发布的《企业会计准则——应用指南》的附录会计科目及主要账务处理中规定:资产负债表日,应按长期借款的摊余成本和实际利率计算确定的长期借款的利息费用,借记"在建工程""制造费用""财务费用""研发支出"等科目,按合同利率计算确定的应付利息金额,贷记"应付利息"科目,按其差额,贷记"长期借款(利息调整)"科目。实际利率与合同利率差异很小的,也可以采用合同利率计算确定利息费用。根据《企业会计准则第17号——借款费用》的规定,长期借款所发生的利息支出、汇兑损失等借款费用,应区分以下情况进行处理。

① 属于筹建期的,作为长期待摊费用,借记"长期待摊费用"科目,贷记"长期借款"科目,于生产经营开始当月一次转入损益(管理费用)。

② 属于生产经营期间的,为生产经营而发生的,应计入财务费用,借记"财务费用"科目,贷记"长期借款"科目。

③ 购建固定资产、投资性房地产及存货等资产,需要相当长时间才能达到可使用或可销售状态的专门借款费用,只有同时满足以下3个条件时,才将专门借款费用予以资本化,计入在建工程等相关资产成本:资产支出已经发生;借款费用已经发生;为使资产达到预计可使用状态或者可销售状态所必要的购建或者生产活动已经开始。资产达到预定可使用状态后发生的利息支出及按规定不予资本化的利息支出,计入财务费用。

审计人员应关注以上长期借款利息处理的有关规定,检查长期借款利息的计算及会计处理是否正确。

（7）检查被审计单位抵押长期借款的抵押资产的所有权是否属于被审计单位，其价值和实际状况是否与担保契约中的规定相一致。

（8）检查被审计单位与贷款人进行的债务重组。检查债务重组协议，确定其真实性、合法性，并检查债务重组的会计处理是否正确。

（9）检查长期借款是否恰当列报。长期借款在资产负债表上列示于非流动负债类下，该项目应根据"长期借款"科目的期末余额扣减将于一年内到期的长期借款后的数额填列，该项扣除数应当填列在流动负债类下的"一年内到期的非流动负债"项目单独反映。根据审计结果，确定被审计单位长期借款在资产负债表上的列示是否正确和充分，并注意长期借款的抵押和担保是否已在会计报表注释中作了充分的说明，是否在会计报表附注中披露了与借款费用有关的信息：①当期资本化的借款费用金额；②当期用于确定资本化金额的资本化率。

4. 案例及分析

【例7-6】 甲公司审计人员李亚对公司"长期借款"项目进行审计。当审查甲公司向某工商银行举借长期借款200万元的借款合同时发现合同规定：①长期借款以公司的办公楼为担保；②该公司债务与所有者权益之比应经常保持低于5∶3；③分发股利须经过银行同意；④自2018年9月1日起分期归还借款。经审查证实了长期借款及其相关的财务费用，那么李亚应采取哪些审计步骤呢？

【解答】 在不考虑相关的内部控制制度的情况下，李亚应采取以下审计步骤。

（1）审查甲公司长期借款是否经公司董事会批准，有无会议记录。

（2）查明长期借款合同中的所有限制条件。

（3）验证长期借款利息费用和应计利息的计算是否正确，复核相关会计记录是否健全和完整。

（4）计算债务和所有者权益之比，核实是否低于5∶3。

（5）抽查固定资产明细账记录中有无"充分担保"的记录。

7.2.2 应付债券审计

债券是指企业依照法定程序发行，约定在一定期限内还本付息的有价证券。应付债券是企业筹集长期资金的重要形式，也是长期负债审计的重点项目。

1. 应付债券业务一般存在的错弊分析

（1）发行债券没有合法的程序，通过伪造一些资料（或数据）来骗取审批手续。

（2）债券溢价（折价）的入账与摊销不正确，人为调节利润。根据国家有关规定，企业发行债券筹集资金如果是用于经过相当长时间的购建或生产活动才能达到预计可使用或可销售状态的固定资产、投资性房地产和存货的，则应付债券上的应计利息以及溢价和折价的摊销，凡是符合资本化条件的，应予以资本化，在资产尚未交付使用前计入在建工程的成本或存货成本；在资产交付使用后计入财务费用。对于不符合资本化条件的，则应区分情况来加以处理，计入长期待摊费用或当期损益。但有些企业为了调节利润，故意混淆资本性支出与收益性支出的界限，未对应付债券的利息及债券溢价（折价）的入账与摊销进行正确处理。

（3）债券使用超出章程范围。企业发行债券必须具有明确的目的和用途，有的企业发行债券筹集资金后,擅自改变用途,使债权人无形中承受极大的风险。

2. 应付债券审计的目标

(1) 确定资产负债表中记录的应付债券是否存在。

(2) 确定所有应当记录的应付债券是否均已记录。

(3) 确定资产负债表中记录的应付债券是否为被审计单位应当履行的现时义务。

(4) 确定应付债券期末余额是否正确,与之相关的计价调整是否已恰当记录。

(5) 确定应付债券是否已在会计报表上作出恰当的列报。

3. 应付债券审计的实质性测试

应付债券审计的实质性测试一般包括以下步骤。

(1) 取得或编制应付债券明细表。审计人员应首先取得或编制应付债券明细表,并核对其与有关的明细分类账和总分类账是否相符。应付债券明细表通常都包括债券名称、承销机构、发行日、到期日、债券总额(面值)、实收金额、折价和溢价及其摊销、应付利息和担保情况等内容。

(2) 检查债券交易的各项原始凭证。检查债券交易的各项原始凭证,是确定应付债券金额及其合法性的重要程序,审计人员应做好以下工作。

① 检查企业现有债券副本,审阅有关审批文件,确定其发行是否合法,各项内容同相关的会计记录是否一致。

② 检查企业发行债券所收入现金的收据、汇款通知单、送款登记簿及相关的银行对账单。

③ 检查用以偿还债券的支票存根,并复核利息费用的计算。

④ 检查已偿还债券数额同应付债券借方发生额是否相符。

⑤ 如果企业发行债券时已作抵押或担保,审计人员还应检查相关契约的履行情况。

(3) 函证"应付债券"账户余额。为了确定"应付债券"账户期末余额的真实性,审计人员可以直接向债权人及债券的承销人或包销人进行函证。函证内容应包括应付债券的名称、发行日、到期日、利率、已付利息期间、年内偿还的债券、资产负债表日尚未偿还的债权及其他重要事项。审计人员应对函证结果与账面记录进行比较,如有差异,应进一步调查其原因。

(4) 检查应计利息、债券折(溢)价摊销及其会计处理是否正确。该项工作一般可通过检查债券利息、溢价、折价等账户分析表来进行。该表可由企业代为编制,审计人员加以检查,也可由审计人员自己编制。该分析表的内容主要包括期初金额、本期的增减变动、期末金额及利息费用的计算等。审核时,应重点查明以下内容。

① 应付债券的账表、账账、账证是否相符。

② 债券的发行价格、溢价或折价的计算是否正确、合理。

③ 债券溢价或折价的摊销及相应应付利息和利息费用的计算、入账是否正确、合规。

(5) 检查到期债券的偿还。对到期债券的偿还,审计人员应检查相关会计记录,检查其会计处理是否正确。

(6) 检查应付债券是否恰当列报。资产负债表上的应付债券项目是根据"应付债券"账户期末余额扣除将于一年内到期的应付债券后的数额填列。该扣除数应在流动负债类下的"一年内到期的非流动负债"项目内单独反映。审计人员应根据审计结果,确定企业应付债券在资产负债表上的反映是否恰当,并注意有关应付债券的类别是否已在报表注释中充分说明。

【例7-7】 审计人员在审查某公司发行债券时发现:应付债券——债券面值10万元,应付债券——债券折价5万元,票面利率12%。被审计单位发行债券严重损害公司利益,其中可能存在违法行为。审计人员调阅该公司发行债券的批文后发现,规定发行价格为10万元,发行期3年,利率为12%。审查其凭证发现,分录如下。

借:库存现金　　　　　　　　　　　　　　　50 000
　　应付债券——利息调整　　　　　　　　　50 000
　贷:应付债券——债券面值　　　　　　　　　　100 000

所附原始凭证全部为该公司内部职工购入。

【要求】 指出上述事项存在的问题,并进行调整。

【解答】 该公司发行债券违反章程规定,以折价方式发行变相为职工谋福利,增加公司利息费用,减少所得税支出。非法折价发行的债券应限期收回。收回时分录如下。

借:库存现金　　　　　　　　　　　　　　　50 000
　贷:应付债券——利息调整　　　　　　　　　　50 000

7.2.3　长期应付款审计

长期应付款是指企业除应付债券和长期借款之外的其他各种长期应付款项,包括应付融资租入固定资产的租赁费、具有融资性质的延期付款购买资产发生的应付款项等。

1. 长期应付款业务一般存在的错弊分析

(1) 虚列账户

虚列账户是指将属于本期收益的各项收入,隐匿虚列长期应付款账户。例如,将出售的废旧物资收入计入长期应付款之后套现资金,据为己有或挪作他用。

(2) 融资租入固定资产,不计提折旧

根据财务会计制度的规定,融资租入固定资产应视同自有固定资产管理,须计提折旧。但有些企业为了少计费用,对融资租入固定资产不计提折旧,从而达到人为调节利润的目的。如审计人员在审查某企业长期应付款账户时,发现有大量融资租入固定资产,再检查有关折旧账户,并没有相应的折旧计提。该企业未计提折旧,实质上是虚减成本,虚增利润。

(3) 混淆融资租赁和经营租赁

根据财务会计制度的规定,企业经营租赁的固定资产并不记入"固定资产"账户,只需在备查簿中登记,待付出租赁费时,再计入相关费用。有些企业为了调节利润,少计费用,将经营租赁计入融资租赁,挂长期应付款,推迟支付租赁费以达到调节企业当期利润的目的。

2. 长期应付款审计的目标

(1) 确定长期应付款的发生、偿还及计息的记录是否完整。

(2) 确定长期应付款期末余额是否正确。

(3) 确定长期应付款在会计报表上的列报是否恰当。

3. 长期应付款审计的实质性测试

长期应付款审计的实质性测试包括以下程序。

(1) 取得或编制长期应付款明细表,复核其加计是否正确,并核对其与有关的明细分类账和总分类账是否相符。

（2）检查与各项长期应付款相关的契约有无抵押情况。对融资租赁固定资产应付款，还应审阅融资租赁合约规定的付款条件是否履行，检查授权批准手续是否齐全，并作适当记录。

（3）审查长期应付款的计价是否正确、合规，有无弄虚作假现象，向债权人函证重大的长期应付款。

（4）审查长期应付款的会计处理是否合法、合规。审计人员应重点审查企业的各项长期应付款发生的原始凭证，其账务处理是否合规、正确，其本息的计算及采用长期应付款方式购置的资产价值计算是否正确，偿还长期应付款的本息是否与相关的支票存根金额相符。

（5）审查长期应付款利息支出处理是否合规，尤其是利息资本化的处理是否合规。

（6）核对长期应付款明细账与总账是否一致，向租赁公司或国外供货商函证其年末余额的正确性。

（7）审查长期应付款有关的汇兑损益是否按规定进行了会计处理。

（8）审查长期应付款在资产负债表上的列报是否恰当。注意一年内到期的长期应付款应列入流动负债项下的"一年内到期的非流动负债"项目中单独反映。

本章小结

本章主要介绍了流动负债中短期借款、应付账款、应付职工薪酬和应交税费的审计目标及实质性测试程序，以及非流动负债中长期借款、应付债券、长期应付款的审计目标及实质性测试程序。

从审计角度来看，防止企业低估、漏列负债在负债审计中就显得比高估、虚增负债更为重要。这是因为，企业高估负债和高估资产一样，往往需要通过篡改会计记录或记载虚假交易才能达到目的，企业这样做的同时，也留下了各种作假的痕迹和证据，比较容易被审计人员发现和查出；而低估和漏列负债则不易找到书面证据，难以发现和证实会计人员的错弊，再加之与低估和漏列负债相伴的通常是企业成本费用的虚减和低估，企业成本费用的低估，又必然引起净收益的虚增高估。

对于短期借款审计，主要是通过函证短期借款的实有数，审查年度内短期借款的增减情况，审查短期借款利息的计算及账务处理是否正确，审查短期借款是否恰当列报等方面来进行。

对于应付账款审计，应从评审被审计单位内部控制制度入手，进而通过函证应付账款，查找未入账或未列报的应付账款，审查应付账款业务处理的正确性等来评审企业的应付账款业务。

应付职工薪酬审计，主要是通过审查应付工资和应付福利费的提取与支出依据是否合规，审查应付职工薪酬期末余额的真实性和正确性，审查并确定应付职工薪酬的分配、各项社会保险费的计提是否合理正确，审查应付职工薪酬在会计报表上的列报是否恰当等方面开展审计工作。

应交税费的审计内容较为广泛，重点结合应交增值税的审计加以掌握。

长期借款实质性测试的主要步骤和方法有：获取或编制长期借款明细表，复核其加计是否正确，并核对其与明细账和总账是否相符；审核授权凭证和合同；函证长期借款的实有数；审查长期借款账户；审核长期借款利息。

应付债券实质性测试的主要步骤和方法有：取得或编制应付债券明细表；审查授权凭

证和合同；审查"应付债券"的账户记录；函证"应付债券"账户余额。

长期应付款审计主要围绕引进设备和融资租入固定资产两类业务的审查进行，进而确定其在会计报表上是否恰当列报。

复习思考题

1. 单项选择题

(1) 对负债项目进行审计的主要目的是防止企业(　　)。
　　A. 低估负债　　　B. 高估负债　　　C. 低估资产　　　D. 高估资产

(2) 审查短期借款偿还的真实性、及时性、合规性的审计方法是(　　)。
　　A. 抽查资产抵押情况　　　　　B. 总账与明细账核对
　　C. 核对付款凭证　　　　　　　D. 分析借款明细表

(3) 对应付账款实质性审查时，抽查明细账的主要目的是(　　)。
　　A. 确定应付账款期末余额变动合理性
　　B. 审查有无漏记的应付账款
　　C. 查明应付账款期末的实有数和真实性
　　D. 调节应付账款

(4) 审计人员在查找未入账的应付账款时，主要应审查(　　)。
　　A. 验收报告　　B. 提货单　　C. 购货发票　　D. 未支付账款

(5) 审计人员为审查被审计单位未入账的负债而实施的审计程序中，最有效的是(　　)。
　　A. 审查资产负债表日后货币资金支出情况
　　B. 审查资产负债表日前后几天的发票
　　C. 审查应付账款、应付票据的函证回函
　　D. 审查购货发票与债权人名单

(6) 如果应付账款所属明细科目出现借方余额，审计人员应提请在资产负债表的(　　)项目表示。
　　A. 应收账款　　B. 应付账款　　C. 预收账款　　D. 预付账款

(7) 下列各项审计程序中，不能验证应付账款完整性的测试程序是(　　)。
　　A. 取得应付账款明细表，并与总账核对
　　B. 函证应付账款
　　C. 执行购货业务的截止测试
　　D. 查找未入账的应付账款

(8) 在下列情况下，不应实施应付账款函证的是(　　)。
　　A. 控制风险高　　　　　　　B. 应付账款金额大
　　C. 财务状况不佳　　　　　　D. 存在大量小金额的欠款

(9) 以下各项内部控制制度中，不能防止或发现采购及应付账款环节发生错误或舞弊的是(　　)。
　　A. 所有订单应经采购部门及有关部门批准，其副本应及时提交会计部门
　　B. 现购业务必须经会计部门批准后方可支付价款
　　C. 收到购货发票后，应立即送采购部门与订货单、验收单核对是否相符

D. 采用总价法记录现金折扣,并严格复核是否发生折扣损失

(10) 被审计单位对以下工资费用的分配,应确认为错误的是( )。
  A. 营销人员工资计入制造费用 B. 车间主任工资计入制造费用
  C. 设备维修人员工资计入生产成本 D. 仓库保管人员工资计入管理费用

(11) 审查企业长期借款,发现其中一部分将一年内到期,审计人员应提请被审计单位将一年内到期的长期借款在报表中列示为( )。
  A. 或有负债 B. 流动负债 C. 长期负债 D. 流动资产

(12) 审查企业债券折价或溢价发行时,应查明折价或溢价是否在( )摊销。
  A. 债券发行期 B. 会计年度内 C. 债券存续期间 D. 债券到期时

2. 多项选择题

(1) 负债审计目标主要包括证实( )。
  A. 负债资金存在性 B. 债务入账完整性
  C. 负债业务合法性 D. 账务处理正确性

(2) 流动负债审计主要审查( )。
  A. 短期借款 B. 应付票据 C. 应付账款 D. 应付债券

(3) 短期借款入账完整性审查的手续包括( )。
  A. 审查借款合同,查明借款期限等 B. 向债权人询证
  C. 分析利息费用账户 D. 账表核对

(4) 应付账款明细表由被审计单位编制时,审计人员应采取的行为有( )。
  A. 审核其计算的准确性
  B. 核对该明细表与应付账款总账是否相符
  C. 审查明细表上应付账款分类准确性
  D. 直接作为审计工作底稿

(5) 审查应付账款的真实性、合法性的主要内容和方法有( )。
  A. 审查应付账款的合理性、合规性
  B. 审查应付账款会计处理的正确性
  C. 审查企业应付账款有无漏列现象
  D. 审查应付账款在资产负债表上的列示是否恰当

(6) 审计人员需要函证应付账款的情形包括( )。
  A. 应付账款存在借方余额 B. 应付账款的控制风险较高
  C. 某应付账款账户金额较大 D. 被审计单位处于经济困难时期

(7) 审查应付账款期末余额变动合理性时,审计人员可采用的分析性复核程序有( )。
  A. 将本期各主要应付账款账户余额与上期余额进行比较
  B. 检查应收账款明细表上有无贷方余额
  C. 计算并对比分析应付账款占采购金额的比例
  D. 计算并对比分析应付账款占当年流动负债的比例

(8) 运用分析性复核方法检查应付工资总体合理性的主要内容和方法有( )。
  A. 分析销售与生产的关系
  B. 分析比较近期各年度工资变动情况

C. 分析比较本年各个月份工资变动情况
D. 将本年度管理费用中工薪费用与前期比较

（9）会计准则规定,职工薪酬包括职工在职期间和离职后提供给职工的全部（　　）。
　　A. 工资费用　　　B. 货币性薪酬　　　C. 奖金支出　　　D. 非货币性福利

（10）甲企业为增值税一般纳税人,委托外单位加工一批材料（属于应税消费品）。该批原材料加工收回后用于连续生产应税消费品。甲企业发生的下列各项支出中,会增加收回委托加工材料实际成本的有（　　）。
　　A. 支付的加工费　　　　　　　B. 支付的增值税
　　C. 负担的运杂费　　　　　　　D. 支付的消费税

（11）非流动负债审计的主要内容有（　　）。
　　A. 长期借款　　　B. 应付债券　　　C. 应付股利　　　D. 长期应付款

（12）对应付债券审查的要点包括（　　）。
　　A. 审查债券折价或溢价的摊销　　　B. 审查发行记录的完整性
　　C. 审查发行债券的合法性　　　　　D. 审查债券还本付息的真实性

3. 判断题

（1）审计人员对负债的审计主要是为了防止企业高估负债。（　　）
（2）进行短期借款的实质性审计,主要决定于被审计单位年末短期借款余额的大小、占负债总额的比例、往年审计发现的问题及相关内部控制制度的强弱等。（　　）
（3）借款经办人与记录人员相互独立是确保借款业务控制有效的重要措施。（　　）
（4）如果被审计单位借款实际利息支出大于账面应付利息,则有必要进一步审查,以查明有无隐瞒负债的问题。（　　）
（5）审计人员在必要时,应向有关债权人进行函证,以核实短期借款的实有数。（　　）
（6）审计人员审查应付账款时,应结合销售业务进行审计。（　　）
（7）应付账款明细表必须由审计人员亲自编制。（　　）
（8）企业的应付账款明细科目较多,审计人员应审查其全部账户,以核实应付账款明细账的正确性。（　　）
（9）应付账款通常不需要函证,如函证,最好采用否定式函证。（　　）
（10）审计人员对工资总额的真实性审查时,需要核实在册职工人数的真实性。（　　）
（11）长期借款的利息支出和有关费用,不管与购建固定资产是否有关,都应计入当期损益。（　　）

4. 简答题

（1）负债审计的特点是什么？
（2）流动负债的审计目标是什么？
（3）如何进行短期借款和长期借款的实质性测试？
（4）如何运用分析性复核测试揭示应付账款余额的变动是否合理？

5. 综合分析题

【案例一】

【资料】 审计人员审查 A 公司短期借款业务时发现：公司于 2019 年 9 月向工商银行取得流动资金借款 100 000 元,为期两个月,以补充流动资金的不足。借款月利率 5.8‰,会计分录如下。

(1) 借入款项时

借：银行存款　　　　　　　　　　　　　　　　100 000
　　贷：短期借款　　　　　　　　　　　　　　　　　100 000

(2) 计提利息时

借：营业外支出　　　　　　　　　　　　　　　　580
　　贷：短期借款　　　　　　　　　　　　　　　　　580

(3) 归还借款时

借：短期借款　　　　　　　　　　　　　　　　100 580
　　营业外支出　　　　　　　　　　　　　　　　580
　　贷：银行存款　　　　　　　　　　　　　　　　101 160

【要求】　指出会计处理的不当之处，以及该业务是否会影响当期损益。

【案例二】

【资料】　审计人员在审查某企业6月应付账款的记账凭证时，发现398号记账凭证的会计分录为：

借：制造费用　　　　　　　　　　　　　　　　980
　　贷：应付账款——A工厂　　　　　　　　　　　　980

该凭证下附一张四车间主任李某请A工厂机修车间修理机器的白条。在审查7月应付账款的记账凭证时，又发现435号记账凭证的会计分录为

借：应付账款——A工厂　　　　　　　　　　　　980
　　贷：银行存款　　　　　　　　　　　　　　　　980

该凭证下附一张四车间主任李某的领款单和一张现金支票的存根。

【要求】　试分析怎样对该企业的上述业务进行审查。

【案例三】

【资料】　审计人员发现B单位应付账款明细账有贷方余额73 000元，经审查，是3年前向宏翔化工厂购买化工原料的货款。

【要求】　分析可能存在的问题是什么，是否需进一步的审查，如何审查，提出相应的意见。

第8章 所有者权益审计

【学习要点】
※ 了解所有者权益审计的意义。
※ 明确投入资本内部控制的基本要求。
※ 熟悉所有者权益审计的目标。
※ 掌握投入资本的实质性测试的内容和方法。
※ 掌握资本公积的实质性测试的内容和方法。
※ 掌握盈余公积的实质性测试的内容和方法。

8.1 所有者权益审计概述

8.1.1 所有者权益审计的意义

所有者权益是指企业资产扣除负债后由所有者享有的剩余权益。所有者权益的来源包括所有者投入的资本、直接计入所有者权益的利得和损失、留存收益等（利得是指由企业非日常活动所形成的、会导致所有者权益增加的、与所有者投入资本无关的经济利益的流入；损失是指由企业非日常活动所发生的、会导致所有者权益减少的、与向所有者分配利润无关的经济利益的流出）。所有者权益审计是指审计人员对企业所有者权益的真实性、合法性和正确性所进行的审计。由于所有者权益和非流动负债相同，在审计年度具有增减变动的业务较少、金额较大的特点，所以审计人员在审计了企业的资产和负债之后，往往只花费相对较少的时间对所有者权益进行审计。这是因为，根据资产负债表的平衡原理，所有者权益在数量上等于企业的全部资产减去全部负债。根据这一平衡原理可以清楚地看出，如果审计人员能够对企业的资产和负债进行充分的审计，证明两者的期初余额、期末余额和本期变动都是正确的，这便从侧面为所有者权益的期末余额和本期变动的正确性提供了有力的证据。但是，所有者权益涉及企业产权关系的界定，关系各有关方面的利益，其构成项目又各有特点，所以，仅有资产、负债审计还不能解决有关所有者权益审计的全部问题，在审计过程中，对所有者权益进行单独审计也是十分必要的。

8.1.2 所有者权益审计的目标

（1）确定投入资本、资本公积的形成、增减及其他有关经济业务会计记录的合法性与真实性，为投资者及其他有关方面研究企业的财务结构、进行投资决策提供依据。

（2）确定盈余公积和未分配利润的形成与增减变动的合法性、真实性，为投资者及其他有关方面了解企业的增值、积累情况等提供资料。

(3) 确认所有者权益在会计报表上是否恰当列报。

8.2 投入资本审计

8.2.1 投入资本业务中一般存在的错弊分析

1. 投资者出资方式不合规

(1) 无形资产投资比例过高,超过法律规定的限额。

(2) 实物资产的出资方式不符合法律规定,出资资产非被投资单位所必需,出资设备陈旧落后,存在欺诈行为。

(3) 投资者不按企业章程、投资合同规定的出资方式、比例、资金到位时间出资,影响企业的正常经营,影响其他投资人的投资利益。

2. 投资者投入资本入账价值、入账依据不合规

(1) 非货币投资评估作价不合理,或未经评估任意作价。

(2) 资产评估范围与规定的评估范围不一致;评估方法不当,或以次充好,以旧换新,或故意低估资产价值。

(3) 入账的投入资本不具备相应的原始单据,搞虚假投资;实物投资没有发票,或未办理财产转移手续,或无评估及验收手续;无形资产投资没有专利证书或商标注册证书,或土地投入没有土地使用证书等有效证件;投入资本入账的原始单据虚假等。

3. 实收资本的增减变动不合规

(1) 随意抽逃企业注册资本金。

(2) 任意冲减资本金。

8.2.2 投入资本内部控制的基本要求

1. 授权批准控制

企业的一切资本变动业务,都必须依照国家有关法规或企业章程的规定,报经企业的最高权力机构及国家有关管理部门批准,才能决定增加资本或发行股票、将资本公积或盈余公积转增资本、发放股票股利或进行股票分割。

2. 职责分工控制

在企业内部需经股东会授权并以章程形式明确有关部门与人员的职责,划分不相容职务,充分明确责任。具体包括:企业最高权力机构与企业管理部门之间的职责分工,管理部门内部经营人员之间的职责分工。

3. 资本验证控制

为了保证投入资本的真实性,投入资本必须经审计人员验证并出具验资报告。

4. 记账与定期检查控制

在投入资本的核算中,应建立完善的账簿体系,专人负责核算工作,建立登记簿或明细账,记录每一位投资者的资本数,建立、健全会计凭证和账簿记录制度,并由有关负责人定期检查,以确保产权关系明确,保护投资者的合法权益。

8.2.3 投入资本的实质性测试

因为实收资本账户业务量不大,有时在年度内没有变动,所以可采用全面详细的审查方法。

1. 编制或取得实收资本明细表

实收资本明细表包括投资者名称或姓名、投资金额、出资时间、投资比例、股票种类、面值等。如果该明细表由被审计单位提供,审计人员应对其可靠性加以证实。对明细表总数进行验算并与实收资本总账对比,查明其是否一致,如果发现两者金额不一致,应要求会计部门找出差异的出处和原因。

2. 审查实收资本的真实性

审计人员应取得有关资本投入的记录资料及文件等,包括投资协议、营业执照、公司章程、股本总额、发行总数、每股面值、股东会和董事会会议记录、资产评估证明、出资证明等。应将实收资本明细表与会计报表有关项目及记账凭证、原始凭证相互核对,检查其是否一致。审查时应特别注意原始凭证所反映的内容。通过审查,确认资本投入的种类、币种、汇率和投入日期等经济业务事项是否确实存在,是否经过验资。以下就投入资本的不同形式说明审计要点。

(1) 货币资金投资的审查。查明投入货币资金的所有权。审查开户银行或货币资金汇出银行的相关凭证,查明投资者有无以接受投资企业的名义或者以接受投资企业为担保人,向银行或其他机构借款,并以该项借款投资。对以外币出资的,无论是否有合同约定汇率,均不采用合同约定汇率折算,而是采用交易日即期汇率折算,这样,外币投入资本与相应的货币性项目的记账本位币金额相等,不产生外币资本折算差额。

(2) 实物投资的审查。投资者以房屋、建筑物投资时,应索取有关所有权或使用权的证明文件,查明房屋、建筑物的产权是否属于投资者,投资者与企业是否按规定办理了产权转移手续,企业是否办理了验收手续。必要时,根据实物投资清单的内容深入现场,实地确定房屋、建筑物的存在性。投资者以机器设备、原材料等实物投资时,应查阅原始发票、投资协议,确定该类实物资产的所有权。通过现场观察、实物盘点、核对投资清单,查明此类实物投资的存在性。审阅有关凭证,查明投入的实物资产是否办理了验收手续,实际投入的机器设备等与合同或协议规定是否相符。

(3) 无形资产投资的审查。审查无形资产账户及相关凭证,查明无形资产有无合法的证明文件,例如专利权证书、商标权证书等;查明无形资产的有效年限、技术特征、实用价值、作价依据;审阅投资者与企业签订的作价协议等文件,必要时向有关专家咨询,查明无形资产的真实性和所有权。

3. 审查实收资本的合法性

(1) 审阅账册、凭证等,查明企业的注册资金数额是否符合国家有关规定,借入资金与资本有无混淆,有无以借入资金顶替资本的情况;有无抽取、侵占国家资本的情况;企业注册资金是否与其经营范围和经营规模相符,是否符合《公司法》等法律的要求。

(2) 审查各投资者是否根据规定投足资金,投入资本是否按时全部到位,有无违约情况。

(3) 审查出资形式的合法性,验算资本投入额,查明有形资产与无形资产投入比例是否符合规定。

(4) 审查资产估价的合法性。根据规定,非货币资产投入时应进行资产评估。

① 审查资产评估是否按规定进行,查明实际评估范围的一致性。评估范围应包括各方投入的固定资产、流动资产、无形资产及国有土地使用权价值和其他资产;评估机构是否具有评估资格,依据的法律、法规和国家政策是否适当。

② 审查评估方法是否合法。资产评估界认可的评估方法主要有重置成本法、现行市价法、收益现值评估法。

(5) 有外商投资时,应索取国家商检部门出具的商检报告,以确定有关投资业务的合法性。

(6) 审查减少实收资本的合法性,查明有无以下问题。

① 擅自减资,将货币资金返还原汇出单位。

② 投资方以借款为名向接受投资企业借款,或长期占用其资产,变相抽回资金。

③ 投资者以短期借款取得货币资金,取得营业执照后则将资金抽回,归还借款。

④ 违反规定,将固定资产折旧、无形资产摊销、财产损失或其他支出冲减资本金,从而影响资本金的完整性。

4. 审查实收资本账户记录的完整性

将实收资本明细表与会计报表核对后的余额再与实收资本备查簿及有关原始文件中的记录进行核对,查明其是否一致,以确定账务记录是否完整。经核对如果不一致,应查明其原因。

5. 审查实收资本业务账务处理的正确性

(1) 审查股票发行时账务处理的完整性。审查实收资本账户、其他有关账户及凭证等,查明溢价发行的溢价收入扣除发行费用的余额是否全部记入资本公积账户。

(2) 审查实物资产投资业务处理的正确性。审计人员应注意审查企业是否按照投资双方确认的价值确认有关资产账户和实收资本的入账价值。

(3) 审查转增资本账务处理的正确性。将资本公积、盈余公积转作资本金的账务处理,所有者权益总额不变,但各投资者明细账的资本数额应按其原有投资的比例增加,审计人员应注意其处理的正确性。

(4) 审查实收资本明细账与总账余额及会计报表的一致性。将明细账余额与总账余额核对,确定二者是否相等;将总账余额与会计报表数额核对,确定其是否一致。

6. 确定实收资本是否已在资产负债表上恰当列报

企业的实收资本应在资产负债表上单独列示,同时还应在会计报表附注中说明实收资本期初至期末间的重要变化,如所有者的变更、注册资本的增加或减少、各所有者出资的变动等。审计人员应在实施上述审计程序的基础上,确定有关投入资本是否正确,并确定有关投入资本是否在会计报表附注中予以分类揭示。

第8章 所有者权益审计

【例8-1】 A有限责任公司审计人员王易在对公司年度会计报表中的"所有者权益"类项目实施审计时发现,公司仅成立3个月,即发生大额亏损。在审查中,王易通过编制的收入与费用的分析性工作底稿发现,该亏损形成的主要原因是11月的费用过高。另经了解,公司董事会兼总经理系由第二股东委派,而第一股东未向公司委派任何管理人员,这引起了王易的怀疑:第一股东是否属于虚假出资,或存在出资后抽逃资本的行为?

【要求】 请问王易会如何进行审查?

【解答】 王易首先查阅验资报告和相关的会计记录,未发现异常,继而又详细审查了该公司同关联方的债权债务账户,发现该公司同第一大股东(B公司)之间10月发生以下业务。

借:其他应收款——B公司　　　　　　　　　　　2 000 000
　　贷:银行存款　　　　　　　　　　　　　　　　2 000 000

凭证摘要为暂付款,审查支票存根,标明购买材料。

11月的会计处理如下。

借:原材料——配件　　　　　　　　　　　　　1 900 000
　　管理费用——汽车修理费　　　　　　　　　　 100 000
　　贷:其他应收款——B公司　　　　　　　　　　2 000 000

审查会计凭证,王易发现其与账面记录相符,但所附原始凭证并不是B公司的,而是另外两家公司的。询问公司财务负责人遭到推诿,于是王易追加审查材料的入库单,却发现无任何证据。在王易的追问下,财务负责人交代了事实真相:因注册资本不足,第一股东只是名义出资,验资后即将其资本退还。上述购入材料与汽车修理费则由他人虚开。对此,审计人员王易在审计报告中予以说明,并出具了否定意见审计报告。

【提示】 审计人员在审查实收资本时,必须关注实收资本是否真正到位,是否有利用各种手段抽逃资本现象。这可从审查投资各方与被审计单位之间的往来账项入手,查证事实,并把事实客观地反映在审计工作底稿中,情节严重的,发表否定意见的审计报告。

【例8-2】 华兴股份公司审计人员对公司的投入资本的真实性、合法性进行了审计。审计查明,公司注册资本为75万元,协议分别由自然人杨林现金投入10万元,自然人张强现金投入10万元,法人隆盛公司投资100万元。其中,设备60万元,商标权25万元,现金35万元。华兴股份公司在收到各投资者的投入资本时,作了以下账务处理。

借:银行存款　　　　　　　　　　　　　　　　 350 000
　　固定资产　　　　　　　　　　　　　　　　 600 000
　　无形资产　　　　　　　　　　　　　　　　 250 000
　　贷:实收资本——杨林　　　　　　　　　　　 100 000
　　　　　　　　——张强　　　　　　　　　　　 100 000
　　　　　　　　——隆盛公司　　　　　　　　 1 000 000

【要求】 请说明审计人员应当如何实施审计活动,查证各项投入资本的真实性和合法性。

【解答】 (1)审查投入资本真实性

① 对于现金投资,应审查是否有现金交款单,在款项来源或用途栏内是否注明投资款,交款人是否为投资人。

②对于固定资产投资,应查明是否办理了验收手续,并可通过现场观察、实地盘点、核对投资清单来查明该类实物投资的存在性。

③对于商标权投资,应审查是否有商标权证书等,作价依据、有关允许出资的批准文件等。

(2) 审查投入资本合法性

①查明接受投资的账务处理是否违反企业会计准则的规定。

②查明现金投资、固定资产投资和商标权投资是否确实到位,有无虚假出资和抽逃资金的行为。

③查明注册资本的结构是否合法,主要是货币资金的出资比例是否符合法律规定。

8.3 资本公积审计

资本公积是指企业收到投资者出资额超过其在注册资本(或股本)中所占份额的部分,以及直接计入所有者权益的利得和损失等,主要包括资本溢价、股本溢价、其他资本公积等。资本公积审计主要是审查其形成和使用的合法性、真实性和核算的正确性。

8.3.1 资本公积业务中一般存在的错弊分析

1. 将不应列作资本公积的内容列入"资本公积"账户

企业为了逃避所得税,将本应该计入当期损益的项目计入资本公积。如有些企业将资产盘盈作为资本公积,或将对外投资作为资本公积,或将汇兑损益作为资本公积。

2. 资本公积的使用不当

资本公积只能转增资本,而且必须符合增资条件。在实际业务中常常出现以下情况:未经批准、未办理有关手续,擅自转增资本;用资本公积从事职工福利设施的建设、弥补亏损、滥发奖金等。

8.3.2 资本公积的实质性测试

1. 获取或编制资本公积明细表

审计人员应获取或编制资本公积明细表,该明细表包括资本公积的种类、金额、形成日期及原因等。应将审核无误的明细表与资产负债表中有关资本公积项目及资本公积明细账进行核对,检查其是否一致,如果不一致应查明原因;将资本公积明细账借贷方发生额与记账凭证、原始凭证核对,查明其是否相符,确定资本公积实有数。在此基础上对各项资本公积的真实性、合法性和正确性作进一步审查。

2. 复核公司章程、授权凭证和相关法规

资本公积的增减变动必须符合相关法规的要求,经过相应的授权才能执行,因此审计人员必须获得相应的凭证以证实资本公积增减的合法性和正确性。

3. 审查资本溢价或股本溢价

当新的投资者向企业投入资本时,为了保证原有投资者的利益,新投资者一般需投入比其在实收资本中所占份额多的金额,多出部分即为资本溢价;企业溢价发行股票时,发行收入超出股票面值的部分即为股本溢价。对资本溢价,应检查是否在吸收新的投资者时形成,新投资者的出资额是否合理,资本溢价的确定是否按实际出资额扣除投资比例所占的资本额计算,新投资者的投资是否经企业董事会决定,并已报原审批机关批准,有无将资本溢价作为实收资本而损害其他投资者利益的现象。对股本溢价,应检查股票发行及发行价格是否经国家有关部门批准,超出股票面值的溢价收入是否作为股本溢价计入资本公积,有无为了调增利润而将资本溢价和股本溢价计入当期损益的现象。如果是溢价发行股票,应检查超出股票面值的溢价收入扣除股票发行费用(减发行股票冻结期间产生的利息收入)后的余额是否记入了资本公积账户;发行股票相关的手续费、佣金等交易费用,是否冲减了资本公积(股本溢价);若溢价金额不足以抵扣的,是否将不足抵扣的部分冲减了盈余公积和未分配利润。

4. 审查拨款转入

检查政府批文、拨款凭证及项目完成记录和项目决算书等,查明拨款转入的真实性,查明企业收到国家拨入的专门用于技术改造、技术研究等的拨款项目完成后,是否按规定转入了资本公积。

5. 审查其他资本公积

如果企业对被投资单位的长期股权投资采用权益法核算,在持股比例不变的情况下,对因被投资单位除净损益、其他综合收益和利润分配以外的所有者权益的其他变动,是否按持股比例计算其应享有或应分担被投资单位所有者权益的增减数额,调整长期股权投资的账面价值和所有者权益,计入其他资本公积。在处置长期股权投资时,是否转销了与该笔投资相关的其他资本公积。可供出售金融资产形成的资本公积,其金额和相关会计处理是否正确。被审计单位将回购的本单位股票予以注销、用于奖励职工或转让,其会计处理是否正确。

6. 审查资本公积使用的合法性

我国《公司法》规定,公司的公积金用于弥补公司的亏损、扩大公司生产经营或者转为增加公司资本。但是,资本公积金不得用于弥补公司的亏损。审计人员应审查资本公积明细账的借方发生额及有关凭证、账户的对应关系,查明资本公积使用的合法性。若为转增资本时,应审查其董事会的决议、工商管理部门的批件等文件,看其增资是否合法,手续是否齐全,实际转增的资本额与批准数额是否一致,有无多增或少增的现象。还应审查有无用资本公积从事职工福利设施的建设、弥补亏损、滥发奖金等现象。

7. 确定资本公积是否在资产负债表上恰当列报

审计人员应审查资本公积是否在资产负债表上单独列示、恰当反映。

8.4 盈余公积审计和未分配利润审计

8.4.1 盈余公积审计

盈余公积是企业按照规定从税后利润中提取的积累资金,是具有特定用途的留存收益,主要用于弥补亏损和转增资本,也可以按规定用于分配股利。盈余公积包括法定盈余公积和任意盈余公积。

1. 盈余公积业务中一般存在的错弊分析

（1）盈余公积的形成不合规。企业为了虚减当期利润，将营业外收入、投资收益等内容列入盈余公积，逃避税收。

（2）未按规定擅自多提或少提盈余公积。

（3）盈余公积使用不合规。主要表现在：未经批准、未办理有关手续，擅自转增资本；未经批准，擅自用盈余公积分配股利；将盈余公积挪作他用，搞集体或职工福利，发放奖金等。

2. 盈余公积的实质性测试

（1）获取或编制盈余公积明细表

进行盈余公积的审查，审计人员应首先获取或编制盈余公积明细表，分别列示法定盈余公积、任意盈余公积，并将其与明细账和总账的余额核对是否相符。同时，对盈余公积明细项目的发生额，逐项检查其原始凭证。

（2）审查盈余公积的提取

根据《公司法》的规定，公司分配当年税后利润时，应当提取利润的10%列入公司法定盈余公积。公司法定盈余公积累计额为公司注册资本的50%以上的，可以不再提取。公司法定盈余公积不足以弥补以前年度亏损的，在依照上述规定提取法定盈余公积之前，应当先用当年利润弥补亏损。公司从税后利润中提取法定盈余公积后，经股东会或股东大会决议，还可以从税后利润中提取任意盈余公积。

值得注意的是，在计算提取法定盈余公积的基数时，不应包括企业年初未分配利润。对盈余公积的提取，重点应检查盈余公积提取是否符合规定并经过批准，提取手续是否完备，提取的依据（即税后利润）是否真实、正确，有无多提或少提的现象。可根据"盈余公积"账户贷方数额，与税后利润进行测算，或用"盈余公积"账户贷方余额与"实收资本"账户贷方余额进行对比，看其比例是否在50%以上，发现疑点后，对税后利润的分配进行复算。

（3）审查盈余公积的使用

对盈余公积的使用，审计人员应在审阅盈余公积明细账借方记录的基础上，核对其凭证，检查将盈余公积转增资本时是否经过批准并依法办理增资手续，取得合法的增资文件，将盈余公积弥补亏损是否按批准数额转账。法定盈余公积转为资本时，所留存的该项公积不得少于转增前公司注册资本的25%。

（4）审查盈余公积是否已在资产负债表上恰当列报

企业的法定盈余公积、任意盈余公积应合并在盈余公积项目中并在资产负债表中列报，同时还应在会计报表附注中说明各项盈余公积的期末余额及期初至期末间的重要变化。审计人员应加以检查。

【例8-3】 盈余公积审计业务举例。

L公司审计人员在审计公司2018年度会计报表中"所有者权益"项目中，发现以下问题。

（1）根据公司章程的规定，提取盈余公积的比例为10%。公司2018年度税后利润

350万元,但公司未按规定比例提取盈余公积。公司董事会记录反映,"该公司已经连续几年亏损,对股东投资收益分配造成一定影响,考虑到本年度经济效益较好,董事会决定不提取盈余公积"。

(2)"盈余公积"明细账中有一摘要"救灾捐赠"20万元。

【要求】 请指出公司在所有者权益项目中存在的问题及审计处理意见。

【解答】 (1)根据《公司法》及《企业会计制度》的规定,法定盈余公积应当按照税后利润10%的比例提取。只有当公司法定盈余公积累计额达到公司注册资本的50%以上时,方可以不再提取。故L公司不提取法定盈余公积的做法不符合公司章程和有关会计制度的规定,造成公司留存收益少计,而可供分配利润多计,应建议公司作以下调整。

借:利润分配——提取法定盈余公积　　　　　　　350 000
　　贷:盈余公积——法定盈余公积　　　　　　　　　　　350 000

(2)盈余公积是具有特定用途的留存收益,主要用于弥补亏损和转增资本,也可以按规定用于分配股利,但不可以列支对外捐赠。应建议公司作出调整。

8.4.2　未分配利润审计

未分配利润是指未作分配的净利润,即这部分利润没有分配给投资者,也未指定其他用途。它是企业历年累积利润分配后的余额,也是所有者权益的一项重要组成部分。企业的未分配利润通过"利润分配——未分配利润"明细科目核算,其年末余额反映历年累积的未分配利润(或未弥补亏损)。

1. 未分配利润业务中一般存在的错弊分析

(1)未分配利润形成不合规。企业为了少计收入、少体现利润,达到少交税款的目的,有时将属于其他业务收入、营业外收入、投资收益核算的内容直接计入未分配利润,影响了未分配利润的真实性。

(2)未经权力机构批准擅自使用未分配利润。有的企业用未分配利润发放奖金和职工福利,损害了投资者的利益。

(3)利润分配不当,致使未分配利润形成不正确。

2. 未分配利润的实质性测试

(1)获取或编制未分配利润明细表。获取或编制未分配利润明细表,结合利润分配的科目,审查本年未分配利润结转的真实情况;审查期初"未分配利润"账户余额是否与上期资产负债表所列数据相符。

(2)检查利润分配的合规性、合法性和准确性。审查利润分配方案、分配方式、分配比例是否符合合同、协议、章程及董事会纪要的规定,分配决议方案有无与法律及公司章程相抵触之处;利润分配数额及年末未分配数额是否正确。当"未分配利润"为借方余额时,应审计其弥补亏损是用税前利润还是税后利润,是税前利润时是否少计了应交所得税。

(3)验证未分配利润账务处理的正确性。查阅有关账表,确定本期实现利润总额和利润分配结转的方向是否准确,利润调整时,应直接在"未分配利润"明细科目核算,查明有无记入其他账户的情况。

(4)检查未分配利润是否已在资产负债表上恰当列报。

本章小结

本章主要阐明了所有者权益的审计目标及审计的实质性测试程序。所有者权益是指企业资产扣除负债后由所有者享有的剩余权益,所有者权益的来源包括所有者投入的资本、直接计入所有者权益的利得和损失、留存收益等。所有者权益审计是指审计人员对企业所有者权益的真实性、合法性和正确性进行的审计。由于所有者权益的增减变动必须符合国家法律、法规的规定,审计人员应重点审查投入资本、资本公积的合法性和正确性。

对投入资本的审计,审计人员应重点审查投入资本数额是否合法,投资者的出资方式、出资比例是否合法,投资者的出资期限是否合法及投资者投入的资本金是否真实存在、是否已全额收足。

对资本公积的审计,应重点审查资本公积来源的真实性和使用的合法性。

对盈余公积的审计,应重点审查盈余公积的计提和使用的合法性。

复习思考题

1. 单项选择题

(1) 所有者权益的审计不包括( )审计。
    A. 投入资本   B. 资本公积   C. 盈余公积   D. 利润分配

(2) 所有者权益审计采用的方法主要是( )。
    A. 详查法   B. 抽查法   C. 逆查法   D. 分析法

(3) 某企业接受投入固定资产,原值80万元,已提折旧10万元,协商作价75万元,则"实收资本"账户应记金额为( )万元。
    A. 80   B. 70   C. 75   D. 65

(4) 企业投资者以无形资产投资,其占注册资本的比例不得高于( )。
    A. 10%   B. 15%   C. 20%   D. 25%

(5) 证实实收资本真实性是指( )。
    A. 确认实收资本是否及时入账
    B. 确认实收资本账户余额是否确实存在,金额是否实际发生
    C. 确认实收资本的筹集是否符合规定程序
    D. 确认实收资本明细账是否与总账相符

(6) 审查盈余公积存在性的基础是( )。
    A. 盈余公积提取比例是否符合规定   B. 可供分配利润是否真实
    C. 有关内部控制符合性测试结果   D. 利润分配顺序是否符合规定

(7) 当法定盈余公积达到( )的50%时可不再提取。
    A. 投资总额   B. 注册资本
    C. 法定资本   D. 税后利润

(8) 企业不能接受投资者以( )方式进行的投资。
    A. 无形资产   B. 货币资金
    C. 实务资产   D. 租赁资产

(9) 审计人员审查股票发行费用的会计处理时,若股票溢价发行,应审查被审计单位是否按规定将各种发行费用( )。

    A. 先从溢价中抵销   B. 作为长期待摊费用

    C. 作为递延资产   D. 作为当期管理费用

(10) 审查盈余公积时应注意,盈余公积用于转增资本或分配股利后,其余额不得低于( )。

    A. 注册资本的25%   B. 注册资本的50%

    C. 盈余公积的25%   D. 税后利润的25%

(11) 审计人员审查被审计单位实收资本账户有无虚构资本业务的情况,主要是为了证实( )。

    A. 投入资本的完整性   B. 投入资本分类的合理性

    C. 投入资本的真实性   D. 投入资本总账与明细账的一致性

(12) 审计人员审查资本公积在资产负债表中是否单独列示,主要是为了查明( )。

    A. 资本公积使用是否合法   B. 资本公积分类是否正确

    C. 资本公积记录是否真实   D. 资本公积披露是否恰当

2. 多项选择题

(1) 企业所有者权益增减变动的特点有( )。

    A. 年度增减变动的次数有限   B. 变动金额较大

    C. 变动次数较多   D. 变动金额较小

(2) 投入资本内部控制的基本要求是( )。

    A. 授权批准控制   B. 职责分工控制

    C. 资本验证控制   D. 记账与定期检查控制

(3) 投入资本审计的主要依据是( )。

    A. 企业合同、章程   B. 企业批准证书和营业执照

    C. 董事会有关文件   D. 国家有关法律

(4) 投入资本业务合法性测试的主要内容包括( )。

    A. 投资数额的合法性   B. 出资期限的合法性

    C. 出资方式的合法性   D. 资本变动的合法性

(5) 对实收资本审计时,应当采用的审计程序主要有( )。

    A. 编制实收资本明细表并与会计凭证和记录核对

    B. 索取被审计单位的合同、章程及有关规定

    C. 检查出资方式及出资期限的合法性

    D. 审查投入资本列报的恰当性

(6) 审查盈余公积的使用时,应注意盈余公积的用途是否符合规定。盈余公积可用于( )。

    A. 发放职工福利费   B. 弥补亏损

    C. 转增资本   D. 发放股利

(7) 下列影响企业所有者权益要素结构变动的项目有( )。

    A. 用盈余公积弥补亏损   B. 用盈余公积转增资本

C. 分配现金股利　　　　　　　　　D. 分配股票股利

(8) 在审查利润分配项目时,所依据的审计标准有(　　)。

A. 公司章程　　　　　　　　　　　B. 董事会决议
C. 有关财务会计制度　　　　　　　D. 股东大会决议

(9) 下列内容属于资本公积审查的有(　　)。

A. 资本溢价　　　　　　　　　　　B. 法定财产重估
C. 接受捐赠　　　　　　　　　　　D. 资本汇率折算差额

(10) 审计人员认为将导致企业未分配利润虚增的事项有(　　)。

A. 投资人投入设备计入营业外收入
B. 当年少提固定资产折旧20万元
C. 部分销售收入不入账
D. 企业按当年税后利润的20%计提法定盈余公积

(11) 下列各项中,属于资本公积实质性审查程序的有(　　)。

A. 编制资本公积明细表并与财务报表核对
B. 审查资本溢价账务处理的正确性
C. 审查有无挪用资本公积发放现金股利
D. 审查资本公积的核算范围是否符合规定

(12) 下列有关法定盈余公积提取和使用的提法中,审计人员认为正确的有(　　)。

A. 必须按国家规定的比例及时足额提取
B. 余额累计达到注册资本50%以上时可以不再提取
C. 以当年利润总额为提取基数
D. 可以按规定条件转增资本

3. 判断题

(1) 根据"资产－负债＝所有者权益"的关系,只要资产和负债的期初余额、本期变动和期末余额都已经审查核实,就不必对所有者权益单独审计。　　　　　　　　(　　)

(2) 由于所有者权益项目影响投资者的利益,比资产负债项目更为重要,且影响所有者权益的业务量又较少,所以采用详查法。　　　　　　　　　　　　　　　　(　　)

(3) 在投入资本的核算中,只需建立完整的账簿体系,由专人负责核算工作。　(　　)

(4) 企业筹集的资本金,在生产经营期内,投资者除依法转让外,不得以任何方式抽走。
(　　)

(5) 进行实收资本审计时,审计日应重点检查投资者是否已按合同、协议、章程规定约定时间缴付出资额,其出资额是否经中国注册会计师验证,如已验资,应查阅验资报告。(　　)

(6) 企业的实收资本应与法定资本相一致。　　　　　　　　　　　　　　　(　　)

(7) 企业投资者的任何一方出资,必须聘请中国注册会计师进行验资,并且出具验资报告,据以发给投资者出资证明书。　　　　　　　　　　　　　　　　　　　(　　)

(8) 任意盈余公积的提取,应经股东大会讨论,形成决议,才从提取公益金后的利润中提取。　　　　　　　　　　　　　　　　　　　　　　　　　　　　　　　(　　)

(9) 只有任意盈余公积的使用需经过股东大会决议。　　　　　　　　　　　(　　)

(10) 资本公积可视为准资本,经企业董事会决定,可转做实收资本。　　　　(　　)

(11) 未分配利润的审计,主要是对形成未分配利润的相关项目进行审计。（　　）

(12) "利润表"或"利润分配表"中的未分配利润项目应与"资产负债表"中该项目相一致。（　　）

4. 简答题

(1) 试述实收资本内部控制的主要内容。

(2) 审查实收资本时,应注意哪些问题?

(3) 如何对资本公积进行实质性的检查?

(4) 审查盈余公积时,应注意哪些问题?

5. 综合分析题

【案例一】

【资料】 某股份有限公司审计人员在对公司 2018 年的会计报表审计时,发现该公司当年注册资本增加 200 万元。

【要求】 (1) 试分析上述增加的注册资本可能有哪些来源。

(2) 怎样审查其合法性?

【案例二】

【资料】 环亚公司审计人员在审查公司"盈余公积"账户时,发现公司 2018 年度提取法定盈余公积 17 800 元,而会计凭证显示的提取比例为 5%。

【要求】 试从审计人员的角度分析该公司提取法定盈余公积存在什么问题,并提出审计建议。

【案例三】

【资料】 建安公司审计人员在审计实收资本时,发现 2018 年该公司由于扩大生产经营的需要,吸收了新的投资——大地实业有限公司的投资。投资前建安公司的账面价值如下:实收资本 50 000 000 元(欣欣公司和阳光公司各占 50%),资本公积 10 000 000 元,盈余公积 8 000 000 元,未分配利润 2 000 000 元。协议规定：大地公司投资 14 000 000 元,已全部存入银行。该公司账务处理如下。

借：银行存款　　　　　　　　　　　　　　14 000 000
　　贷：实收资本　　　　　　　　　　　　　14 000 000

【要求】 试从审计人员的角度分析该公司实收资本的确定是否存在问题,并提出审计建议。

第9章 收入、成本和费用审计

【学习要点】
- ※ 了解主营业务收入、其他业务收入的审计目标。
- ※ 了解生产成本、制造费用、主营业务成本、管理费用、销售费用、财务费用的审计目标。
- ※ 熟悉主营业务收入、其他业务收入的内部控制。
- ※ 熟悉生产成本、制造费用、主营业务成本、管理费用、销售费用、财务费用的内部控制。
- ※ 掌握主营业务收入、其他业务收入的审计程序和内容。
- ※ 掌握生产成本、制造费用、主营业务成本、管理费用、销售费用、财务费用的审计程序和内容。

9.1 营业收入审计

营业收入是维持企业生存和发展的主要来源,其水平的高低是决定企业在一定会计期间经营成果的关键因素。营业收入审计是指对企业在销售商品、提供劳务和让渡资产使用权等日常活动中所产生收入的真实性和公允性进行的审计,主要包括主营业务收入审计和其他业务收入审计两部分。通过对营业收入的审计,可以对被审计单位与营业收入相关的内部控制制度的健全性和有效性作出正确的判断,对企业营业收入的真实性和公允性予以合理的评价,从而提高企业收入的质量,反映企业盈利的真实水平。

9.1.1 主营业务收入审计

1. 主营业务收入一般存在的错弊分析

主营业务收入是企业营业收入中最主要的部分,它的高低反映了企业主营业务的发展状况,也体现了一个企业的核心竞争能力。在日常交易中,主营业务收入的错误和舞弊现象比较严重,常见的包括以下错弊。

(1) 违反收入确认的原则,提早或推迟确认收入

该类舞弊行为主要表现为:在经营较好的年度该确认的收入不入账,或者在经营较差的年度将收入提前入账,这样使企业的利润始终维持在一个比较满意的水平。

(2) 通过对销售环节一系列凭证的伪造、变造虚增收入

该类舞弊行为主要表现为:对企业整个销售流程的各项原始凭证进行伪造,如伪造顾客订单、发运凭证、销售发票等,从而实现虚增收入、调节利润的目的。我国20世纪90年代

末轰动一时的银川广厦会计舞弊案件就是该类舞弊的典型代表。

（3）对于结算方式不同的销售采用同样的方式确认收入，从而产生错误

在我国的会计实务中，绝大多数企业都采用发货收款的形式来确认收入，即以货物发出或收款作为确认收入的时点，但企业销售的结算形式多种多样，对于不同的结算形式应当采用不同的确认方法，采用单一的方式确认收入容易导致错误的发生。

（4）对折扣和折让的处理不当

销售业务中常见的折扣包括商业折扣和现金折扣，按照我国会计准则的规定，对于商业折扣，确认收入时应当从售价中扣除，而现金折扣则不应当扣除，不少企业对于这两种折扣的概念不清，从而出现错误。由于商品质量问题发生销售折让时，按照会计准则的规定，应当直接冲减当期的销售收入，很多企业通过递延处理的方法，达到控制利润的目的。

（5）对实质重于形式原则把握不够

随着我国市场经济的不断发展，产生了多种多样的融资方式，其中很多方式都以销售交易为形式，如售后回购、售后回租等行为，在对这些特殊的交易进行会计处理时，企业往往只看到其销售的形式，却没有看到其融资的实质，从而导致会计处理上的错误。

（6）利用关联方之间的销售随意调节利润

上市公司通过随意调节利润及伪造交易等手段，为自己或关联方谋取非法利益。一些上市公司在购销业务中以非正常的低价从关联方买入原料，然后高价卖出其产品，借以制造高额账面利润。在信息列报上则含混不清，模棱两可，只列报交易数量而不列报交易价格和定价方法，也不列报关联交易的次数及占同类购销的比例，甚至蓄意不进行列报。在管理费用、销售费用等相关费用上，出于利益需要随意调节利润、转嫁费用，误导、欺骗投资者和监管部门。

2．主营业务收入审计的目标

主营业务收入一般包括以下审计目标。

（1）确定利润表中记录的主营业务收入是否已发生，且与被审计单位有关。

（2）确定所有应当记录的主营营业收入是否均已记录。

（3）确定与主营业务收入有关的金额及其他数据是否已恰当记录，包括对销售退回、销售折扣与折让的处理是否适当。

（4）确定主营业务收入是否已记录于正确的会计期间。

（5）确定主营业务收入是否在会计报表上作出恰当的列报。

3．销售业务的内部控制及测试

（1）适当的职责分离

适当的职责分离有利于防止各种有意或无意的错误。将销售与收款循环过程中的各项业务进行明确的分工和职权的划分，使各项工作之间做到既相互联系，又相互牵制。

常见的职责分离有以下内容。

① 企业的销售、发货、收款三项业务不能由同一部门或人员办理，应分别设立岗位。

② 在销售合同订立前，应当指定专门人员就销售价格、信用政策、发货和收款方式等具体事项与客户进行谈判。谈判人员至少两人以上，并与订立合同的人员相分离。

③ 销售部门与赊销审批部门应分别设立,即销售职能与赊销批准职能要分离。

④ 编制销售单的人员与开具销售发票的人员要分离。

⑤ 销售退货与销售折扣、折让的审批职责与贷项通知单的签发职责要分离。

⑥ 应收票据的取得和贴现必须经过保管票据以外的主管人员的批准。

⑦ 主营业务收入明细账和应收账款明细账应由不同的人员进行登记,同时由另一位不负责账簿记录的人员进行调节。

⑧ 负责主营业务收入和应收账款的记账人员不得经手现金。

(2) 正确的授权审批

销售业务的授权审批主要集中在以下五个关键点。

① 赊销信用审批。在赊销发生之前,赊销要经过信用部门正确审批。

② 发货审批。没有经过正当审批,不得发出货物。

③ 销售政策审批。对销售价格、销售条件、退货、折扣等销售政策进行审批。

④ 坏账发生必须经有关人员审批。

⑤ 限定审批授权范围。审批人员应根据授权批准制度的规定,在授权范围内进行审批,不得超越审批权限。对于超过单位既定销售政策和信用政策规定范围的特殊销售业务,单位应当集体决策。

前两项控制的目的在于防止企业财产因向虚构的或者无力支付的客户发货而蒙受损失;销售政策控制和坏账控制的目的在于保证销货业务按照企业政策规定的价格开票收款,合理计提坏账;对审批授权范围设定权限的目的在于防止审批人员决策失误而造成损失。

(3) 充分的凭证和记录

内部控制的控制效果有赖于凭证处理程序的正确合理,要有健全的凭证和凭证传递制度来记录发生的销售业务,并将信息及时传递给销售部门、仓储部门、运输部门、财务部门和顾客。这样整个循环中的业务有机地联系和相互制约,才能达到控制的目的。只有满足记录手续充分的条件,才有可能实现各项控制目标。销售与收款各环节应建立和健全凭证制度,如销售单、销售发票、凭证等需要预先编号。销售与收款各环节应建立和健全账簿制度,及时登记账簿。

(4) 完善的检查控制

① 财务部门应与销售、信用部门配合,定期向应收账款明细账的顾客分送对账单,核对双方的账面记录,对双方账面记录结果的差异要及时调查、调整。定期核对应收账款等账户的总账和明细账。

② 完善的收款制度。销售收入应及时入账,不得设置账外账,不得坐支现金。销售人员应当避免接触销售现款。应收票据的取得和贴现必须经过由保管票据以外的主管人员的书面批准。应收票据由专人保管,对于即将到期的票据,应及时向付款人提示付款;对于已贴现的票据,应在备查账簿中登记,以便日后追踪管理。

③ 内部核查制度。如果企业内部没有经常的检查评价机制,内部控制可能随着时间的迁移而发生变化,因此内部审计人员或其他独立人员应经常核查销货业务的处理和记录。表 9-1 列示了销售业务的内部核查程序。

表 9-1　销售业务的内部核查程序

内部控制目标	内部核查程序举例
登记入账的销货业务是真实的销货业务,均经正当审批	检查销售发票的连续性并审查所附的佐证凭证,查阅顾客的信用情况,确定按企业的政策是否应批准赊销
所有销售业务均已登记入账	检查发运凭证的连续性,并将其与主营业务收入明细账相核对
登记入账的销货业务均经正确估价	将销售发票上的数量与发运凭证上的记录进行比较核对
登记入账的销货业务的分类恰当,记录及时	将登记入账的销货业务的原始凭证与会计科目表比较核对,检查开票员所保管的未开票发运凭证,确定是否包括所有应开票的发运凭证在内
销售业务已经正确地记入明细账并经准确汇总	从发运凭证追查至主营业务收入总账和明细账

4. 主营业务收入的实质性测试

(1) 取得或编制主营业务收入项目明细表,复核其加计是否正确,并核对其与报表数、总账数和明细账合计数是否相符,以实现"机械准确性"的审计目标。

(2) 查明主营业务收入的确认原则、方法是否符合《企业会计准则》的规定。根据《企业会计准则第14号——收入》的要求,企业商品销售收入的确认应同时满足下列五个条件:第一,企业已将商品所有权上的主要风险和报酬转移给购货方;第二,企业既没有保留通常与所有权相联系的继续管理权,也没有对已售出的商品实施有效控制;第三,相关的经济利益很可能流入企业;第四,收入的金额能够可靠地计量;第五,相关的已发生或将发生的成本能够可靠地计量。因此,在查明主营业务收入的确认原则、方法是否符合会计准则的规定时,应当依据上述商品销售收入确认的五个条件并考虑不同的销售方式,采用抽查法、核对法和验算法来查验。具体来说包括以下几点。

① 采用交款提货销售方式,应于货款已收到或取得收取货款的权利,同时已将发票账单和提货单交给购货单位时确认收入的实现。对此,审计人员应着重检查被审计单位是否收到货款或取得收取货款的权利,发票账单和提货单是否已交付购货单位。应注意有无扣压结算凭证、将当期收入转入下期入账,或者虚记收入、开假发票、虚列购货单位,而将当期未实现的收入虚转为收入记账,在下期予以冲销的现象。

② 采用预收账款销售方式,应于商品已经发出时确认收入的实现。对此,审计人员应重点检查被审计单位是否收到了货款,商品是否已经发出。应注意是否存在已收货款并已将商品发出的交易不入账、转为下期收入,或开具虚假出库凭证、虚增收入等现象。

③ 采用托收承付结算方式,应于向银行办妥收款手续时确认收入的实现。对此,审计人员应重点检查被审计单位是否发货,托收手续是否办妥,货物发运凭证是否真实,托收承付结算回单是否正确。

④ 委托其他单位代销商品的,如果代销单位采用视同买断方式,应于代销商品已经销售并收到代销单位代销清单时,按企业与代销单位确定的协议价确认收入的实现。对此,审计人员应注意查明有无商品未销售、编制虚假代销清单、虚增本期收入的现象;如果代销单位采用收取手续费方式,应在代销单位将商品销售、企业已收到代销单位代销清单时确认收入的实现,代销方收取的手续费属于劳务收入。

⑤ 合同或协议价款的收取采用递延方式,实质上具有融资性质的(如分期收款销售商

品),应当按照应收的合同或协议价款的公允价值确定销售商品收入金额。应收的合同或协议价款与其公允价值之间的差额,应当在合同或协议期间内采用实际利率法进行摊销,计入当期损益。对此,审计人员应重点检查合同或协议公允价值确定的依据是否真实合理,本期是否收到价款,合同或协议约定的本期收款日期是否真实等。

⑥ 长期工程合同收入,一般应根据完工百分比法合理确认收入。审计人员应重点检查收入的计算、确认方法是否合乎规定,并核对应计收入与实际收入是否一致,注意查明有无随意确认收入、虚增或虚减本期收入的现象。

⑦ 委托外贸代理出口、实行代理制方式的,应在收到外贸企业代办的发运凭证和银行交款凭证时确认收入。对此,审计人员应重点检查代办发运凭证和银行交款单是否真实,注意有无内外勾结、出具虚假发运凭证或虚假银行交款凭证的情况。

(3) 运用分析性复核审计方法验证产品销售收入的总体合理性。审计人员可以从以下几个方面对主营业务收入进行分析,检查销售收入是否有异常波动和重大波动,从而作出判断。

① 将本期与上期的主营业务收入进行比较,分析产品销售结构和价格的变动是否正常,并分析异常波动的原因。

② 比较本期各月主营业务收入的波动情况,分析其变动趋势是否正常,并查明异常波动和重大波动的原因。

③ 计算本期重要产品的毛利率,分析比较本期与上期各类产品毛利率的变化情况,注意收入与成本是否匹配,并查清异常波动和重大波动的原因。

④ 计算重要客户的销售额及其产品毛利率,分析比较本期与上期有无异常变化。

⑤ 依据纳税申报表,估计全年收入并与实际入账收入进行核对,以便核实有无虚开发票或已销售而未开票的行为。

(4) 获取产品价格目录,抽查售价是否符合政策,并注意销售给关联方或关系密切的重要客户的产品价格是否合理,有无低价或高价结算以转移收入的现象,以实现"发生额的估价合理性和正确性"的审计目标。

(5) 抽取企业被审计期间内一定数量的销售发票,审查开票、记账、发货日期是否相符,品名、数量、单价、金额等是否与发运凭证、销售合同等一致,编制测试表,以实现"发生额的估价正确性"的审计目标。

(6) 实施销售的截止期测试。实施该审计程序是为了查明被审计单位有无为了扩大本期销售而将下期销售业务提前,或者为了隐匿本期收入而将其滞后的问题。

在审计过程中,审计人员应该注意把握三个与主营业务收入确认有密切关系的日期:一是发票开具日期或者收款日期;二是记账日期;三是发货日期。检查三者是否归属于同一适当会计期间,是营业收入截止期测试的关键所在。

围绕上述三个重要日期,在审计实务中,审计人员可以考虑选择以下三条审计路线实施营业收入的截止期测试。

① 以账簿记录为起点。从报表日前后若干天的账簿记录直至记账凭证,检查发票存根与发运凭证,目的是证实已入账收入是否在同一期间已开具发票并发货,有无多记收入。该种方法的优点是比较直观,容易追查至相关凭证记录,以确定其是否应在本期确认收入,特别是在连续审计两个以上会计期间时,检查跨期收入十分便捷,可以提高审计效率;缺点是

缺乏全面性和连贯性,只能查多记,无法查漏记,尤其不易发现应记入报告期收入而未记的情况。使用该种方法主要是为了防止高估营业收入。

② 以销售发票为起点。从报表日前后若干天的发票存根查至发运凭证与账簿记录,确定已开具发票的货物是否已发货并于同一会计期间确认收入。具体做法是抽取在报表日前后使用的若干张发票存根,追查至发运凭证和账簿记录,查明有无漏记收入现象。该种方法的优点是较全面、连贯,容易发现漏记的收入;缺点是较费时费力,有时难以查找相应的发货及账簿记录,而且不易发现多记的收入。使用该种方法时应注意两点:一是相应的发运凭证是否齐全,特别应注意有无报告期内作收入而下期初用红字冲回,并且无发货、收货记录,以此来调节前后期会计利润的情况;二是被审计单位的发票存根是否已全部提供,有无隐瞒,为此,应查看被审计单位的发票领购簿,尤其应关注普通发票的领购和使用情况。使用该种方法主要是为了防止低估营业收入。

③ 以发运凭证为起点。从报表日前后若干天的发运凭证查至发票开具情况与账簿记录,确定营业收入是否已记入恰当的会计期间。该种方法的优缺点与方法②类似,具体操作中还应考虑被审计单位的会计政策,这样才能作出恰如其分的处理。使用该种方法主要也是为了防止低估营业收入。

(7) 查找未经认可的大额销售。审计人员应结合资产负债表日应收账款的函询,查明有无未经认可的巨额销售。若有,应作出记录和提请被审计单位作出相应的调整,以实现"销售额的真实性"的审计目标。

(8) 检查销货退回、销售折扣与折让业务。对于企业发生的销货退回、销售折扣与折让业务,审计人员应重点查明其是否真实,内容是否完整,手续是否符合规定,计算和会计处理是否正确,以确定销售发生额的计算、估价的正确性和真实性。可以取得被审计单位有关销售退回、销售折扣与折让的文件资料,将折扣与折让的具体规定与实际执行情况进行核对,并抽查较大的折扣与折让发生额的授权批准情况;取得被审计单位有关销售退回的文件资料,以确认这些退回、折扣与折让的合法性、真实性和会计处理的正确性。

(9) 检查外币收入折算汇率是否正确。其目的是实现"发生额是否正确"的审计目标。

(10) 审查主营业务收入在利润表上的列报是否恰当。根据《企业会计准则第30号——财务报表列报》的规定,"主营业务收入"应当并入"营业收入"项目,在利润表中列示。

【例9-1】 审计人员对某企业2018年度销售业务进行审查时,发现以下问题。

(1) 12月25日,发给本厂不独立核算门市部A产品300件,作"应收账款"和"主营业务收入"处理。

(2) 12月26日,售给外地某厂A产品700件,尚未办理托收手续,已作销售处理。

(3) 12月27日,本厂基建工程领用A产品100件,B产品50件,直接从"库存商品"账户转出,记入"在建工程"账户。

(4) 12月30日,售给本市红光厂B产品800件,货款已收到,并记入"主营业务收入"账户,但"库存商品"明细账未作记录。

该厂A产品单位不含税售价75元,单位成本50元;B产品单位不含税售价60元,单位成本45元。

【要求】 企业处理上述问题的意图何在？如何计算应调整的营业收入、营业成本和营业利润？

【解答】 （1）发给本厂不独立核算门市部A产品300件，只应作商品产品移库，不能作销售处理，应要求企业相应调减营业成本、营业收入和营业利润。

（2）采用托收承付结算方式销售A产品时，应以办妥托收手续作为销售实现，企业尚未办妥托收手续，不能作销售处理，故要求企业调减营业成本、营业收入和营业利润。

（3）在建工程领用本企业的产品应视同销售，反映销售成本、销售收入和销售利润，故要求企业调增主营业务收入、主营业务成本并调整营业利润。

（4）售给红光厂B产品800件，只登记了销售收入而未结转销售成本，虚增了营业利润。

企业这样做具有以下意图。

（1）、（2）两项是为了虚增销售收入和利润。

（3）项是为了少记收入，进而达到少交增值税的目的。

（4）项是为了少结转成本，虚增利润。

根据以上分析，企业应调整的销售成本、销售收入和销售利润如下。

主营业务成本

A产品：　　　　　　　$(-300-700+100)\times 50=-45\,000$（元）

B产品：　　　　　　　$(50+800)\times 45=38\,250$（元）

合计：　　　　　　　$-6\,750$（元）

主营业务收入

A产品：　　　　　　　$(-300-700+100)\times 75=-67\,500$（元）

B产品：　　　　　　　$50\times 60=3\,000$（元）

合计：　　　　　　　$-64\,500$（元）

营业利润：

　　　　　　　　　　$-64\,500-(-6\,750)=-57\,750$（元）

通过计算，主营业务收入应调减64 500元，主营业务成本应调减6 750元，营业利润应调减57 750元。

【例9-2】 2019年3月，某审计组对乙公司2018年度财务收支进行了审计，有关主营业务收入审计的情况资料如下。

（1）审计为分析主营业务收入的总体合理性实施了以下程序。

　　A. 将2018年度财务报表分析计算的毛利率与行业平均毛利率相比较

　　B. 将2018年度主营业务收入的变化趋势与行业趋势相比较

　　C. 将2018年度各月主营业务收入的实际数与预算数相比较

　　D. 将2018年度不同产品的毛利率水平相比较

（2）审计人员执行分析程序发现，乙公司2018年产品售价没有变动，但销售收入与上年相比有较大幅度增长，且各月的收入水平均衡。以前年度7—10月是销售旺季，其收入通常达到全年收入的80%以上，2018年7—10月的销售收入与以前年度同期相差不大。乙公司管理人员对2018年销售收入大幅度增长及各月收入水平趋于均衡的情况作出以下解释。

　　A. 公司采取有效的成本控制措施，促使产品成本进一步降低

B. 公司提出有效的淡季营销策略,引导消费者改变了消费习惯

C. 公司拓展海外市场,有效地改善了淡季的销售业绩

D. 公司对销售部门工作人员采取了更有效的淡季销售激励措施

(3) 对营业收入进行实质性审查时,审计人员决定重点审查乙公司是否存在虚增主营业务收入的情况。

(4) 审计人员发现,乙公司 2019 年 2 月 18 日有一笔金额为 500 万元的销售退回记录,该笔销售原记录于 2018 年 12 月 12 日的主营业务收入明细账中。审计人员对该笔销售和退回业务的真实性进行了审查。

【要求】(1)"资料(1)"中,能够有效分析乙公司 2018 年度主营业务收入总体合理性的程序有哪些?

(2) 针对"资料(2)",乙公司相关人员的说法中,能够解释销售收入大幅度增长情形的有哪些?

(3) 针对"资料(3)",审计人员为审查乙公司是否存在虚增主营业务收入的情况,应重点审查的文件资料和账簿有(　　)。

A. 销售发票　　　　　　　　B. 销售合同

C. 发运凭证　　　　　　　　D. 主营业务收入明细账

(4) 针对"资料(4)",审计人员对该笔销售和退回业务的真实性进行审查时,应采取的审计程序有(　　)。

A. 向该笔销售业务对应的客户函证　　B. 检查销售合同和货运凭证

C. 检查退货审批单和退货入库记录　　D. 检查销售信用审批手续

【解答】(1)"资料(1)"中,能够有效分析乙公司 2018 年度主营业务收入总体合理性的程序有 A、B、C。

(2)"资料(2)",乙公司相关人员的说法中,能够解释销售收入大幅度增长情形的有 B、C、D。

(3)"资料(3)",审计人员为审查乙公司是否存在虚增主营业务收入的情况,应重点审查的文件资料和账簿有 A、B、C、D。

(4)"资料(4)",审计人员对该笔销售和退回业务的真实性进行审查时,应采取的审计程序有 A、B、C。

9.1.2　其他业务收入审计

1. 其他业务收入一般存在的错弊分析

其他业务收入是指由企业主营业务以外的其他日常经营活动形成的收入,属于企业日常活动中次要的交易事项。不同的企业,其他业务收入的内容也不尽相同,工业企业的其他业务收入包括销售材料、提供非工业性劳务、受托代销商品、出租包装物等取得的收入;商品流通企业的其他业务收入包括受托代销商品、附营服务业务取得的收入等。在日常的会计处理中,常见的错误和舞弊现象有以下几种。

(1) 其他业务收入入账时间提前或拖后

① 入账时间提前。有的企业往往在月末或年末,为完成利润指标掩饰亏损,而把应在下月或下年度入账的收入列入本期。

②入账时间拖后。有的企业对已实现的收入长时间不入账(尤其是现金收入),这样,一方面会造成当月利润不实,另一方面也容易造成个人挪用、贪污或形成"小金库"。

(2) 其他业务收入入账金额不正确,漏记、虚增、隐瞒其他业务收入

多列或虚列固定资产出租、包装物出租等其他业务收入,从而达到虚增利润的目的;少计或不计其他业务收入(尤其是一些不经常发生的收现业务),从而达到隐瞒利润,私设"小金库",或个人贪污、挪用的目的。

(3) 其他业务收入列示的内容、范围不符合规定

企业在列示其他业务收入时,必须严格遵守有关制度规定。但有些企业为了达到少交税金的目的,把产品(商品)销售收入列入其他业务收入中。

(4) 其他业务收入的会计处理不规范

具体包括以下三种情形。

① 其他业务收入实现后,记入"营业外收入"账户,直接冲销"其他业务成本""管理费用",没有记入"其他业务收入"账户。

② 其他业务收入实现后,只记入"其他业务收入"账户,没有相应结转成本和支出,造成利润不实。

③ 将属于产品或商品销售收入或营业外收入、投资收益的收入误列作其他业务收入。

2. 其他业务收入审计的目标

其他业务收入一般包括以下审计目标。

(1) 确定利润表中记录的其他业务收入是否已发生,且与被审计单位有关。

(2) 确定所有应当记录的其他营业收入是否均已记录。

(3) 确定与其他业务收入有关的金额及其他数据是否已恰当记录。

(4) 确定其他业务收入是否已记录于正确的会计期间。

(5) 确定其他业务收入是否已在会计报表中作出恰当列报。

3. 其他业务收入的实质性测试

其他业务收入的实质性测试包括以下审计程序。

(1) 获取或编制其他业务收支明细表,复核其加计是否正确,核对其与报表数、总账数和明细账合计数是否相符,并注意其他业务收入是否有相应的业务支出数。

(2) 与上期其他业务收入比较,了解重大波动的原因,分析其合理性。

(3) 抽查大额其他业务收入项目。审计人员应根据其他业务收入明细表,抽查大额其他业务收入项目,检查其原始凭证是否齐全,有无授权批准,会计期间划分是否恰当,会计处理是否正确。注意其他业务收入的内容是否真实、合法,是否符合收入实现原则。

(4) 审查异常的其他业务收入项目,追查其入账依据及有关法律性文件是否充分。

(5) 必要时,实施截止期测试,追踪到发票、收据,确定其截止期划分是否恰当,对于重大跨期项目作必要的调整。

(6) 确定其他业务收入是否已在利润表上恰当列报。

【例 9-3】 审计人员在审查 A 公司 2018 年度其他业务收入时发现:A 公司 2018 年 12 月 1 日处置了一台大型设备,处置净收益为 36 000 元,A 公司针对该项目作了以下会计处理。

借：固定资产清理	36 000	
贷：其他业务收入		36 000

【要求】 分析A公司的会计处理是否正确,若不正确,注册会计师应如何调整。

【解答】 A公司的会计处理不正确,根据《企业会计准则》的规定,固定资产清理完成后,对清理净损益,应区分不同情况进行账务处理：属于生产经营期间正常的处置损失,借记"资产处置损益"科目,贷记"固定资产清理"科目；属于自然灾害等非正常原因造成的损失,借记"营业外支出——非常损失"科目,贷记"固定资产清理"科目。如为贷方余额,借记"固定资产清理"科目,贷记"资产处置损益"或"营业外收入——非流动资产处置利得"科目。注册会计师应根据审查的具体情况作出调整分录。

借：其他业务收入	36 000	
贷：资产处置损益		36 000

9.2　成本费用审计

成本与费用同属于企业的日常经营活动所产生的支出。一般来说,成本是企业资本性的支出,主要包括制造成本和销售成本两部分,其中制造成本在会计上又可划分为生产成本和制造费用,而销售成本则主要在主营业务成本中进行反映。与成本相对,费用则是企业收益性的支出,在会计核算上,主要体现为期间费用,包括销售费用、管理费用和财务费用。不论是成本还是费用,在企业的利润表上都表现为收入的抵减项目,抵减的结果即为企业当期的营业利润。因此,任何一个企业要想提高营业利润,只有提高收入或降低成本两条途径,即我们经常所说的"开源节流"。进行成本费用审计,可以有效地减少企业随意夸大或减少成本费用的行为,合理保证企业经营成果的真实性和公允性。

9.2.1　制造成本审计

1. 生产成本和制造费用一般存在的错弊分析

(1) 将不属于产品成本负担的费用支出列入直接材料、直接人工费用等成本项目中。其主要包括以下表现形式。

① 将购置的固定资产,通过销售部门开具"解体发票""变通发票""假发票"等各种手段,将其列入"生产成本"中的"直接材料"明细项目中。

② 将自营建造工程领用的材料、使用的动力费、使用的人工费,列入"直接材料"和"直接人工"明细项目中。

③ 有的员工利用职务之便,将自己购买的消费品,如冰箱、彩电等也列入生产成本。

(2) 将不属于本期产品成本负担的费用全部列作本期成本项目。其主要包括以下表现形式。

① 原材料核算以领代耗,将投入产品并应由本期和以后各期分别负担的材料全部计入本期产品成本。

② 将应由以前各期预提列入生产成本的外购燃料动力费全部列入本期"生产成本"账户中的"直接材料"明细项目中。

(3) 利用职权虚增、虚减生产成本。有的员工或者管理者利用职务之便,虚增或者虚减生产成本,以达到自己的目的。其主要包括以下表现形式。

① 利用材料"假出库",虚列产品生产成本。

② 多计生产工人人数或生产工时,"吃空额",虚增直接人工费。

③ 将非定额内的损失计入成本中,提高材料、燃料单价,从而使产品成本中的直接材料、燃料动力项目增加,导致企业生产成本虚增。

④ 直接提高材料单价,增加产品直接材料费项目成本。

⑤ 虚减成本费用,调节当期损益。

(4) 其他舞弊和欺诈方式。

① 利用成本费用账户,隐瞒企业的对外投资。

② 将应属于生产成本开支的费用列入其他支出中。

2. 成本会计制度的内部控制测试

成本会计制度的内部控制测试包括直接材料成本符合性测试、直接人工成本符合性测试、制造费用符合性测试和生产成本在当期完工产品与在产品之间分配的符合性测试四项内容。

(1) 直接材料成本符合性测试

① 对采用定额单耗的企业,可选择并获取某一成本报告期若干种具有代表性的产品成本计算单,获取样本的生产指令或产量统计记录及其直接材料单位消耗定额,根据材料明细账(或采购业务测试工作底稿)中各该种直接材料的单位实际成本,计算直接材料的总消耗量和总成本,与该样本的成本计算单中直接材料成本核对,并注意下列事项:生产指令是否经过授权批准;单位消耗定额和材料成本计价方法是否适当;在当年度有何重大变更。

② 对非采用定额单耗的企业,可获取材料费用分配汇总表、材料发出汇总表(或领料单)、材料明细账(或采购业务测试工作底稿)中各该种直接材料的单位成本,作以下检查:成本计算单中直接材料成本与材料费用分配汇总表中该产品负担的直接材料费用是否相符,分配的标准是否合理;抽取材料发出汇总表(或领料单)中若干种直接材料发出总量和各该种材料的实际单位成本之积,与材料费用分配汇总表中各该种材料费用进行比较,并注意领料单的签发是否经过授权批准,材料发出汇总表是否经过适当的人员的复核,材料成本核算计价方法是否适当,在当年度有何重大变更。

③ 对采用标准成本法的企业,获取样本的生产指令或产量统计记录、直接材料单位标准用量、直接材料标准单价及发出材料汇总表(或领料单),并检查下列事项:根据生产量、直接材料单位标准用量和标准单价计算的标准成本与成本计算单中的直接材料成本核对是否相符;直接材料成本差异的计算与账务处理是否正确,并注意直接材料的标准成本在当年度内有何重大变更。

(2) 直接人工成本符合性测试

① 对采用计时工资制的企业,获取样本的实际工时统计记录、职员分类表和职员工资手册(工资率)及人工费用分配汇总表,并作以下检查:成本计算单中直接人工成本与人工费用汇总表中该样本的直接人工费用核对是否相符;样本的实际工时统计记录与人工费用分配汇总表中该样本的实际工时核对是否相符;抽取生产部门若干天的工时台账与实际工时统计记录核对是否相符;当没有实际工时统计记录时,则可根据职员分类表及职员工资手册中的工资率,计算复核人工费用分配汇总表中该样本的直接人工费用是否合理。

② 对采用计件工资制的企业，获取样本的产量统计报告、个人（小组）产量记录和经批准的单位工资标准或计件工资制度，检查下列事项：根据样本的统计产量和单位工资标准计算的人工费用与成本计算单中直接人工成本核对是否相符；抽取若干个直接人工（小组）的产量记录，检查是否被汇总记入产量统计报告。

③ 对采用标准成本法的企业，获取样本的生产指令或产量统计报告，工时统计报告和经批准的单位标准工时、标准工时工资率、直接人工的工资汇总表等资料，并检查下列项目：根据产量和单位标准工时计算的标准工时总量与标准工时工资率之积同成本计算单中直接人工成本核对是否相符；直接人工成本差异的计算与账务处理是否正确，并注意直接人工的标准成本在当年度内有何重大变更。

（3）制造费用符合性测试

获取样本的制造费用分配汇总表、按项目分列的制造费用明细账、与制造费用分配标准有关的统计报告及其相关原始记录，并作以下检查：制造费用分配汇总表中样本分担的制造费用与成本计算单中的制造费用核对是否相符；制造费用分配汇总表中的合计数与样本所属成本报告期的制造费用明细账总计数核对是否相符；制造费用分配汇总表选择的分配标准（机器工时数、直接人工工资、直接人工工时数、产量等）与相关的统计报告或原始记录核对是否相符，并对费用分配标准的合理性作出评估；如果企业采用预计费用分配率分配制造费用，则应针对制造费用分配过多或过少的差额，检查其是否作了适当的账务处理；如果企业采用标准成本法，则应检查样本中标准制造费用的确定是否合理，计入成本计算单的数额是否正确，制造费用差异的计算与账务处理是否正确，并注意标准制造费用在当年度内有何重大变更。

（4）生产成本在当期完工产品与在产品之间分配的符合性测试

检查成本计算单中在产品数量与生产统计报告或在产品盘存表中的数量是否一致；检查在产品约当产量计算或其他分配标准是否合理；计算复核样本的总成本和单位成本，最终对当年采用的成本会计制度作出评价。

3. 生产成本和制造费用的实质性测试

（1）直接材料的实质性测试

直接材料是指企业在生产过程中实际消耗的原材料、辅助材料、外购半成品、燃料、动力及其他直接耗用的材料。直接材料费用一般在生产成本中占有较大的比重，是产品成本的重要组成部分，加之材料的计价有按实际成本与按计划成本两种方法，核算比较复杂，容易出现错弊，因此，直接材料审查应作为产品成本审计的重点之一。审查时，应从审阅"原材料""生产成本""材料成本差异"等明细账入手，抽查有关费用凭证，验证企业生产产品直接耗用材料的数量、计价及材料费用的分配是否真实、合法和正确。

① 审计直接材料耗用数量的真实性。审计直接材料耗用数量的真实性，即企业的会计记录是否真实反映了直接材料的耗用水平。其审查要点包括以下几点。

审查材料的用途，对于不属于生产产品的用料（如在建工程用料、行政福利部门用料和制造设备用料等），要按成本开支范围予以剔除。

对于生产产品领用材料，要根据生产计划抽查领料单、发料凭证汇总表、记账凭证等，审查其计算是否正确，并将按消耗定额计算的应耗总量与实耗总量进行比较，看其差异大小。如果是超支，应进一步查明超支的原因，如生产中的浪费、领料计量不准确等，针对这些问题向管理者提出解决的建议和措施；如果是节约，也要分析节约的原因；如果发现定额制定的标准过宽，那么就要建议管理当局修改定额标准。

核实生产车间剩余材料退库数量，看其有无将应退库材料挪作他用，或不办理退料（包括假退料）手续的情况，防止虚增原材料消耗水平及产品成本等。

核实边角废料的作价处理情况，看其是否从领料数中扣减，有无将其收入转入"小金库"，作为非法开支的情况。

② 审计直接材料计价的正确性。实际工作中，材料的计价有两种方法：一种是按实际成本计价；另一种是按计划成本计价。在两种不同的计价方法下，审计的重点各有侧重。

对于采用实际成本计价的材料，应重点审查其计价方法是否遵循了一致性原则。审计时，应注意审阅材料明细账，抽查材料费用分配表及其他领退料凭证，验算其发出成本是否正确，计价方法是否前后一致，有无利用计价手段人为调节材料成本的现象。因此，审计人员应重点审查企业是否一贯地使用计价方法。在财政部颁布的《企业会计准则第 1 号——存货》中，取消了存货发出的后进先出法，目前可以选择的计价方法有个别计价法、先进先出法、加权平均法、移动加权平均法四种。

对于采用计划成本计价的材料，应重点审查材料成本差异的形成和分配。注意成本差异形成是否合理，记入"材料采购"科目的费用是否正确，有无不应记入而记入该科目，或本应记入该科目而错记入其他科目的情况。另外，还要注意成本差异的分配是否合理。审计时，应审阅材料成本差异明细账，抽查材料成本差异计算表及有关领退料单，验证各期材料成本差异率和差异额的计算是否正确，查明有无将材料成本差异明细账作为"蓄水池"，人为调节材料成本的现象。

③ 审查直接材料费用分配的合理性。对于多种产品共同负担的材料费用，审计人员必须检查分配对象是否真实，分配依据是否合理，计算是否正确，会计处理是否恰当，防止企业利用材料分配，在不同产品之间，如合格品与不合格品、盈利产品与亏损产品、可比产品与不可比产品之间任意调节成本高低。可通过核对、审阅和复算等方法，对发出材料汇总分配表、成本计算单及生产成本明细账等进行审查，证实其分配依据、分配方法和分配结果及有关的账务处理的正确性。

④ 进行分析性复核。主要分析同一产品前后年度的直接材料成本，看有无重大波动，如有应查明原因。

【例 9-4】 直接材料审计业务举例。

某公司内部审计机构在 11 月对该公司下属企业进行经营者年度业绩预审时，先对该企业产品成本中的原材料项目进行了与上一年度的比较分析。分析结果显示，原材料耗用水平比上年降低了近 20%，但并未见有关技术改造方面的资料。经仔细审查大宗原材料明细账，发现该企业本期将数额较大的同种材料用于在建工程。经过对该类材料进行审查又发现，该种材料的购入成本为每吨 5 000 元，但本期却按每吨 8 000 元计入在建工程成本；而同时，按每吨 3 000 元计入生产成本。完全是由此原因造成了生产成本虚减和基建工程成本虚增。

【要求】 假设不考虑税的影响，对该事项进行分析，提出审计建议。

【解答】 上述事项的性质是严重的，属企业负责人、会计人员故意作弊，虚增业绩。审计人员应计算因此而导致的虚增工程成本和虚降产品成本的数额，并提出调整账项的建议，以使企业的会计核算资料如实反映企业的损益状况。应做的会计分录如下。

  借：生产成本——××产品   3 000
    贷：在建工程——××工程   3 000

除此之外，审计人员应从企业的会计核算资料中取得直接审计证据，并取得该企业相关人员的佐证证据，形成审计结论，上报管理者。

（2）直接人工的实质性测试

直接人工费用是指企业直接从事产品生产的人员的工资、奖金、津贴、补贴和其他福利等。审查时，应根据劳资管理部门的工资卡和其他劳资管理制度，从生产成本明细账和应付职工薪酬明细账入手，抽查记账凭证、工资费用分配表、工资结算表、各项保险和公积金计提表、考勤记录、产量记录等资料，验证企业在直接人工费用的组成项目、计算和分配上是否真实、合法和正确。

① 审计直接人工费用的组成项目是否符合国家规定。根据新准则的有关规定，职工薪酬是企业为获得职工提供的服务而给予各种形式的报酬及其他相关支出，具体包括职工的工资、奖金、津贴、补贴、各项福利费，企业为职工缴纳的各项社会保险、住房公积金、工会经费和职工教育经费、各项非货币性福利等。

② 审计直接人工费用计算的正确性和合法性。审计计时工资时，应分别核实其职工人数、出勤工时、工资率和工资额，重点抽查缺勤工资的扣减是否正确，注意事假工资是否全额扣发，病假工资是否按工龄界限标准扣除，并进一步审查计时工资额的计算是否正确；审查计件工资时，应分别核实计件数量和计件单价，重点查明劳动定额是否先进，计件数量是否正确，计价单价是否合理，并进一步审查计件工资额的计算是否正确；审查奖金、津贴和补贴时，应根据国家和企业内部的有关规定，审阅应付工资明细账，抽查工资结算表或奖金、津贴和补贴计算表，审查企业计提各项保险和住房公积金的计提标准是否符合国家相关制度的规定，验证其是否合规和正确。

【例 9-5】 直接人工审计业务举例。

某公司审计人员在审计公司 2018 年度 11 月的生产成本时发现，本年度企业生产一线工人共 50 人，其中正式员工 30 人，临时工人 20 人。2018 年度 11 月企业实际支付的工人工资为 150 000 元，其中正式员工工资 90 000 元，临时工人工资 60 000 元，企业将正式员工的工资计入了生产成本，而未将临时工人工资纳入工资总额，于实际发生时计入当期的管理费用。

【要求】 对该事项进行分析，提出审计建议。

【解答】 按照企业会计准则的规定，企业职工是指与企业订立正式劳动合同的所有人员，包括全职、兼职和临时职工，因此，该企业临时工人的工资应纳入工资总额进行核算，具体作调整如下。

  借：生产成本——××产品   60 000
    贷：应付职工薪酬   60 000

除此之外，审计人员应从企业的会计核算资料中取得直接审计证据，并取得该企业相关人员的佐证证据，形成审计结论，上报管理者。

③ 审计直接人工费用分配的合理性。如果直接人工费用由几种产品共同负担，审计人员应注意审查企业是否编制了工资费用分配表，分配对象是否真实，分配比例和标准是否正确合理，计算是否正确，会计处理是否恰当，有无人为多分或少分工资费用的情况。可抽查

成本计算单和审阅人工费用分配表,检查人工费用的分配标准与计算方法是否合理、适当,分配率和分配结果的计算是否正确。

(3) 制造费用的实质性测试

制造费用是指企业各生产部门为组织和管理生产而发生的各项费用,包括物料消耗,车间管理人员的薪酬,车间管理用房屋和设备的折旧费、租赁费和保险费,车间管理用具摊销,车间管理用的照明费、水费、取暖费、劳动保护费,设计制图费,试验检验费,差旅费,办公费及季节性和修理期间的停工损失等。制造费用一般先通过"制造费用"账户归集,然后按一定标准分配计入各产品成本。审查时,应根据有关费用发生的原始凭证和制造费用分配表,对照企业财务制度的规定来判断其真实性和合法性。其实质性测试包括以下基本要点。

① 获取或编制制造费用汇总表,并将其与明细账、总账核对是否相符,抽查制造费用中的重大数额项目及例外项目是否合理。

② 审阅制造费用明细账,检查其核算内容及范围是否正确,并注意是否存在异常会计事项。如有,则应追查至记账凭证及原始凭证,重点查明企业有无将不应列入成本费用的支出(如投资支出、被没收的财物、支付的罚款、违约金、技术改造支出等)计入制造费用。

③ 必要时,对制造费用实施截止期测试,即检查资产负债表日前后若干天的制造费用明细账及其凭证,确定有无跨期入账的情况。

④ 检查制造费用的分配是否合理。重点查明制造费用的分配方法是否符合企业自身的生产技术条件,是否体现受益原则,分配方法一经确定,是否在相当时期内保持稳定,有无随意变更的情况;分配率和分配额的计算是否正确,有无以人为估计数代替分配数的情况。对按预定分配率分配费用的企业,还应查明计划与实际差异是否及时调整。

⑤ 对于采用标准成本法的企业,应抽查标准制造费用的确定是否合理,计入成本计算单的数额是否正确,会计处理是否正确,并查明标准制造费用在本年度内有无重大变动。

9.2.2 税金及附加审计

税金及附加是指企业由于销售产品或提供劳务所负担的税金及附加,包括价内税及教育费附加等。在查明被审计单位应缴纳税种的基础上,结合"税金及附加"账户及与该账户对应的"应交税费""其他应交款"等账户进行审查。

(1) 取得或编制税金及附加明细表,复核其加计是否正确,并核对其与报表、总账、明细账是否相符。

(2) 确定被审计单位的纳税范围与税种是否符合税法规定。

(3) 根据审定的营业收入,按规定的税率,分项计算、复核本期应缴纳的消费税、资源税、城建税、教育费附加等项目,检查其是否与本期应纳税额相一致。

(4) 根据审定的营业收入,按规定的税率,分项计算、复核本期应纳的营业税额是否正确。

(5) 复核各项税费与应交税费、其他应交款等项目的钩稽关系是否正常。

(6) 确定税金及附加是否在利润表上恰当列报。

9.2.3 期间费用审计

1. 期间费用一般存在的错弊分析

(1) 将不应该计入期间费用的费用支出计入期间费用

某些企业在产品成本上有严格的要求,例如,如果生产该种产品的平均成本大于某个金额,有关负责人就要记过或者受到批评。有的基层管理者(如车间主任、分厂厂长)就会将本来应该计入生产成本的一些费用支出计入期间费用,从而达到公司或者总厂的要求,免受处罚。

(2) 任意扩大开支范围,提高开支标准

例如,将超标的业务招待费列入管理费用,或者将旅游费用列入销售费用,扩大折旧摊销额,缩短摊销期限等。

(3) 虚列期间费用

有的员工或者管理者利用职务之便,将一些不属于期间费用的支出列入期间费用。例如,将高档消费场所的消费支出记为"管理费用",或者凭借假发票报销费用。这种情况之所以会发生,是由于企业的内部控制有漏洞,使这些人有机可乘。

(4) 用期间费用隐匿销售收入并将资金占为己有

有的公司存在部分管理者和财务人员相互勾结,将销售收入或者其他收入不记作"主营业务收入""投资收益"或者"营业外收入""其他业务收入",而是记为"期间费用",用这部分收入建立"小金库"或者私自占为己有。

2. 销售费用审计

销售费用是指企业在销售产品和提供劳务过程中发生的各项费用及专设销售机构的各项经费。其审计目标一般包括:确定利润表中记录的销售费用是否已发生,且与被审计单位有关;确定所有应当记录的销售费用是否均已记录;确定与销售费用有关的金额及其他数据是否已恰当记录;确定销售费用是否已记录于正确的会计期间;确定销售费用是否已在会计报表中作出恰当的列报。

销售费用的实质性测试一般包括以下程序。

(1) 获取或编制销售费用明细表,复核其加计是否正确,核对其与报表数、总账数及明细账合计数是否相符,并检查其明细项目的设置是否符合规定的核算内容与范围。

(2) 确定销售费用的项目设置和开支标准是否符合有关规定,查明其项目设置是否划清了销售费用与其他费用的界限,有关费用支出是否按规定标准列支。

(3) 将本期销售费用与上期销售费用进行比较,并将本期各月的销售费用进行比较,如有重大波动和异常情况应查明原因,并作适当处理。

(4) 选择重要或异常的销售费用,检查其原始凭证是否合法,会计处理是否正确,必要时,对销售费用实施截止期测试,检查有无跨期入账的现象,对于重大跨期项目应建议作必要调整。

(5) 确定销售费用的结转是否正确和符合规定,查明有无多转、少转或不转销售费用的情况,确认是否存在人为调节利润的情况。

(6) 确定销售费用是否已在利润表上恰当列报。

3. 管理费用审计

管理费用审计目标一般包括：确定利润表中记录的管理费用是否已发生，且与被审计单位有关；确定所有应当记录的管理费用是否均已记录；确定与管理费用有关的金额及其他数据是否已恰当记录；确定管理费用是否已记录于正确的会计期间；确定管理费用是否已在会计报表中作出恰当的列报。

管理费用的实质性测试一般包括以下程序。

(1) 获取或编制管理费用明细表，检查其明细项目的设置是否符合规定的核算内容与范围，并核对其与明细账和总账是否相符。

(2) 将本年度管理费用与上年度的管理费用进行比较，并将本年度各月份的管理费用进行比较，如有重大波动和异常情况应查明原因。

(3) 选择重要或异常的管理费用项目，检查其原始凭证是否合法，会计处理是否正确，必要时，对管理费用实施截止期测试，检查有无跨期入账的现象，对于重大跨期项目应作必要调整。

(4) 验明管理费用是否已在利润表上恰当列报。

4. 财务费用审计

财务费用审计目标一般包括：确定利润表中记录的财务费用是否已发生，且与被审计单位有关；确定所有应当记录的财务费用是否均已记录；确定与财务费用有关的金额及其他数据是否已恰当记录；确定财务费用是否已记录于正确的会计期间；确定财务费用是否已在会计报表中作出恰当的列报。

财务费用的实质性测试一般包括以下程序。

(1) 获取或编制财务费用明细表，复核其加计是否正确，核对其与报表数、总账数及明细账合计数是否相符。(账表核对)

(2) 将本期、上期财务费用各明细项目作比较分析，必要时比较本期各月份财务费用，如有重大波动和异常情况应追查原因，扩大审计范围或增加测试量。(分析性复核)

(3) 检查利息支出明细账，确认利息收支的真实性及正确性。检查各项借款期末应计利息有无预计入账。注意检查现金折扣的会计处理是否正确。

(4) 检查汇兑损失明细账。检查汇兑损益计算方法是否正确，核对所用汇率是否正确，前后期是否一致。

(5) 检查"财务费用——其他"明细账，注意检查大额金融机构手续费的真实性与正确性。

(6) 审阅下期期初的"财务费用"明细账，检查财务费用各项目有无跨期入账的现象，对于重大跨期项目应作必要调整。

(7) 检查"利息收入"明细账，确认利息收入的真实性和正确性，检查从其他企业或非银行金融机构取得的利息收入是否按规定计缴营业税。

(8) 检查财务费用是否已在利润表上恰当列报。

【例 9-6】 审计人员对某企业 2018 年 6 月"管理费用"明细账进行审查时，发现账面包括下列内容。

(1) 支付驾驶员违章罚款 50 元。

(2) 支付未按期缴纳税款的滞纳金450元。
(3) 房屋进行大修理领用水泥1 000元。
(4) 支付推销产品广告费12 000元。
(5) 提取本月应计流动资金借款利息36 000元。
(6) 由于非常损失毁损材料10 000元。

【要求】(1) 指出上述各项目存在的问题及按规定应在哪里列支。
(2) 计算多计的管理费用。
(3) 计算上述事项对利润总额的影响。

【解答】(1) 各项目按规定处理如下。
① 驾驶员违章罚款应由个人负担。
② 未按期缴纳税款的滞纳金应由税后利润列支。
③ 房屋大修理领用水泥应记入"在建工程"。
④ 支付推销产品广告费应记入"销售费用"。
⑤ 提取本月应计流动资金借款利息应记入"财务费用"。
⑥ 非常损失毁损材料应记入"营业外支出"。

(2) 多计的管理费用为

$$50 + 450 + 1\ 000 + 12\ 000 + 36\ 000 + 10\ 000 = 59\ 500(元)$$

(3) 将使利润总额减少

$$50 + 450 + 1\ 000 = 1\ 500(元)$$

本章小结

本章主要论述了收入、成本与费用审计的目标,内部控制制度的评审等内容,学习的重点是收入与成本的内部控制制度测试、主营业务收入和生产成本审计、制造费用审计。

主营业务收入是企业在日常经营活动中产生的经济利益的流入。主营业务收入审计的主要内容:获取或编制主营业务收入明细表,查明收入的确认原则和方法,进行分析性复核,对会计处理的正确性进行审查,审查销售折扣与折让及销售退回业务的真实性和会计处理的正确性。

成本与费用是企业在日常经营活动中产生的经济利益的流出。生产成本包括直接材料、直接人工和制造费用,费用包括销售费用、管理费用和财务费用。学习成本和费用的审计时,既要把握成本会计制度的内部控制符合性测试,又要把握具体成本费用类账户的实质性测试,并与前述的存货审计结合起来进行比较和融合,这样才能较好地掌握本部分内容。

复习思考题

1. 单项选择题

(1) 营业收入审计的范围包括( )。
　　A. 主营业务收入的审计和主营业务成本的审计
　　B. 其他业务收入的审计和其他业务支出的审计
　　C. 主营业务收入的审计和其他业务收入的审计

D. 主营业务成本的审计和其他业务支出的审计

(2) 检查所有销售业务是否均登记入账,最有效的程序是( )。
　　A. 从销售单追查至销售收入明细账
　　B. 从发运凭证追查至销售收入明细账
　　C. 从销售单追查至发运凭证
　　D. 从发运凭证追查至销售发票

(3) 下列各项中,预防员工贪污、挪用销货款的最有效方法是( )。
　　A. 记录应收账款明细账的人员不得兼任出纳
　　B. 收取顾客支票与收取顾客现金由不同人员担任
　　C. 请顾客将货款直接汇入公司所指定的银行账户
　　D. 公司收到顾客支票后立即寄送收据给顾客

(4) 适当的职责分离有助于防止各种有意或无意的错误,以下的表述中进行了适当的职责分离的是( )。
　　A. 负责应收账款记账的职员负责编制银行存款余额调节表
　　B. 编制销售发票通知单的人员同时开具销售发票
　　C. 在销售合同订立前,由专人就销售价格、信用政策、发货及收款方式等具体事项与客户进行谈判
　　D. 应收票据的取得、贴现和保管由某一会计专门负责

(5) 在以下销售与收款授权审批关键点控制中,未做到恰当控制的是( )。
　　A. 在销售发生之前,赊销已经正确审批
　　B. 未经赊销批准的销货一律不准发货
　　C. 销售价格、销售条件、运费、折扣由销售人员根据客户情况进行谈判
　　D. 对于超过既定销售政策和信用政策规定范围的特殊销售业务,公司应采用集体决策方式

(6) 检查开具发票日期、记账日期、发货日期( )是主营业务收入截止期测试的关键所在。
　　A. 是否在同一恰当的会计期间　　B. 是否临近
　　C. 是否在同一天　　D. 相距是否不超过30天

(7) 下列各项中不属于营业收入截止期测试审计路线的是( )。
　　A. 以账簿记录为起点　　B. 以销售发票为起点
　　C. 以订货单据为起点　　D. 以发运凭证为起点

(8) 审计人员核对销货发票的日期与登记入账的日期是否一致,其主要目的是进行( )测试。
　　A. 真实性　　B. 完整性　　C. 机械准确性　　D. 截止

(9) 下列各项中,属于生产成本审计实质性测试程序的是( )。
　　A. 对成本进行分析性复核
　　B. 审查有关凭证是否进行适当审批
　　C. 审查有关记账凭证是否附有原始凭证及原始凭证的顺序编号是否完整
　　D. 询问和观察存货的盘点及接触、审批程序

(10) 企业的期间费用审计不包括(　　)。
　　A. 销售费用审计　　　　　　B. 管理费用审计
　　C. 财务费用审计　　　　　　D. 预提费用审计
(11) 审计人员在审计过程中发现以下事项,被审计单位的处理正确的是(　　)。
　　A. 将本年的收入作为下年收入入账
　　B. 将销售退回直接冲减当期的收入和成本
　　C. 将直接人工计入制造费用
　　D. 将广告宣传费计入管理费用

2. 多项选择题

(1) 收入是企业在日常活动中产生的经济利益的总流入,下列各项中不属于收入的有(　　)。
　　A. 对外销售原材料的收入
　　B. 出售固定资产的收入
　　C. 收取手续费方式下代销方取得的代销商品的收入
　　D. 出租无形资产的收入

(2) 主营业务收入审计的目标有(　　)。
　　A. 确定主营业务收入的内容、数量是否合理、正确、完整
　　B. 确定对销售退回、销售折扣与折让的处理是否适当
　　C. 确定主营业务收入的会计处理是否正确
　　D. 确定主营业务收入的列报是否恰当

(3) 下列各项收入中,能列作工业企业的其他业务收入的有(　　)。
　　A. 销售材料产生的收入
　　B. 提供运输劳务所取得的净收益
　　C. 出售无形资产所有权所取得的收入
　　D. 出租固定资产的租金收入

(4) 下列有关销售商品收入的处理中,正确的有(　　)。
　　A. 在采用支付手续费的委托代销方式下销售商品,发出商品时就确认收入
　　B. 已经确认收入的售出商品被退回时(不属于资产负债表日后期间),直接冲减退回当期的收入、成本、税金等相关项目
　　C. 当期已经确认收入的售出商品发生销售折让时(不属于资产负债表日后期间),直接将发生的销售折让作为当期的销售费用处理
　　D. 在采用预收款方式下销售商品的,在发出商品时确认收入

(5) 在主营业务收入审计中,运用分析性复核时常用的比率分析有(　　)。
　　A. 将审核年度各个时期的收入情况与以前年度进行比较
　　B. 审核年度各月各种主营业务收入的波动情况
　　C. 计算本期重要产品的毛利率
　　D. 计算重要客户销售额及其产品毛利率

(6) 下列各项中应在发生时直接确认为期间费用的有(　　)。
　　A. 专设销售机构固定资产的折旧费　　　B. 业务招待费

C. 管理人员差旅费 D. 车间管理人员薪酬

(7) 下列各项业务在进行会计处理时不应该计入管理费用的有（　　）。
　　A. 支付离退休人员工资 　　B. 生产车间管理人员的工资
　　C. 摊销管理部门用无形资产 　　D. 计提坏账准备

(8) 企业缴纳的下列各种税金中可能通过"税金及附加"科目核算的有（　　）。
　　A. 矿产资源补偿费 　　B. 增值税进项税额
　　C. 增值税销项税额 　　D. 城市维护建设税

(9) 下列各项费用最终计入管理费用的有（　　）。
　　A. 诉讼费 　　B. 无形资产开发的研究费用
　　C. 业务招待费 　　D. 日常经营活动聘请中介机构费

(10) 下列各项费用计入财务费用的有（　　）。
　　A. 发生的现金折扣 　　B. 短期借款的利息
　　C. 汇兑损益 　　D. 企业筹建期间的长期借款利息

(11) 确定主营业务收入归属期是否正确，应重点审查（　　）日期。
　　A. 发票开具　　　B. 收款　　　C. 发货　　　D. 记账

(12) 产成品成本的审查重点是（　　）。
　　A. 产成品的数量 　　B. 产成品的质量
　　C. 产成品的成本计算方法 　　D. 产成品的盘点方法

3. 判断题

(1) 审计人员如果将收入与资产虚报问题确定为被审计单位销货业务的审计重点，则通常无须对销货业务完整性进行交易实质性测试。（　　）

(2) 审计人员在对某年度主营业务收入实施截止期测试时，应以该年度的销售发票为起点，以检查是否高估主营业务收入。（　　）

(3) 企业在销售收入确认之后发生的销售折让，应在实际发生时冲减发生当期的收入。（　　）

(4) 对于采用计划成本计价的材料，应重点审查其计价方法是否遵循了一致性原则。（　　）

(5) 如果发运账单显示货物是在本报告期发运的，而相应的收入是在下一报告期计入的，则属于低计收入。（　　）

(6) 分析性复核方法是判断营业收入变动合理性的重要方法。（　　）

(7) 销售发票是营业收入的主要凭证，因此在审计时应对其采用详查法进行审查。（　　）

(8) 不论被审计单位规模大小，均采用详查法审查制造费用的真实性。（　　）

(9) 如果生产成本期末账面余额为零，则可认定其成本结转完毕。（　　）

(10) 审查产品成本计算的准确性，首先要分析被审计单位所选择的成本计算方法是否合理。（　　）

(11) 采用支付手续费委托代销方式下，委托方在发出商品时，商品所有权上的主要风险和报酬转移给了受托方，委托方在发出商品时应确认销售商品收入。（　　）

(12) 企业应交的房产税、教育费附加、印花税、矿产资源补偿费应记入"管理费用"

科目。 （ ）

4. 简答题

（1）主营业务收入一般存在的错弊主要有哪些？

（2）在审计过程中，与主营业务收入确认有密切关系的日期有哪三个？围绕这三个重要日期，在审计实务中，审计人员可以考虑选择哪三条审计路线实施营业收入的截止期测试？

（3）直接材料审查的内容有哪些？

（4）制造费用审查的内容有哪些？

（5）管理费用审查的内容有哪些？

5. 综合分析题

（1）填表9-2，回答企业销售与收款业务活动中主要业务活动所对应的主要凭证与记录，以及它们之间的对应关系。

表9-2 销售与收款业务活动中主要业务活动所对应的主要凭证与记录

主要业务活动	对应的凭证及记录
接受顾客订单	
批准赊销信用	
按销售单供货	
按销售单装运货物	
向顾客开具账单	
记录销售办理和记录现金及银行存款收入	
办理和记录销货退回及折扣、折让	
注销坏账	

（2）审计人员在对甲公司2018年的收入、成本及利润审计时，发现公司会计凭证中有大量的退货业务，红字冲销当年收入、成本及利润。

【要求】 分析对这种存在大量退货的情况是否需要进一步审查，可执行怎样的审计程序进行审查。

（3）审计人员审查某企业乙产品生产成本，发现以下情况：该企业乙产品按约当产量法计算在产品成本，基本生产车间月初在产品成本中，直接材料费用36 000元，直接人工费用9 000元，制造费用13 500元。本月发生直接材料费用165 600元，直接人工费用22 500元，制造费用58 500元。本月完工产品120台，月末在产品60台，在产品投料率90%，完工率60%。经查实，本月账面月末在产品实际成本118 500元，其中直接材料费用87 600元，直接人工费用10 500元，制造费用20 400元。本月完工产品成本已结转。

【要求】 ① 验算在产品实际成本。

② 指出存在的问题。

③ 提出处理意见。

第10章 利润审计

【学习要点】
※ 理解投资收益、营业外收支、所得税和利润分配的审计目标。
※ 理解并掌握投资收益、营业外收支、所得税和利润分配的审计程序与内容。

10.1 利润审计概述

企业的净利润反映企业在一定会计期间的经营成果,构成企业净利润的主要项目除企业的营业利润外,还有一些与企业日常经营活动联系不紧密的项目,主要包括投资收益、营业外收支净额和所得税等。这些业务虽不构成企业日常经营的主体,但却是影响企业净利润的重要项目。因此,审计人员在对这些项目审计的过程中,应当保持足够的谨慎态度,全面地实施审计程序,这样才能够保证对企业经营成果的真实性和公允性进行正确的评价。

10.1.1 投资收益审计

1. 投资收益审计的目标

投资收益是企业在一定期间因对外投资而获得的经济利益,在财政部颁布的新会计准则中,企业的投资一般有交易性金融资产投资、长期股权投资、债权投资、其他债权投资和其他权益工具投资等。"投资收益"项目主要核算企业根据长期股权投资准则确认的投资收益或投资损失;同时,企业处置交易性金融资产、交易性金融负债实现的损益,企业的债权投资、其他债权投资和买入返售金融资产在持有期间取得的投资收益和处置损益,也在本项目中核算。

投资收益一般包括以下审计目标。
(1) 确定利润表中记录的投资收益是否已发生,且与被审计单位有关。
(2) 确定所有应当记录的投资收益是否均已记录。
(3) 确定与投资收益有关的金额及其他数据是否已恰当记录。
(4) 确定投资收益是否已记录于正确的会计期间。
(5) 确定投资收益是否已记录于恰当的账户。
(6) 确定投资收益是否已在会计报表中作出恰当列报。

2. 投资收益的实质性测试

(1) 获取或编制投资收益分类明细表,复核其加计是否正确,并核对其与总账数和明细账合计数是否相符,与报表数核对是否相符。

(2) 与以前年度投资收益比较,结合投资本期的变动情况,分析本期投资收益是否存在异常现象。如有,应查明原因,并进行适当的调整。

(3) 与长期股权投资、交易性金融资产、交易性金融负债、可供出售金融资产债权投资、其他债权投资和买入返售金融资产等相关项目的审计结合,验证确定投资收益的记录是否正确,确定投资收益是否被记入正确的会计期间。

(4) 检查投资收益是否已恰当列报。检查投资协议等文件,确定国外的投资收益汇回是否存在重大限制。若存在重大限制,应说明原因,并作出恰当列报。

10.1.2 营业外收支审计

1. 营业外收支存在的主要错弊

(1) 故意把属于营业外收入的款项长期挂在其他应付款。

(2) 混淆营业外收入界限,将属于其他业务收入的款项列作营业外收入。

(3) 扩大营业外支出范围,将非公益救济性捐赠列入营业外支出,或提高公益性捐赠支出比例。

(4) 将企业正常损耗列入营业外支出。

2. 营业外收支审计的目标

(1) 确定利润表中记录的营业外收入、营业外支出已经发生,且与被审计单位有关。

(2) 确定所有应当记录的营业外收入、营业外支出是否均已记录。

(3) 确定与营业外收入、营业外支出有关的金额及其他数据是否已恰当记录。

(4) 确定营业外收入、营业外支出是否已记录于正确的会计期间。

(5) 确定营业外收入、营业外支出是否已记录于恰当的账户。

(6) 确定营业外收入、营业外支出是否在会计报表上作出恰当的列报。

3. 营业外收支的实质性测试

(1) 获取或编制营业外收入和营业外支出明细表,并核对其与明细账和总账是否相符。

(2) 抽查大额营业外收支项目,审查营业外收支项目设置的合规性。应注意检查营业外收支的有关凭证和批准文件,检查企业有无混淆营业收支、资本收支与营业外收支的情况。特别是应注意企业有无将不属于营业外收入的某些收入,如代制代修品收入、利息收入、股利收入及其他业务收入列入"营业外收入",以此偷税的行为;有无将不属于营业外支出的某些支出,如大修理期间的停工损失、购建无形资产的支出等列入营业外支出的情况。

(3) 审查营业外收支数额的真实性和正确性。对营业外收入,应注意查明企业有无计算错误,多计或少计营业外收入的情况。如罚款净收入的计算,应以企业取得的滞纳金和各种形式的罚款收入,弥补由于对方违反制度或违约造成的经济损失后的余额作为营业外收入;盘盈固定资产净收益应以盘盈固定资产的重置完全价值减折旧后的差额作为营业外收入;出售固定资产净收益应以变卖固定资产取得的收入减清理费后与账面净值的差额作为营业外收入。对营业外支出,应注意查明其支出金额是否属实,有无任意扩大支出、虚报支出、偷漏所得税的行为。尤其要注意固定资产盘亏及处理固定资产损失是否为净损失,有无按固定资产原值入账的行为;非常损失是否为自然灾害所致,是否报经批准,所列金额是否为损坏财产物资的账面价值扣除残值收入和保险公司及责任人赔偿部分的差额,有无直接按损失列支的行为；非正常停工损失是否为季节性停工损失和大修理停工损失以外的其他停工损失，损失金额的计算是否正确。

（4）审查营业外收支账务处理的合规性和正确性。审查时，应注意查明营业外收入是否及时、足额记入"营业外收入"账户，有无乱挤收入，将收入转入往来账或形成账外"小金库"，甚至挪用、贪污等情况。应注意查明营业外支出是否如实记入"营业外支出"账户，有无虚列支出的情况。期末营业外收支是否已全部转入"本年利润"账户，有无保留余额用以调节利润的情况。

（5）验明营业外收支净额是否已在利润表上恰当列报。

10.1.3　所得税费用审计

1. 新准则规定下所得税的会计处理

根据新准则的规定，企业所得税的核算要求采用资产负债表债务法。与原制度采用的应付税款法、递延法和利润表债务法相比，资产负债表债务法更加强调从资产负债表的角度考察企业的资产负债按会计准则确定的账面价值与按税法确定的计税基础之间的差异，并在资产负债表中反映这种暂时性差异对当期所得税费用的影响。

（1）资产与负债的计税基础如下。

① 资产的计税基础是指在企业收回资产账面价值过程中，计算应纳税所得额时按照税法规定可以自应税经济利益中抵扣的金额。通常情况下，资产在取得时其入账价值与计税基础是相同的，后续计量过程中因企业会计准则规定与税法规定不同，可能产生资产的账面价值与其计税基础的差异。比如，交易性金融资产的公允价值变动。按照企业会计准则规定，交易性金融资产期末应以公允价值计量，公允价值的变动计入当期损益。如果按照税法规定，交易性金融资产在持有期间公允价值变动不计入应纳税所得额，即其计税基础保持不变，这就产生了交易性金融资产的账面价值与计税基础之间的差异。假定某企业持有一项交易性金融资产，成本为1 000万元，期末公允价值为1 500万元，如计税基础仍维持1 000万元不变，则该计税基础与其账面价值之间的差额500万元即为应纳税暂时性差异。

② 负债的计税基础是指负债的账面价值减去未来期间计算应纳税所得额时按照税法规定可予抵扣的金额。短期借款、应付票据、应付账款等负债的确认和偿还，通常不会对当期损益和应纳税所得额产生影响，其计税基础即为账面价值。但在某些情况下，负债的确认可能会影响损益，并影响不同期间的应纳税所得额，使其计税基础与账面价值之间产生差额。比如，上述企业因某事项在当期确认了100万元负债，计入当期损益。假定按照税法规定，与确认该负债相关的费用，在实际发生时准予税前扣除，该负债的计税基础为零，其账面价值与计税基础之间形成可抵扣暂时性差异。

（2）当期所得税、递延所得税和所得税费用。企业在计算确定当期所得税（即当期应交所得税）及递延所得税负债（或资产）的基础上，应将两者之和（或差）确认为利润表中的所得税费用，但不包括直接计入所有者权益的交易或事项的所得税影响，即所得税费用＝当期所得税＋递延所得税负债（或减递延所得税资产）。

【例 10-1】 某企业 12 月 31 日资产负债表中有关项目账面价值及其计税基础见表 10-1。

表 10-1　资产负债表

××企业　　　　　　　　　　　　　　　　　　　　　　　　　　　　　　金额单位：万元

	项　目	账面价值	计税基础	暂时性差异	
				应纳税暂时性差异	可抵扣暂时性差异
1	交易性金融资产	1 500	1 000	500	
2	负债	100	0		100
	合　计			500	100

假定除上述项目外，该企业其他资产、负债的账面价值与其计税基础不存在差异，也不存在可抵扣亏损和税款抵减；该企业当期按照税法规定计算确定的应交所得税为 600 万元；该企业预计在未来期间能够产生足够的应纳税所得额用以抵扣可抵扣暂时性差异。

【要求】 计算企业所得税费用。

【解答】 该企业计算确认的递延所得税负债、递延所得税资产、递延所得税费用及所得税费用如下。

递延所得税负债 $= 500 \times 33\% = 165$（万元）

递延所得税资产 $= 100 \times 33\% = 33$（万元）

递延所得税费用 $= 165 - 33 = 132$（万元）

当期所得税费用 $= 600$（万元）

所得税费用 $=$ 当期所得税费用 $+$ 递延所得税费用 $= 600 + 132 = 732$（万元）

2．所得税费用审计的目标

(1) 确定利润表中记录的所得税费用是否已发生，且与被审计单位有关。

(2) 确定所有应当记录的所得税费用是否均已记录。

(3) 确定与所得税费用有关的金额及其他数据是否已恰当记录。

(4) 确定所得税费用是否已记录于正确的会计期间。

(5) 确定所得税费用是否已记录于恰当的账户。

(6) 确定所得税费用是否已在会计报表中作出恰当的列报。

3．所得税费用的实质性测试

(1) 获取或编制所得税费用明细表、递延所得税资产明细表、递延所得税负债明细表，核对其与明细账合计数、总账及报表数是否相符。

(2) 核实应交所得税的计算依据，确定应纳税所得额，计算当期所得税费用。

(3) 根据期末资产及负债的账面价值与其计税基础之间的差异，以及未作为资产和负债确认的项目的账面价值与按照税法的规定确定的计税基础的差异，计算递延所得税资产、递延所得税负债期末应有余额，并根据递延所得税资产、递延所得税负债期初余额，倒挤出递延所得税费用（收益）。

(4) 将当期所得税费用与递延所得税费用之和与利润表上的"所得税费用"项目金额进行核对。

(5) 确定所得税费用、递延所得税资产、递延所得税负债是否在财务报表中作出恰当的列报。

10.2 利润分配审计

10.2.1 利润分配项目常见的错弊分析

企业的利润分配应包括实现利润时按一定顺序和标准对利润进行分配及发生亏损时按一定程序弥补亏损。

企业利润分配项目常见的错弊主要包括以下几种。

1. 税后利润错弊

《企业会计制度》规定,企业应以营业利润、投资净收益和营业外收支净额所构成的利润总额为基础,按财政部规定增加或扣减有关的收支后,依法缴纳所得税,缴纳所得税后的利润即为税后利润。税后利润错弊包括以下两种类型。

(1) 转移利润错弊

随着股份制的逐步推行,企业资产开始呈现多元化格局,企业之间有时会出现交错的投资和被投资的关系。企业从其他单位分来的利润通过"投资收益"科目核算;分出的投资利益通过"利润分配——应付利润"科目核算。有些企业利用其下属福利厂、知青厂免税之机,将企业的利润转移到其所属厂的名下,以达到偷税的目的。如将材料、设备、半成品等无偿转到其附属厂,经过一些加工,再以高价买回,使企业利润转移。查账时会发现企业利润水平无端下降,其所属厂盈利水平异常,且本企业账上盈利虽少却大兴土木,大发奖金,似盈利极好。查账人员对此类错弊应重点审查其有关支出账目,观察其建设项目及奖金、实物等职工收入是否有合理的来源。

以上为从本单位转出利润的错弊,也有企业将其直属分支机构或企业的经营利润隐匿下来,直接转到"小金库"。查证时,应审阅有关往来账户,还应到其直属分支机构进行调查,了解其利润实现和上交情况,查明问题。

(2) 利润调整错弊

企业年终结账后若发现一些以前年度会计事项未入账,如涉及以前年度损益直接在"未分配利润"明细科目核算,调整增加上年利润或调整减少上年亏损的,借记有关科目,贷记"利润分配——未分配利润"科目;调整减少上年利润或调整增加上年亏损的,借记"利润分配——未分配利润"科目,贷记有关科目。实际工作中,存在篡改以前资料,随意调整"利润分配——未分配利润"的现象。查证利润分配时,查账人员应注意把调整额和当年的实际额相对比,看其是否相符;还要核实当年的总账资料或报表资料的真实性,检查有关账户,以查清问题。

2. 利润分配错弊

利润分配应按一定顺序和有关的标准进行分配。

(1) 利润分配顺序的错弊。利润分配是指企业根据国家有关规定和企业章程、投资者协议等,对企业当年可供分配的利润所进行的分配。

可供分配的利润=当年实现的净利润(或净亏损)
　　　　　　　　+年初未分配利润(或减年初未弥补亏损)+其他转入

对可供分配的利润,应当按下列顺序分配:①提取法定盈余公积;②提取任意盈余公积;③向投资者分配利润。

在实际工作中,存在着分配顺序不正确的会计错弊。有的企业优先提取任意盈余公积,然后支付股利,最后用税后利润弥补亏损,使企业亏损越来越大。

(2) 利润分配标准的错弊。利润分配中的一些项目是有很明确的规定的。提取法定盈余公积时,应按照税后利润扣除违反税法的滞纳金和罚款、弥补以前年度亏损后的 10% 提取;盈余公积已达注册资金 50% 时可不再提取;对股份有限公司,当年无利润时,不得分配股利,但在用盈余公积弥补亏损后,经股东会特别决议,可以按照不超过股票面值 6% 的比率用盈余公积分配股利,在分配股利后,企业法定盈余公积不得低于注册资金的 25%。

实际工作中,存在未按规定标准进行利润分配的问题。有的企业私自提高计提比率,擅自改动其计提基数,造成利润分配不合规、不真实;有的企业在法定盈余公积已超过资本金总额的 50% 之后,仍旧提取法定盈余公积;有的企业在不应分配股利的情况下(既未经股东会决议通过,法定盈余公积也已低于注册资金的 25%),出于某种目的,向投资者发放股利,或发放的比率高于 6%。

3. 亏损弥补错弊

根据规定,企业发生的年度亏损,可以用下一年度的税前利润弥补;下一年度税前利润不足弥补的,可以在 5 年内继续弥补;5 年内不足弥补的,应当用税后利润弥补。企业发生的年度亏损已超过用税前利润抵补期限的,可用企业的法定盈余公积弥补。

实际工作中存在的企业亏损弥补错弊是指该用税后利润或法定盈余公积弥补的年度亏损却用税前利润弥补,从而少纳了所得税;或者企业对亏损不予弥补,虚拟利润,一旦承包期满承包人卸职之后,才发现企业已经亏空。

10.2.2 利润分配审计的目标

利润分配一般包括以下审计目标。
(1) 确定利润分配的顺序是否符合规定,利润分配方案是否按股东和董事会的决定办理。
(2) 确定所有应当记录的利润分配是否均已记录。
(3) 确定与利润分配有关的金额及其他数据是否已恰当记录。
(4) 确定利润分配是否已记录于正确的会计期间。
(5) 确定利润分配是否已记录于恰当的账户。
(6) 确定利润分配是否已在会计报表中作出恰当的列报。

10.2.3 利润分配的实质性测试

利润分配主要的实质性测试包括以下程序。
(1) 结合收益、收入、成本和费用的审计,检查利润的归集是否正确。
(2) 检查利润分配的来源、顺序是否符合相关法规的规定。
(3) 检查资本公积、盈余公积、未分配利润的运用是否合理,其会计处理是否正确。
(4) 检查亏损弥补是否符合相关的法规规定。

【例 10-2】 审计人员李明在对 W 公司的未分配利润进行审计时,发现未分配利润明细账中一笔业务摘要为"转增资本",金额为 100 000 元。

【要求】 该笔业务有没有异常?审计人员是否能对该项业务进行确认?

【解答】 该公司把未分配利润 100 000 元转增资本,管理当局解释,公司原注册资本为

300 000元,甲、乙双方出资者各占70％和30％,工商部门在年检过程中发现其会计报表中的实收资本仅有200 000元,要求公司或追加投资以补足其注册资本或变更登记其注册资本额(减资),公司因不准备追加投资,又不想将其注册资本减少为200 000元,经董事会决议,将其未分配利润100 000元转为实收资本,全部作为甲方出资。但我国任何会计制度都没有规定"未分配利润可以转增资本",因此,审计人员不能对该项业务确认,应建议被审计单位调账。

本章小结

本章主要论述了投资收益、营业外收支与所得税审计的目标以及具体的审计内容,学习的重点是投资收益、所得税费用审计和利润分配审计。

投资收益是企业在一定期间因对外投资而获得的经济利益。投资收益审计的主要内容是:获取或编制投资明细表,分析性复核,实地盘点投资资产,并检查账实是否相符,检查投资的入账价值、投资收益、长期投资业务是否符合国家的限制性规定,检查长期投资的核算方法,检查本期发生的重大股权变动,检查投资在分类上相互划转的会计处理是否正确,检查投资在报表中是否作出正确的列报。

在所得税费用审计中,重点关注所得税费用的计算是否正确、会计处理是否正确,是否已在会计报表中作出恰当的列报。

企业的利润分配应包括实现利润时按一定顺序和标准对利润进行分配及发生亏损时按一定程序弥补亏损。利润分配主要的审计内容有检查利润的归集是否正确;检查利润分配的来源、顺序是否符合相关法规的规定;检查资本公积、盈余公积、未分配利润的运用是否合理,其会计处理是否正确;检查亏损弥补是否符合相关的法规规定。

复习思考题

1. 单项选择题

(1) 根据会计准则的规定,下列各项目核算中不会涉及"投资收益"的是(　　)。
  A. 交易性金融资产　　　　　　B. 长期股权投资
  C. 持有至到期投资　　　　　　D. 所得税

(2) 检查投资项目的总体合理性,最有效的程序是(　　)。
  A. 分析性复核　　　　　　　　B. 编制投资收益明细表
  C. 函证　　　　　　　　　　　D. 盘点企业各项投资

(3) 某企业将材料销售收入列入营业外收入,不会导致(　　)的结果。
  A. 主营业务利润增加　　　　　B. 营业利润不变
  C. 少交税款　　　　　　　　　D. 其他业务利润减少

(4) 在权益法下核算投资收益时,审计人员应认可的投资收益增加的时间为(　　)。
  A. 被审计单位根据被审计单位的净利润计算投资收益时
  B. 被审计单位实际收到投资收益时
  C. 会计年度结算日
  D. 投资合同确定的日期

(5) 下列不属于营业外收支项目产生错弊的事项是(　　)。
  A. 将企业因案件胜诉所得的款项长期挂在其他应付款

B. 将处置固定资产净收益作为其他业务收入

C. 将出售原材料所得记入"主营业务收入"

D. 将企业存货的正常损耗记入"营业外支出"

(6) 企业的罚款支出应当记入（　　）科目。

　　A. "管理费用"　　B. "其他业务成本"　　C. "销售费用"　　D. "营业外支出"

(7) 某企业2012年亏损100万元，经过2013—2017年税前利润弥补后尚有10万元未弥补亏损。2018年实现利润总额100万元，所得税税率为25%，按15%的比例提取盈余公积。假定不考虑其他因素，该企业2018年年末未分配利润余额为（　　）万元。

　　A. 57.375　　　B. 55.25　　　C. 63.75　　　D. 65

(8) 按照新会计准则的要求，所得税会计需要采用（　　）核算。

　　A. 递延法　　B. 利润表债务法　　C. 应付税款法　　D. 资产负债表债务法

(9) 企业资产和负债的计税基础与账面价值的差额，称为（　　）。

　　A. 暂时性差异　　B. 时间性差异　　C. 永久性差异　　D. 可抵减差异

(10) 企业利润分配项目常见的错弊不包括（　　）。

　　A. 税后利润错弊　　　　　　B. 营业利润错弊

　　C. 利润分配错弊　　　　　　D. 弥补亏损错弊

(11) 下列各项中，在计算应纳税所得额时需要做纳税调减的是（　　）。

　　A. 超标的广告费支出　　　　B. 超过税法规定标准的职工薪酬

　　C. 国库券利息收入　　　　　D. 税收滞纳金支出

2. 多项选择题

(1) 对投资净收益的审查，应依据"投资收益"账户，结合（　　）等账户进行。

　　A. "交易性金融资产"　　　　B. "长期股权投资"

　　C. "其他业务收入"　　　　　D. "可供出售金融资产"

(2) 在权益法下计算投资收益的审查中，（　　）项目不应记入"投资收益"。

　　A. 投资企业的亏损额　　　　B. 分得的股利

　　C. 分得的联营利润　　　　　D. 股利应支付的税款

(3) 下列各项中，应记入"营业外收入"的有（　　）。

　　A. 出售固定资产取得的净收益　　B. 转让长期股权投资的净收益

　　C. 赔款收入　　　　　　　　　　D. 盘盈存货取得的净收益

(4) 下列项目中，不应记入"营业外支出"的有（　　）。

　　A. 计提的固定资产减值准备

　　B. 购买交易性金融资产所支付的相关费用

　　C. 管理不善造成的存货盘亏净损失

　　D. 转让无形资产所有权造成的净损失

(5) 下列属于投资收益审计内容的有（　　）。

　　A. 审查投资收益来源的合法性和合理性

　　B. 审查投资收益入账的正确性和及时性

　　C. 审查投资收益数额计算的真实性和正确性

　　D. 审查投资收益账务处理的合规性和正确性

(6) 下列错误的会计事项,只影响营业利润而不影响利润总额的有( )。
　　A. 将投资收益错登为"其他业务收入"
　　B. 将罚款支出错登为"其他业务成本"
　　C. 将定额内损耗的存货盘亏错登为"营业外支出"
　　D. 将出售原材料的成本错登为"主营业务成本"

(7) 营业外收支的审计目标有( )。
　　A. 确定营业外收入、营业外支出的记录是否完整
　　B. 确定营业外收入、营业外支出的计算是否正确
　　C. 确定营业外收入、营业外支出的列支范围是否正确
　　D. 确定营业外收入、营业外支出在会计报表上的列报是否恰当

(8) 所得税费用的审计目标是( )。
　　A. 所得税的数额是否正确、完整　　B. 所得税的计算是否正确
　　C. 所得税的会计处理是否正确　　　D. 所得税的列报是否恰当

(9) 下列审计程序和方法中,需要在利润分配审计中采用的是( )。
　　A. 编制明细表,核对总账和明细账是否相符
　　B. 函证
　　C. 盘点
　　D. 分析性复核

(10) 在审查利润分配时,不需要检查的账户是( )。
　　A. 应交税金　　B. 主营业务收入　　C. 管理费用　　D. 资本公积

(11) 所得税审计的要点有( )。
　　A. 审查所得税计税依据　　　B. 审查所得税税率
　　C. 审查所得税减免　　　　　D. 审查应纳税所得额的计算和会计处理

(12) 企业利润分配项目常见的错弊主要有( )。
　　A. 转移利润错弊　　　　　　B. 利润调整错弊
　　C. 利润分配顺序错弊　　　　D. 利润分配标准错弊

3. 判断题

(1) 根据《企业会计准则》(2006)的要求,所得税的核算应采用纳税影响会计法。( )

(2) 在投资收益的审计中,应当注意企业对投资采用何种核算方法,对于持有被投资方50%以上的股权的投资,按照新准则的规定,通常采用权益法核算。( )

(3) 营业外收支项目虽不构成企业营业利润,但却是企业利润总额的重要部分,因此在审计中需要关注其明细项目的内容。( )

(4) 企业可以通过将不应在税前弥补亏损的亏损用税前利润弥补,从而达到少交所得税的目的。( )

(5) 某企业将合理的存货损耗记入了当期"营业外支出",针对此事项,审计人员建议将合理的存货损耗记入"管理费用"。( )

(6) 某企业年初有上年形成的亏损 50 万元,当年实现利润总额 40 万元。假设企业本期无纳税调整事项,则企业当年还应缴纳一定的企业所得税。( )

(7) 企业计算所得税费用时,应该用当期所得税加上递延所得税资产本期发生额,减去

递延所得税负债本期发生额。（　　）
(8) 企业盘盈的固定资产应该直接记入"营业外收入"账户中。（　　）
(9) 利润审计是指对利润形成及利润分配真实性与正确性所进行的审查。（　　）
(10) 对投资收益的审计,具体包括投资收益的审查和投资损失的审查两个方面。（　　）
(11) 当年无利润时,可以向投资者分配利润。（　　）
(12) 应纳税所得额＝利润总额＋(－)税前会计利润调整项目金额。（　　）

4. 简答题
(1) 投资收益审计的主要内容包括哪些？
(2) 对所得税的审计应重点关注哪些问题？
(3) 利润分配中常见的错弊有哪些？审计过程中应如何查证？

5. 综合分析题
【案例一】
【资料】 审计人员对 A 公司 2019 年度财务会计报告进行了审计,在审计中发现以下事项。

(1) A 公司 2019 年年末进行了存货的清查,发现盘亏 200 万元,经查明,其中 50 万元是由于仓库管理不严引起的,剩余 150 万元是由于 2019 年 7 月遭遇洪水导致的损失。据此,A 公司将 200 万元盘亏的存货全部记入"营业外支出"账户。

(2) A 公司 2019 年 12 月 1 日向 B 公司销售一批商品,价税合计 113 万元,销售时开出的现金折扣条件为:(2/10,1/20,n/30),12 月 15 日,B 公司如数支付价款,A 公司将实际发生的现金折扣全部记入"营业外支出"账户。

(3) 2019 年 11 月,A 公司处置一项管理用设备,原价 150 万元,已计提 100 万元的折旧,预计无残值,处置过程中发生清理费用 10 万元,处置收入为 70 万元,考虑到该设备的用途,A 公司将处置净收益全部冲减了"管理费用"账户。

【要求】 (1) 代审计人员判断各事项的处理是否恰当。
(2) 对于处理不恰当的事项,请代为编制调整分录。

【案例二】
【资料】 审计人员在审计甲公司 2018 年度财务报告时,发现其对乙公司的 1 000 万元的股权投资在 2018 年确认了 150 万元的投资收益。甲公司对乙公司的投资系 2017 年 7 月 1 日投出,占乙公司有表决权资本的 15%,2017 年乙公司盈利 1 000 万元,2018 年乙公司盈利 800 万元,2018 年 5 月,乙公司发放 2017 年度现金股利共 1 000 万元。

【要求】 针对该事项,审计人员应当作出何种判断,提出何种建议？

【案例三】
【资料】 审计人员于 2019 年 9 月 16 日审查丰华公司时,发现 2018 年度有一项无形资产投资活动,该公司当年从被投资公司收到 96 000 元利润,作了以下会计处理。

借：银行存款　　　　　　　　　　　　　96 000
　　贷：投资收益　　　　　　　　　　　　　　56 000
　　　　其他应付款　　　　　　　　　　　　　40 000

【要求】 分析该公司这样的会计处理是否有疑问,并提出查证方法和处理意见。

第11章 审计报告

【学习要点】

※ 了解有关审计报告的基本知识。
※ 熟悉审计报告的含义、种类及各类审计报告的特点。
※ 掌握民间审计和内部审计的审计报告的撰写方法与步骤。
※ 掌握民间审计报告的意见类型。

11.1 审计报告概述

审计报告是审计人员对被审计单位经济活动的合规性、真实性和效益性进行审查与评价,做出审计结论的书面文件。它对于反映审计意见、证明审计事项、体现审计质量和效果等,均具有重要的意义。因此,审计人员必须以客观、认真、慎重的态度,按照规范的要求编写审计报告。

1. 审计报告的概念与作用

审计报告是审计人员根据审计授权者或委托者的要求,根据审计准则的规定,在实施审计工作的基础上对被审计单位财务报表发表审计意见的书面文件。简而言之,就是审计人员在审计结束后,将审计结果向审计委托人或授权人所做的书面报告。同时它也是审计人员对被审计对象发表综合性审计意见的主要方式。编写审计报告是审计工作的最终产品,是审计过程中极为重要的一个环节。

审计实施阶段结束后,审计人员就应着手整理审计工作底稿,综合分析收集到的审计证据,据以形成审计意见,并编写审计报告。审计报告是向审计委托人(或授权人)及有关单位传达审计结果及其意见,解脱审计人员审计责任的一种手段,是审计工作的最后一项重要活动,它向有关关系人就被审计单位的财务状况和经营成果及遵纪守法情况提供了一定程度的保证,供有关方面参考。因此审计人员必须慎重对待审计报告,对审计报告的真实性、合法性负责,如实反映审计的范围、审计的依据、实施的审计程序和应发表的审计意见。

审计报告的编写和出具,对于反映审计意见、证明审计事项、体现审计质量和效果等,均具有重要的意义。

审计报告具有以下作用。

(1) 编写审计报告,是为了全面总结审计过程和结果。审计人员的工作都是按一定规范和要求进行的。在审计的准备阶段,通过外围的初步调查和了解,制订周密的审计工作方案;在审计的实施阶段,按照一定的审计程序,运用审计方法,收集充分而恰当的审计证据,编制详细的审计工作底稿;当审计工作进入终结阶段,就可以对审计工作底稿进行分析、整理、综合和归纳,广泛征求有关方面的意见,写出审计报告,从而对整个审计过程和结果进行高度总结。

(2) 编写审计报告,便于揭露被审计对象的主要错弊。揭错防弊是现代审计特别是财务审计的一个比较重要的目的,在"两权"分离的情况下,财产的所有者主要通过第三者的审计报告了解财产的经营管理者是否诚实地履行了受托经济责任,在整个经营管理过程中有无错误和欺诈行为。而审计人员有责任将审计过程中所发现的重要错弊通过审计报告向财产的所有者披露,向社会公众报告。如在国家审计工作中,审计机关还应根据审计报告中所认定的重要问题,对被审计单位做出审计结论和决定。

(3) 编写审计报告,便于向被审计单位提供改进经营管理的建议和意见。通过审计,对于经营管理中存在的问题,审计人员应向被审计单位管理者提供建设性的意见。如我国《内部审计具体准则》要求"针对审计发现的主要问题,提出改善业务活动、内部控制和风险管理的建议"。这种建设性意见是通过一种特殊的审计报告——致管理者建议书来提供给被审计单位的。审计委托人真正希望得到的,不只是一份标准的查账报告,而是包括一份切实可行、击中要害的管理建议书。所以,审计人员往往把为被审计单位提供建设性意见看得比查找错弊更为重要。当然,这并非说每一份审计报告都必须向被审计单位提交改进经营管理的建议书。

(4) 审计报告对社会各界发挥着经济公证作用。审计报告是具有法定证明效力的证明文件。审计人员通过编送审计报告,证明了审计人员自身的双重职责:一方面,向审计委托人(或授权人)证明自己依法独立地完成了审计任务,履行了审计职责;另一方面,向被审计单位证明自己依照审计准则,客观公正地进行了审计活动,维护了被审计单位的正当权益。审计人员以第三者的身份,依据审计报告,对被审计单位所涉及的事项进行公证。审计委托人可以根据它认定或解脱了被审计单位的经济责任,为司法部门惩罚和判罪提供依据。财政、税务、银行、物价和工商管理等部门,为了加强专业监督,一方面通过自身的监督活动收集资料;另一方面又充分利用具有权威性、法制性、综合性的审计报告进行专业监督活动。投资者在投资前为了减少投资风险,了解被投资者的经营情况和财务状况,也就必须依赖被投资者的会计报表和审计报告,从而做出是否进行投资的决策。审计人员编写的审计报告最终要提供给上述与被审计单位有关的单位和个人使用,他们使用审计报告的前提在于审计人员能处于客观、公正的立场,实事求是地发表审计意见。

2. 审计报告的分类

审计报告根据审计主体、审计目的和要求的不同,具有不同的内容和表达方式,因此,审计报告可按不同的标准进行分类。认识审计报告的种类,有助于掌握各种审计报告的特点,更好地编写审计报告,使审计报告发挥更大的作用。下面介绍审计报告的几种主要分类。

(1) 按审计报告的内容和目标不同进行分类

按审计报告的内容和目标不同划分,可分为财政金融审计报告、财务审计报告、经济效益审计报告、验资报告、资产评估报告、经济效益预测审查说明、管理建议书和清算审计报告。

按审计报告的内容和目标不同进行分类,其种类还会随着审计内容的拓宽、审计目标的变化而有所增减。在实际审计工作中,审计机构出具的审计报告除以上种类外,还有财经法纪审计报告、会计证据鉴定报告和资信证明等。

① 财政金融审计报告。财政金融审计报告又可分为财政审计报告和金融审计报告。财政审计报告是审计人员从宏观经济角度对国家各级政府的财政预算执行情况和财政决算进行审查后，做出审计结论，以便上报审计机关做出审计决定的审计报告。由于财政资金的筹集、使用、调节和分配，涉及各主管部门及其所属企业或事业单位，在审查财政预算执行情况和财政决算时，往往按其重点需要延伸到主管部门及其所属企业或事业单位的财务收支。因此，财政审计报告涉及面广、内容较多，其问题的阐述也较为翔实。

金融审计报告是从宏观经济角度对各级金融机构的信贷收支计划执行结果以及信贷、结算、现金管理纪律执行情况进行审查后，做出审计结论，以便上报审计机关作为审计决定的审计报告。由于各类专业银行和其他金融保险企业都有各自全国性的组织系统，金融审计中发现的问题，往往属于整个系统的问题，因此，在金融审计报告中，必须从宏观经济着眼，权衡利弊得失，充分听取有关方面的意见，缜密地分析、研究问题的症结所在，以便提出比较中肯的审计结论。

② 财务审计报告。财务审计报告一般是对被审计单位的年度财务报表所反映的财务收支状况、经营成果和财务状况变化进行审查验证后出具的审计报告书，也称为查账报告。对年度财务报表的审查是审计机构的主要业务，对企业年度财务报表的审查应按照《审计法》《注册会计师法》等办理。

③ 经济效益审计报告。经济效益审计报告是指对被审计单位微观及宏观经济效益进行审计后所提出的审计报告。在该类审计报告中，应根据评价经济效益的标准，衡量被审计单位经济效益的优劣，从中找出差距、分析原因、挖掘提高经济效益的潜力，并且提出切实可行的建议。

④ 验资报告。验资报告是指对各企业所有者权益及相关的资产、负债的真实性和合法性进行检查验证所做出的证明。验资是社会审计组织的法定业务，其他任何机构都不得从事验资工作，更不得出具验资报告。在验资报告中，审计人员应根据我国的有关法规、制度规定及与投资者有关的合同和章程，对各企业的所有者权益进行确认，并出具证明。

⑤ 资产评估报告。资产评估报告是指具有资产评估资格的机构对委托人的资产价值形态进行评估后所出具的报告书。资产评估的根本目的在于保护资产所有者的合法权益。根据现行法规规定，资产评估工作既可以由专门的资产评估机构进行，也可以委托审计机构进行。资产评估既可以是国有资产评估，也可以是非国有资产评估。如果是国有资产评估，应先由资产管理部门立项批准。由于资产评估范围广、难度大、技术性强，所以，进行资产评估的单位和个人一定要具备一定的资格。对于有些资产的评估，其评估结果还要经资产管理部门验证确认，然后再下达资产评估确认通知书。

⑥ 经济效益预测审查说明。在我国股份公司中，当现有公司改组为上市公司或定向募集公司改组为社会募集公司时，根据股份公司的有关规定，应对股份公司未来三年的经济效益进行预测，并且应经中国注册会计师审查，出具审计报告。这种审计报告称为"关于××股份有限公司××年至××年经济效益预测的审查说明"。另外，审计人员也可以对项目的可行性(经济部分)进行研究，出具可行性研究报告；或者对项目的可行性研究报告(经济部分)进行审查并出具报告。这两种报告是审计人员出具的特种报告。在特种报告中，审计人员并不证明未来经济效益的现实性，对未来经济效益预测结果中的各种数据，并不提供任何

担保。审计人员只是对未来经济效益预测的前提条件、依据、方法和数据来源的合理性发表意见,否则会引起社会公众的误解。所以,审计人员在出具类似审计报告时,一定要注意摆正自己的位置,明确自己的责任界限。

⑦ 管理建议书。管理建议书是指审计人员通过审计后,向被审计单位管理者提出改进其生产经营管理和健全内部控制制度意见的报告书,所以又称"致管理者建议书"。管理建议书也是审计人员的特种审计报告,由于它本身是一种建议,管理建议书中所提出的问题和改进意见并不具有公正性和强制性,仅供管理者参考,也不对外公布。

⑧ 清算审计报告。清算审计报告是指对宣告终止并进行清算的企业,在清算过程中,对清算程序、清算费用、清算损益、债权债务的清偿、剩余财产的处分及清算会计报表进行审查后所出具的报告书。企业宣告终止后,清算工作既可以由企业的清算机构直接办理,也可以聘请注册会计师参加,以求公正。但清算终结后,清算机构的清算报告连同清算财务报表必须经过中国注册会计师审查并出具报告。

(2) 按审计报告的详简程度不同进行分类

按审计报告的详简程度不同划分,可分为简式审计报告和详式审计报告。

① 简式审计报告。简式审计报告又称短式审计报告,社会审计组织所编写的公正性审计报告多属于此类。该报告的特点在于语言精练,内容简洁明了,从形式到内容比较规范,报告中的一字一句都有其特殊的用途。所以,审计人员在出具这类审计报告时,其内容的编排,语言的表达,文字的挑选一定要慎重,应给予必要的职业关注。

② 详式审计报告。详式审计报告又称长式审计报告,国家审计机关、内部审计机构所编写的综合性或专项审计报告多属于该类。其范围广、篇幅长、内容丰富,包括被审查的所有事实和结果。该报告的详细程度取决于审计目的和要求,也取决于被审计单位存在问题的多少。

(3) 按审计报告的签发主体不同进行分类

按审计报告签发主体不同划分,可分为国家审计机关的审计报告、社会审计组织的审计报告及部门和单位内部审计机构的审计报告。

① 国家审计机关的审计报告。国家审计机关的审计报告一般包括审计机关领导审定的审计报告和根据审计报告做出的审计结论与决定通知书两部分。国家审计机关的审计报告除发送被审计单位以外,还应上报本级人民政府和上级审计机关,同时抄送被审计单位的上级主管部门、财政、税务和银行等机构。国家审计机关编写的审计报告一般较详细、具体,篇幅也较长。

② 社会审计组织的审计报告。社会审计组织的审计报告也称民间审计报告,是指由会计师事务所、审计事务所接受国家行政机关、企事业单位和个人的委托进行审计后所编写的审计报告。社会审计组织所编写的审计报告,其内容较简练,文字不多,直接提交给审计的委托人。社会审计组织接受国家审计机关的委托,代表国家审计机关从事审计所编写的审计报告,应直接提交给国家审计机关,最后以国家审计机关的名义签发。从本质上讲,这类审计报告应属于国家审计机关的审计报告。

以上两类审计报告,都是外部审计报告。

③ 部门和单位内部审计机构的审计报告。部门内部审计人员对所属企业与事业单位进行审计,就被审计单位经营活动和内部控制的适当性、合法性及有效性所编写的审计报

告,与国家审计机关的审计报告基本相同;所不同的是,除上报本部门领导外,还应根据其管理体制抄报同级国家审计机关。至于单位内部审计机构对本单位及其内部各层次进行审计所编写的审计报告,则除上报本单位领导外,还应上报上级部门内部审计机构。部门和单位内部审计所编写的审计报告,由于对情况了解较深入、涉及面广,多采用详式审计报告的格式。

11.2 审计报告的编制

1. 编写审计报告的基本要求

编写审计报告是一项十分严肃的工作,它要求审计人员具有较强的业务能力、政策水平、较好的理论修养和文字功底。为了保证审计报告的质量,准确地表达审计人员的意见,审计报告的编写应符合下列基本要求。

(1) 实事求是,客观公正。编写审计报告,必须站在客观公正的立场上,保持不偏不倚的独立态度,以提高审计报告的可信性。衡量客观公正立场的标准就是实事求是。审计人员在引证资料、叙述问题、分析原因、做出结论并编写审计报告时,必须实事求是,一切以事实为依据,以法律、制度为准绳,绝不能凭主观臆断或凭个人习惯和爱好随意推测,或先入为主轻信一方,特别在涉及经济利益的问题上,更应保持客观公正的立场。当集体、个人利益与国家利益发生矛盾时,审计人员要站在公正的立场上,维护国家的合法权益,不为个人、小集体利益所左右。同时,审计报告揭示的问题,必须要有充分的审计证据支持,既不能置客观事实于不顾,大事化小,小事化了,隐匿一些证据确凿的问题;也不能无中生有,小题大做,审计报告的内容要经得起实践的检验。例如内部审计要求,审计报告的编制应实事求是、不偏不倚地反映审计事项。

(2) 证据确凿,评语公允。审计人员对审计报告中列举的数据资料一定要认真计算、复核,做到准确无误;对于各种证据资料,也应进行调查核实,保证审计证据既充分可靠又具备有效的证明力,为发表审计意见提供合理基础。在审计报告中,审计人员必须根据实际情况,对被审计事项明确公允地表示自己的态度和意见,给出恰当的审计评语。审计人员对被审计事项做出的评语,一定要态度明朗,使审计报告读者得到一个明确的结论。做出的评语要力求切实、公允,给出的每一种评语都要有事实根据,令人信服。

(3) 抓住关键,突出重点。编写审计报告时一定要坚持重要性原则,紧紧抓住要害问题、关键性问题,突出重点,深刻剖析,充分揭露,提出明确而具体的意见,使审计报告的读者能明了审计结果。在编写审计报告时,审计人员应选择与审计目标有关的问题作为报告的内容,不能事无巨细、面面俱到。对于某些重大的问题,应详细阐述,不要三言两语;对一些次要的、影响不大的问题,一般可以一笔带过或略而不提,这样才能使审计报告的内容重点突出、主次分明。例如内部审计要求,审计报告应当客观、完整、清晰、及时、具有建设性,并体现重要性原则。

(4) 文字简练,措辞得体。审计报告是提供给有关人员阅读和使用的,所以整个审计报告的内容一定要条理清楚,层次分明,语言文字要字斟句酌,反复推敲,简明扼要。语言表达要准确无误,尽量选用专业术语,避免使用不负责任的词句和华丽的词藻,以免审计报告使用者产生误解。在语句上,也要求写得言简意赅,不要大发议论。审计报告做出的审计结论,既关系到被审计单位的利益,又关系到审计报告使用者的正确决策,还关系到审计人员的职业声誉,因此,审计报告中的一些措辞一定要得体,以免结论失实或难以明确责任。

2. 编写审计报告的步骤

编写审计报告是一项细致而慎重的工作,一般按下列步骤进行。

(1) 复查审计过程。审计人员在编写审计报告前要对审计过程进行复核检查,应着重整理、复核审计工作底稿的内容,核实、分类、归纳原始资料和分析问题性质。从审计小组的分工情况看,审计报告一般由审计小组的负责人起草,而平时的审计工作底稿主要由审计小组各成员编制。审计工作底稿是否完备,其内容是否详细、准确无误,出处是否清楚等,都必须经有关人员反复核实,如果审计工作不符合要求,可以重新取证审查。

(2) 拟订提纲,编写初稿。经过复查后,如果审计人员认为发表审计意见的条件已经具备,便可开始着手编写审计报告初稿。对需要写入审计报告的问题,经过进一步分析定性之后,便可由主审人召集审计组会议,集体拟订审计报告编写提纲,或由主审拿出提纲初稿,提交会议讨论。提纲的内容一般根据整理出来的问题进行编写,即把所有问题按不同性质进行分类,归纳为几个主要问题,并冠以适当的标题,然后在标题下具体列示各项问题。编写审计报告时,只需在提纲的基础上对所收集资料进行筛选提炼,确定审计报告所需要的资料,然后考虑审计报告的内容、结构安排及格式,最后形成审计报告初稿。审计报告可由一人执笔,也可由几个人分工撰写,但必须由一人负责统稿。

(3) 征求被审计单位的意见。为了保证审计工作的客观性和公正性,审计报告初稿完成之后,在正式对外签发之前,可交由审计组成员传阅,再召集审计组会议,进行充分讨论,反复推敲,认真研究,集思广益,修改完善,然后根据审计工作程序的规定和要求,再征求被审计单位和有关方面的意见。被审计单位应当在收到审计报告 10 日内提出书面意见,在规定期限内没有提出书面意见的,视同无异议。审计人员对被审计单位所提出的意见,应慎重考虑,进一步核实,反复讨论。如有必要,应当修改审计报告。被审计单位正确的意见应予采纳,不正确的意见应让其写出申述说明。审计报告实行主审负责制,经主审签章后,连同被审计单位的申述说明,一并送交审计单位审定。

(4) 审定并签发审计报告。审计小组起草的审计报告在签发之前,应经过派出审计机构所指定的专业人员复核审查,并经审计机构领导研究审定。经审计单位签署意见做出审计结论和决定后,打印签章,正式对外签发,通知被审计单位执行,并由审计单位进行监督,同时通知有关部门协助执行。

社会审计组织所编写的民间审计报告直接签发给审计委托人。国家审计机关在审定审计报告的基础上,还应做出审计决定,对被审计单位的重大违纪事项,根据不同情况做出审计处理决定,或给予一定经济处罚,或向监察、纪检、被审计单位主管领导机关建议给予行政纪律处分,或提请司法机关依法惩处。经国家审计机关审定的审计报告,应连同审计决定一起送交被审计单位,并报送上级审计机关和本级人民政府。

3. 审计报告的编制内容

审计报告可视不同的审计主体、审计目的、审计对象和审计报告的读者等,其内容多少、详略也有所不同。一般来说,审计报告包括文字、报表和其他三部分内容。文字部分主要说明标题、收件人、审计概况、审计过程、审计结果、审计结论、审计建议等,这是审计报告的主体;报表部分是对文字部分的补充,一般是资产负债表、利润表和现金流量表,或其他能对审计事项进行说明的附表；其他部分也是文字部分的补充和说明，一般是所发现问题的账目、记录和其他证据的影印件等。报表部分和其他部分都可作为文字部分的佐证。下面只对文字部分的内容进行说明。

（1）标题。审计报告的标题即审计报告的名称，主要说明该报告是关于哪一个被审计单位，以及属于哪一种审计报告，如"××公司20××年度财务收支审计报告""关于对××公司经济效益审计的报告"等。

（2）收件人。审计报告的收件人是指审计报告的提交对象。国家审计机关的审计报告，收件人通常是本级或上级审计机关领导；民间审计的审计报告，收件人就是委托人，一般是客户的董事会或股东代表大会；内部审计的审计报告，收件人一般是单位负责人。

（3）审计概况。该部分内容主要说明审计任务和被审计单位的概况，使读者对审计的基本情况有一个概括的了解。

说明审计任务，就是说明审计的目的是什么，如果审计是根据某种指示，接受某单位的委托进行的，也需一并说明。说明被审计单位的概况，就是用精练的语言将被审计单位的业务性质、生产规模、经营状况等作一介绍，这样能使读者了解被审计单位的情况，便于理解对查出问题的分析和建议。该部分内容一般在审查范围较广或问题较多情况下列示，其他情况下可省略。例如内部审计规定，审计概况包括审计立项依据、审计目的和范围、审计重点和审计标准等内容。

（4）审计过程。该部分内容主要说明审查的范围和方法，以表明查出的问题在多大的范围内，用什么方法取得资料、发现问题等。这既可表示审计工作的质量，又可明确审计人员的责任。

① 说明审查的范围，包括说明审查的时间范围和业务范围两方面。时间范围是指审查哪一段时间的业务或账目，业务范围是指审查的内容有哪些，如审查了哪些业务或会计凭证、账册和报表等。审查的范围一般是根据审计任务或审计业务委托书确定的。在实际工作中，审查的范围可能会根据具体情况作适当的扩大或缩小，因此，审计报告中应注明实际的审查范围。

② 说明审查的方法，即说明在审查时如何收集审计证据，如何分析问题。审计人员在收集证据的过程中，会运用各种方法进行审查。说明审查方法时，不必将每一种方法都列示出来，只需将与审计质量或与审计人员责任有关的一些主要方法说明即可，例如说明是抽查还是详查等。

由于审计报告的读者最关心的是审计的结果和结论，所以，对审计过程的叙述不必过于详细，只需简要地概括即可。因此，该部分内容常常与审计概况并在一起阐述，这两部分内容也通称为审计范围段。

（5）审计结果。该部分内容主要说明审查中发现的问题及产生的原因。这是文字部分的主体，写好这部分内容是完成审计任务的关键。

该部分内容主要是根据审计工作底稿上的资料编写的，审计人员在审查过程中，将发现的问题记录在工作底稿上，在编写审计报告时，就根据工作底稿上记录的问题进行编写。由于工作底稿不分问题大小均将其记录在内，因此，对写入审计报告的问题就要有所选择。一般应选择与审查目的有关的，而且影响较大的问题写入审计报告，其他问题可以口头形式向被审计单位指出，督促其注意和纠正。如果要写的问题较多，可以将问题按性质归类，并冠以适当的标题,以便于读者明确问题的性质。问题的排列可按其严重性或重要性顺序列示。列入审计报告的问题,还要对其产生的原因和后果进行分析,以便得出的审计结论更令人信服。

(6) 审计结论。该部分内容主要说明审计人员对审计结果的评价,以及审计机关对存在问题的处理意见。

对审计结果进行评价,就是按照审计任务的要求,对被审计事项做出结论性的评语。评语一般有肯定性评语、保留性评语、否定性评语和没有评语四种。肯定性评语是指审计人员没有发现被审计单位违反国家的有关财经法规、会计报表能够公允表述而做出的一种肯定的评价;保留性评语是指被审计单位在个别事项上存在重要问题,或审计人员因种种原因没有实施全部的必要的审计程序而给出的一种大部分肯定、局部否定或不作评价的评语;否定性评语是指审计人员发现被审计单位存在严重违反国家有关财经法规、会计报表严重失实而做出的一种否定的评价;没有评语是指审计人员在审计过程中因种种原因未收集到充分、有效的审计证据,无法对被审计单位的经济活动和会计报表在整体上做出恰当的评价而给出的一种不表明其态度的审计结论。在对被审计单位会计报表进行审计鉴证时,这四种结论性的评语又称为无保留意见、保留意见、否定意见和无法表示意见。例如,国家审计机关在对被审计单位进行审查中发现有严重违法乱纪行为,要提出处理意见,这也可作为审计结论的一部分内容。在实际工作中,审计机关往往根据审计报告中的审计结果,另外编制《审计结论和决定》提交被审计单位,要求其遵照执行,这样更具权威性。内部审计的审计结论是根据已查明的事实,对被审计单位经营活动和内部控制所作的评价。

(7) 审计建议。该部分内容主要说明审计人员对被审计单位存在的问题提出自己的建议和改进措施,供被审计单位参考。

被审计单位存在问题,总有一些主客观方面的原因。即使在得到肯定性评价的时候,仍可能存在一些制度或管理方面的不足。因此,审计人员应该在审计报告中提出解决问题、改进管理等方面的建议和措施,促使被审计单位纠正错误,进一步提高管理水平。这也是审计的职能之一。内部审计的审计建议是针对审计发现的主要问题提出的改善经营活动和内部控制的建议。

民间审计组织在接受客户委托,对其会计报表进行审计鉴证时,如果审计人员发现被审计单位存在经营管理方面的问题,可另行编写管理建议书提交客户。

(8) 审计机构名称和审计人员签章。审计报告要注明审计机构的名称和经办人员姓名并签名盖章,以示负责。民间审计组织还要注明会计师事务所地址。

(9) 审计报告日期。审计报告日期是指审计人员完成外勤审计工作的日期,而不是指审计报告定稿日期或报出日期。审计人员对审计报告日期以前的被审计事项承担责任。

11.3 民间审计的审计报告

无论哪一种审计报告,就其总体构成来讲,一般由正文和附件(或补充资料)两部分组成。其正文一般包括基本情况说明、例外事项的解释、审计的结论和意见、审计报告日期和签发报告单位等内容。但不同种类审计报告的具体内容和格式又存在较大的差异。由于篇幅限制,这里仅以民间审计的审计报告和管理建议书为代表,对审计报告的基本内容进行介绍,以便掌握审计报告的基本内容和编写方法。

1. 民间审计报告的含义

审计报告是审计工作的结果。民间审计组织以第三者身份,对企业或有关组织管理者提供的会计报表进行检查,并对会计报表的合法性、公允性和一贯性做出独立鉴证,以增强会计报表的可信性。《中国注册会计师审计准则第1502号——审计报告》中指出,审计报告是指注册会计师根据中国注册会计师审计准则的规定,在实施审计工作的基础上对被审计单位财务报表发表审计意见的书面文件。审计报告是审计工作的最终成果,具有法定证明效力。民间审计报告具有鉴证、保护和证明三方面作用。

民间审计报告只是注册会计师表述审计结论的手段,它本身不包括被审计企业或组织的财务信息或具体数据资料,不能代替会计报表。会计报表编制质量的最终责任是由管理者而非注册会计师来承担的。注册会计师的责任只限于检查会计报表的合法性、公允性和一贯性。根据检查结果,注册会计师可以发表不同形式的审计报告来表达意见,但无权修改或编制会计报表。在审计过程中,注册会计师可以建议被审计单位根据企业会计准则的要求,调整或修改会计报表的内容或格式,或者被审计单位委托注册会计师根据检查结果代为编制审定的会计报表及其附注。注册会计师应当将已审计的财务报表附于审计报告后。没有注册会计师鉴证,会计报表的可信性及使用价值就会大打折扣。但如果审计报告编写不当,又会削弱会计报表的效用。民间审计报告的正确性取决于两个方面:一是审计证据的充分与可靠;二是审计结论或意见的适当表述。由此可见,审计报告的质量将直接影响审计的作用,因此审计报告必须根据独立审计准则的审计报告准则的要求进行编制。注册会计师应当在审计报告中清楚地表达对财务报表的意见,并对出具的审计报告负责。

民间审计报告在编制前应做好以下工作:编制审计差异调整表和试算平衡表;获取管理者声明书;获取律师声明书;执行分析性复核程序;撰写审计总结;完成审计工作底稿的二级复核;评价审计结果及就审计结果和审计报告意见类型等审计有关事项与被审计单位进行沟通。在审计意见形成之前,注册会计师应当评价根据审计证据得出的结论,以作为对财务报表形成审计意见的基础。在对财务报表形成审计意见时,注册会计师应当根据已获取的审计证据,评价是否已对财务报表整体不存在重大错报获取合理保证。在评价财务报表是否按照适用的会计准则和相关会计制度的规定编制时,注册会计师应当考虑下列内容:选择和运用的会计政策是否符合适用的会计准则和相关会计制度,并适合于被审计单位的具体情况;管理层做出的会计估计是否合理;财务报表反映的信息是否具有相关性、可靠性、可比性和可理解性;财务报表是否做出充分列报,使财务报表使用者能够理解重大交易和事项对被审计单位财务状况、经营成果和现金流量的影响。在评价财务报表是否做出公允反映时,注册会计师应当考虑下列内容:经管理层调整后的财务报表,是否与注册会计师对被审计单位及其环境的了解一致;财务报表的列报、结构和内容是否合理;财务报表是否真实地反映了交易和事项的经济实质。

2. 民间审计的标准审计报告

标准审计报告是指注册会计师出具的、不含有说明段、强调事项段、其他事项段或其他任何修饰性用语的无保留意见的审计报告。目前,财务审计报告的模式已趋于标准化。就民间审计的标准审计报告而言,其基本内容包括以下几个方面。

(1) 标题。民间标准审计报告的标题统一规范为"审计报告"。

(2) 收件人。审计报告的收件人是指注册会计师按照业务约定书的要求致送审计报告的对象,一般是指审计业务的委托人。审计报告应当载明收件人的全称。

(3) 引言段。审计报告的引言段应当说明被审计单位的名称和财务报表已经过审计,并包括下列内容。

① 指出构成整套财务报表的每张财务报表的名称。

② 提及财务报表附注。

③ 指明财务报表的日期和涵盖的期间。

(4) 管理层对财务报表的责任段。管理层对财务报表的责任段应当说明,按照适用的会计准则和相关会计制度的规定编制财务报表是管理层的责任,具体包括以下责任。

① 设计、实施和维护与财务报表编制相关的内部控制,以使财务报表不存在由于舞弊或错误而导致的重大错报。

② 选择和运用恰当的会计政策。

③ 做出合理的会计估计。

(5) 注册会计师的责任段。注册会计师的责任段应当说明下列内容。

① 注册会计师的责任是在实施审计工作的基础上对财务报表发表审计意见。注册会计师按照中国注册会计师审计准则的规定执行了审计工作。中国注册会计师审计准则要求注册会计师遵守职业道德规范,计划和实施审计工作以对财务报表是否不存在重大错报获取合理保证。

② 审计工作涉及实施审计程序,以获取有关财务报表金额和列报的审计证据。选择的审计程序取决于注册会计师的判断,包括对由于舞弊或错误导致的财务报表重大错报风险的评估。在进行风险评估时,注册会计师考虑与财务报表编制相关的内部控制,以设计恰当的审计程序,但目的并非对内部控制的有效性发表意见。审计工作还包括评价管理层选用会计政策的恰当性和做出会计估计的合理性,以及评价财务报表的总体列报。

③ 注册会计师相信已获取的审计证据是充分、适当的,为其发表审计意见提供了基础。如果接受委托,结合财务报表审计对内部控制有效性发表意见,注册会计师应当省略本条第②项中"但目的并非对内部控制的有效性发表意见"的术语。

(6) 审计意见段。审计意见段应当说明财务报表是否按照适用的会计准则和相关会计制度的规定编制,是否在所有重大方面公允反映了被审计单位的财务状况、经营成果和现金流量。

如果认为财务报表符合下列所有条件,注册会计师应当出具无保留意见的审计报告。

① 财务报表已经按照适用的会计准则和相关会计制度的规定编制,在所有重大方面公允反映了被审计单位的财务状况、经营成果和现金流量。

② 注册会计师已经按照中国注册会计师审计准则的规定计划和实施审计工作,在审计过程中未受到限制。

当出具无保留意见的审计报告时,注册会计师应当以"我们认为"作为意见段的开头,并使用"在所有重大方面""公允反映"等术语。当注册会计师出具的无保留意见的审计报告不附加说明段、强调事项段或任何修饰性用语时,该报告称为标准审计报告。注册会计师出具非标准审计报告时,应当遵守《中国注册会计师审计准则第1502号——非标准审计报告》的相关规定。

(7) 注册会计师的签名和盖章。审计报告应当由注册会计师签名并盖章。

(8) 会计师事务所的名称、地址及盖章。审计报告应当载明会计师事务所的名称和地址，并加盖会计师事务所公章。

(9) 报告日期。审计报告应当注明报告日期。审计报告的日期不应早于注册会计师获取充分、适当的审计证据（包括管理层认可对财务报表的责任且已批准财务报表的证据），并在此基础上对财务报表形成审计意见的日期。一般来讲，审计报告日期是审计人员完成外勤审计工作的日期，而不是审计报告定稿日期或报出日期。审计人员对审计报告日期以前的被审计事项承担责任。

(10) 附件。审计报告的附件一般应当包括已审计的资产负债表、利润表、现金流量表及其附注，如有必要，还应包括相关附表。

民间标准审计报告的正文一般分为三段：第一段称"引言段"；第二段称"责任段"；第三段称"意见段"。"引言段"主要包括被审计单位的名称、被审计财务报表的名称及其所包括的期间和日期、审计依据、审计准则、审计程序和方法等。"责任段"包括管理层对财务报表的责任和注册会计师的责任，按照适用的会计准则和相关会计制度的规定编制财务报表是管理层的责任，注册会计师的责任是在实施审计工作的基础上对财务报表发表审计意见。"意见段"是审计人员在对财务报告审查后所发表的审计意见，它是整个审计报告的核心，主要阐明被审计单位财务报表与审计依据的符合程度，包括财务报表是否按公认会计准则和会计制度编制；编制会计报表的方法是否与前期一致；财务报表资料的表达是否充分；财务报表是否恰当地反映了财务状况、经营成果和财务状况的变化等。审计人员对财务报表表示意见时，根据国际惯例，应就整个财务报表表示综合性意见，不能对财务报表中的单个项目分别表示意见，当然并不排斥对不同财务报表分别表示不同意见。

上述三段式标准财务审计报告，是在审计人员认为被审计财务报表无重大例外事项时所采用的报告格式。如果通过审查，审计人员发现被审计财务报表存在重大或非常重大例外事项时，则需要对所发现的例外事项表示意见。为了支持审计人员的意见，为了说明所发表不同审计意见的依据，可在审计报告中以一定方式予以强调说明。审计报告的强调事项段是指注册会计师在审计意见段之后增加的对重大事项予以强调的段落。

另外，作为标准财务审计报告正文不可分割的内容，还应包括审计委托者名称、审计报告附件名称、注册会计师（注册审计师）的签名、审计组织机构的名称和审计报告的日期。审计委托者亦称收件人，即审计报告的抬头，一般指委托单位名称。标准财务审计报告附件的内容主要包括：被审计财务报表的名称，包括财务报表附注和财务情况说明书；对会计事项和财务报表项目的调整说明；审查过程中不便在审计报告中说明的问题；对报告内容所作的其他解释；审计人员的管理建议；委托人要求随附的其他资料等。民间审计组织的标准审计报告，其内容还应包括注册会计师（注册审计师）个人的签名。注册会计师（注册审计师）之所以要在审计报告上签名，是因为民间审计组织审计服务的性质不同，其服务属于有偿服务，整个审计过程实行注册会计师（注册审计师）负责制，即注册会计师（注册审计师）应对审计报告内容的正确性和合法性负独立责任。审计报告的日期是指审计人员在审计报告上签署的日期，它既不是被审计财务报表的截止日期，也不是审计报告完稿或印发日期，而应是审计人员完成实地检查验证工作离开被审计单位的日期。

下面是某会计师事务所接受ABC股份有限公司的委托,对该公司20××年度财务报表进行审计后签发的一份标准审计报告。

审 计 报 告

ABC股份有限公司全体股东:

我们审计了后附的ABC股份有限公司(以下简称ABC公司)财务报表,包括20××年12月31日的资产负债表,20××年度的利润表、股东权益变动表和现金流量表及财务报表附注。

一、管理层对财务报表的责任

编制和公允列报财务报表是ABC公司管理层的责任。这种责任包括:

(1)按照企业会计准则的规定编制财务报表,并使其实现公允反映;

(2)设计、执行和维护必要的内部控制,以使财务报表不存在由于舞弊或错误导致的重大错报。

二、注册会计师的责任

我们的责任是在实施审计工作的基础上对财务报表发表审计意见。我们按照中国注册会计师审计准则的规定执行了审计工作。中国注册会计师审计准则要求我们遵守中国注册会计师职业道德守则,计划和执行审计工作,以对财务报表是否不存在重大错报获取合理保证。

审计工作涉及实施审计程序,以获取有关财务报表金额和列报的审计证据。选择的审计程序取决于注册会计师的判断,包括对由于舞弊或错误导致的财务报表重大错报风险的评估。在进行风险评估时,注册会计师考虑与财务报表编制和公允列报相关的内部控制,以设计恰当的审计程序,但目的并非对内部控制的有效性发表意见。审计工作还包括评价管理层选用会计政策的恰当性和作出会计估计的合理性,以及评价财务报表的总体列报。

我们相信,我们获取的审计证据是充分、适当的,为发表审计意见提供了基础。

三、审计意见

我们认为,ABC公司财务报表在所有重大方面按照企业会计准则的规定编制,公允反映了ABC公司20××年12月31日的财务状况及20××年度的经营成果和现金流量。

××会计师事务所　　　　　　　　　　中国注册会计师:×××
　　(盖章)　　　　　　　　　　　　　　(签名并盖章)
　　　　　　　　　　　　　　　　　　中国注册会计师:×××
　　　　　　　　　　　　　　　　　　　　(签名并盖章)

中国××市　　　　　　　　　　　　　二○××年×月×日

上述标准财务审计报告中,每一词句的使用都很注意分寸,非常简洁,可以说言简意赅。这样处理的一个潜在目的是为了限制审计人员自己的责任。例如,报告中的"我们认为"一句,说明了审计人员除表示意见外,没有其他的意义,不能用"我们保证"一词,因为审计人员既不保证,也不证明被审计单位的财务会计报表绝对正确。

3. 民间审计的非标准审计报告

标准审计报告的"意见段"是指专门用来表达审计人员意见的,而根据不同的情况,审计意见分为标准审计意见和非标准审计意见,于是又有非标准审计报告。非标准审计报告是指标准审计报告以外的其他审计报告,包括带强调事项段的无保留意见的审计报告和非无保留意见的审计报告。这里还是根据上例说明发表不同类型审计意见的条件和方式。

(1) 带强调事项段的无保留意见的审计报告

强调事项段是指审计报告中含有的一个段落,该段落提及已在财务报表中恰当列报或披露的事项,根据注册会计师的判断,该事项对使用者理解财务报表至关重要。

注册会计师可能认为需要增加强调事项段的情形如下。

① 异常诉讼或监管行动的未来结果存在不确定性。

② 提前应用(在允许的情况下)对财务报表有广泛影响的新会计准则。

③ 存在已经或持续对被审计单位财务状况产生重大影响的特大灾难。

如果在审计报告中增加强调事项段,注册会计师应当采取下列措施。

① 将强调事项段紧接在审计意见段之后。

② 使用"强调事项"标题或其他适当标题。

③ 明确提及被强调事项以及相关列报的位置,以便能够在财务报表中找到对该事项的详细描述。

④ 指出审计意见没有因该强调事项而改变。

其他事项段是指审计报告中含有的一个段落,该段落提及未在财务报表中列报或披露的事项,根据注册会计师的判断,该事项与使用者理解审计工作、注册会计师的责任或审计报告相关。

对于未在财务报表中列报或披露,但根据判断对使用者理解审计工作、注册会计师的责任或审计报告相关且未被法律法规所禁止的事项,如果认为有必要沟通,注册会计师应当在审计报告中增加其他事项段,并使用"其他事项"标题。注册会计师应当将其他事项段紧接在审计意见段和强调事项段之后。如果其他事项段的内容与其他报告责任部分相关,这一段也可以置于审计报告的其他位置。

(2) 非无保留意见的审计报告

非无保留意见的审计报告包括保留意见的审计报告、否定意见的审计报告和无法表示意见的审计报告。

当存在下列情形之一时,注册会计师应当按照审计准则的规定,在审计报告中发表非无保留意见。

第一,根据获取的审计证据,注册会计师得出财务报表整体存在重大错报的结论。

第二,注册会计师无法获取充分、适当的审计证据,不能得出财务报表整体不存在重大错报的结论。

出具非无保留意见的审计报告时,注册会计师应当在注册会计师的责任段之后、审计意见段之前增加说明段,清楚地说明导致所发表意见或无法发表意见的所有原因,并在可能情况下,指出其对财务报表的影响程度。审计报告的说明段是指审计报告中位于审计意见段之前用于描述注册会计师对财务报表发表保留意见、否定意见或无法表示意见理由的段落。

① 保留意见的审计报告。保留意见是对无保留意见的一种修正。当存在下列情形之

一时,注册会计师应当发表保留意见。

第一,在获取充分、适当的审计证据后,注册会计师认为错报单独或汇总起来对财务报表影响重大,但不具有广泛性。

第二,注册会计师无法获取充分、适当的审计证据以作为形成审计意见的基础,但认为未发现的错报对财务报表可能产生的影响重大,但不具有广泛性。

当由于财务报表存在重大错报而发表保留意见时,注册会计师应当根据适用的财务报表编制基础在审计意见段中说明:注册会计师认为,除了导致保留意见的事项段所述事项产生的影响外,财务报表在所有重大方面按照适用的财务报表编制基础编制,并实现公允反映。当无法获取充分、适当的审计证据而导致发表保留意见时,注册会计师应当在审计意见段中使用"除……可能产生的影响外"等措辞。

其审计报告的表述方式举例如下。

审 计 报 告

ABC 股份有限公司全体股东:

我们审计了后附的 ABC 股份有限公司(以下简称 ABC 公司)财务报表,包括20××年12月31日的资产负债表,20××年度的利润表、股东权益变动表和现金流量表及财务报表附注。

一、管理层对财务报表的责任

编制和公允列报财务报表是 ABC 公司管理层的责任。这种责任包括:

(1) 按照企业会计准则的规定编制财务报表,并使其实现公允反映;

(2) 设计、执行和维护必要的内部控制,以使财务报表不存在由于舞弊或错误导致的重大错报。

二、注册会计师的责任

我们的责任是在执行审计工作的基础上对财务报表发表审计意见。我们按照中国注册会计师审计准则的规定执行了审计工作。中国注册会计师审计准则要求我们遵守中国注册会计师职业道德守则,计划和执行审计工作,以对财务报表是否不存在重大错报获取合理保证。

审计工作涉及实施审计程序,以获取有关财务报表金额和列报的审计证据。选择的审计程序取决于注册会计师的判断,包括对由于舞弊或错误导致的财务报表重大错报风险的评估。在进行风险评估时,注册会计师考虑与财务报表编制和公允列报相关的内部控制,以设计恰当的审计程序,但目的并非对内部控制的有效性发表意见。审计工作还包括评价管理层选用会计政策的恰当性和作出会计估计的合理性,以及评价财务报表的总体列报。

我们相信,我们获取的审计证据是充分、适当的,为发表审计意见提供了基础。

三、导致保留意见的事项

ABC 公司 20××年12月31日的应收账款余额×万元,占资产总额的×%。由于ABC 公司未能提供债务人地址,我们无法实施函证以及其他审计程序,以获取充分、适当的审计证据。

四、保留意见

我们认为,除了"三、导致保留意见的事项"段所述事项产生的影响外,ABC 公司财务报表在所有重大方面按照企业会计准则的规定编制,公允反映了 ABC 公司 20××年12月

31日的财务状况及20××年度的经营成果和现金流量。

××会计师事务所　　　　　　　　　　　中国注册会计师：×××
　　（盖章）　　　　　　　　　　　　　　　（签名并盖章）
　　　　　　　　　　　　　　　　　　　　中国注册会计师：×××
　　　　　　　　　　　　　　　　　　　　　　（签名并盖章）

中国××市　　　　　　　　　　　　　　　　二○××年×月×日

② 否定意见的审计报告。否定意见亦称反对意见，是对无保留意见的否定。在获取充分、适当的审计证据后，如果认为错报单独或累积起来对财务报表的影响重大且具有广泛性，注册会计师应当发表否定意见。

当出具否定意见的审计报告时，注册会计师应当根据适用的财务报表编制基础在审计意见段中说明：注册会计师认为，由于导致否定意见的事项段所述事项的重要性，财务报表没有在所有重大方面按照适用的财务报告编制基础编制，未能实现公允反映。

其审计报告的表述方式举例如下。

审 计 报 告

ABC股份有限公司全体股东：

我们审计了后附的ABC股份有限公司（以下简称ABC公司）财务报表，包括20××年12月31日的资产负债表，20××年度的利润表、股东权益变动表和现金流量表及财务报表附注。

一、管理层对财务报表的责任

编制和公允列报财务报表是ABC公司管理层的责任。这种责任包括：

（1）按照企业会计准则的规定编制财务报表，并使其实现公允反映；

（2）设计、执行和维护必要的内部控制，以使财务报表不存在由于舞弊或错误导致的重大错报。

二、注册会计师的责任

我们的责任是在执行审计工作的基础上对财务报表发表审计意见。我们按照中国注册会计师审计准则的规定执行了审计工作。中国注册会计师审计准则要求我们遵守中国注册会计师职业道德守则，计划和执行审计工作，以对财务报表是否不存在重大错报获取合理保证。

审计工作涉及实施审计程序，以获取有关财务报表金额和列报的审计证据。选择的审计程序取决于注册会计师的判断，包括对由于舞弊或错误导致的财务报表重大错报风险的评估。在进行风险评估时，注册会计师考虑与财务报表编制和公允列报相关的内部控制，以设计恰当的审计程序，但目的并非对内部控制的有效性发表意见。审计工作还包括评价管理层选用会计政策的恰当性和作出会计估计的合理性，以及评价财务报表的总体列报。

我们相信，我们获取的审计证据是充分、适当的，为发表审计意见提供了基础。

三、导致否定意见的事项

如财务报表附注所述，ABC公司的长期股权投资未按企业会计准则的规定采用权益法核算。如果按权益法核算，ABC公司的长期投资账面价值将减少×万元，净利润将减少×万元，从而导致ABC公司由盈利×万元变为亏损×万元。

四、否定意见

我们认为,由于"三、导致否定意见的事项"段所述事项的重要性,ABC公司财务报表没有在所有重大方面按照企业会计准则的规定编制,未能公允反映ABC公司20××年12月31日的财务状况及20××年度的经营成果和现金流量。

××会计师事务所	中国注册会计师:×××
(盖章)	(签名并盖章)
	中国注册会计师:×××
	(签名并盖章)
中国××市	二○××年×月×日

③ 无法表示意见的审计报告。无法表示意见亦称不能表示意见,但并不是不表示意见。如果无法获取充分、适当的审计证据以作为形成审计意见的基础,但认为未发现的错报对财务报表可能产生的影响重大且具有广泛性,注册会计师应当发表无法表示意见。

在极其特殊的情况下,可能存在多个不确定事项。尽管注册会计师对每个单独的不确定事项获取了充分、适当的审计证据,但由于不确定事项之间可能存在相互影响,以及可能对财务报表产生累积影响,不可能对财务报表形成审计意见。在这种情况下,注册会计师应当发表无法表示意见。

当出具无法表示意见的审计报告时,注册会计师应当在审计意见段中说明:由于导致无法表示意见的事项段所述事项的重要性,注册会计师无法获取充分、适当的审计证据以为发表审计意见提供基础,因此,注册会计师不对这些财务报表发表审计意见。

其审计报告的表述方式举例如下。

审 计 报 告

ABC股份有限公司全体股东:

我们接受委托,审计后附的ABC股份有限公司(以下简称ABC公司)财务报表,包括20××年12月31日的资产负债表,20××年度的利润表、股东权益变动表和现金流量表以及财务报表附注。

一、管理层对财务报表的责任

编制和公允列报财务报表是ABC公司管理层的责任。这种责任包括:

(1) 按照企业会计准则的规定编制财务报表,并使其实现公允反映;

(2) 设计、执行和维护必要的内部控制,以使财务报表不存在由于舞弊或错误导致的重大错报。

二、注册会计师的责任

我们的责任是在执行审计工作的基础上对财务报表发表审计意见。我们按照中国注册会计师审计准则的规定执行了审计工作。中国注册会计师审计准则要求我们遵守中国注册会计师职业道德守则,计划和执行审计工作,以对财务报表是否不存在重大错报获取合理保证。

审计工作涉及实施审计程序,以获取有关财务报表金额和列报的审计证据。选择的审计程序取决于注册会计师的判断,包括对由于舞弊或错误导致的财务报表重大错报风险的评估。在进行风险评估时,注册会计师考虑与财务报表编制和公允列报相关的内部控制,以设计恰当的审计程序,但目的并非对内部控制的有效性发表意见。审计工作还包括评价管理层选用会计政策的恰当性和作出会计估计的合理性,以及评价财务报表的总体列报。

我们相信,我们获取的审计证据是充分、适当的,为发表审计意见提供了基础。

三、导致无法表示意见的事项

ABC 公司未对20××年12月31日的存货进行盘点,金额为×万元,占期末资产总额的××%。我们无法实施存货监盘,也无法实施替代审计程序,以对期末存货的数量和状况获取充分、适当的审计证据。

四、无法表示意见

我们认为,由于"三、导致无法表示意见的事项"段所述事项的重要性,我们无法获取充分、适当的审计证据以为发表审计意见提供基础。因此,我们不对 ABC 公司财务报表发表审计意见。

  ××会计师事务所   中国注册会计师:×××
    （盖章）   （签名并盖章）
               中国注册会计师:×××
                （签名并盖章）

中国××市   二○××年×月×日

以上为民间审计的标准审计报告和非标准审计报告,当委托人和其他有关部门没有特定要求时,一般按上述格式和内容出具审计报告。但如果委托人出于自身改进经营管理的目的,或主管部门和其他机关自身改进经营管理的目的,或主管部门和其他机关有具体要求,审计人员可根据不同的要求出具内容较详细的短式审计报告或长式审计报告。详式审计报告的内容组织比较灵活,从总体构成看包括正文和补充资料两部分,其格式和详简程度应当根据委托人的要求和被审计单位的具体情况而定。

4. 管理建议书

随着社会经济的发展,人们对审计的需求会越来越广泛,对审计的依赖会越来越强,审计会更多地为社会提供各种服务。作为现代审计的重要标志之一,为被审计单位提供管理咨询服务已被人们所广泛接受。审计人员提供这种特殊服务,一般是通过签发管理建议书来完成的。

（1）管理建议书的意义

所谓管理建议书,是指审计人员在完成检查验证会计报表等工作后,就被审计单位内部控制制度、经营管理中存在的问题,以书面形式提出改进建议。其目的是向被审计单位管理部门提供进一步完善内部控制制度、改进工作方法、提高经营管理水平的参考意见。

为了保证管理建议书的质量,审计人员应按照下列要求编制和提交管理建议书。

① 在编制管理建议书之前,审计人员应了解并分析有关内部控制的具体情况,以取得与所提问题及建议相关的完整资料。在此基础上,征询参与审计工作的其他有关专家的意见,查询以前提供的管理建议书,与被审计单位有关人员就相关问题及建议进行商讨。

② 审计人员在起草管理建议书时,应仔细核对审计工作底稿中有关内部控制问题及建议的详细资料,通过分析研究,确定管理建议书的具体内容。对于在审计过程中向被审计单

位提出的,被审计单位已进行调整或改进的问题,只作简要说明;对于未进行调整或改进的问题,应将审计人员和被审计单位有关人员的意见一并予以列示。

③ 审计人员在草拟管理建议书后,应向委托人提供一份管理建议书草稿,经被审计单位有关人员确认内容的真实性后,提交审计单位负责人审核。

④ 对于常年审计业务,审计单位一般均应提供管理建议书。但是,如果被审计单位内部控制制度比较健全,或存在的问题基本上不影响会计记录与会计报表的真实性,审计人员可将发现的问题记录于审计工作底稿中,在与被审计单位有关人员交换意见时,通过适当方式提出,不再提交管理建议书。对于中期和特定目的的审计业务,是否提供管理建议书,审计人员应根据以下原则处理。

a. 凡规定的审计程序中有检查内部控制的内容并从中发现问题的,应提供管理建议书。

b. 凡规定的审计程序中不要求检查内部控制,或虽有检查内部控制的程序,但未发现应当提请委托人管理部门重视并改进的问题,可不提供管理建议书。

(2) 管理建议书的结构与内容

管理建议书的基本结构一般包括收件人、前言、正文、说明、签发单位、签发日期六个部分。

① 收件人。收件人部分应说明被审计单位管理部门和审计业务约定书约定的致送对象,以便准确致送管理建议书。

② 前言。前言部分应包括以下内容。

a. 说明委托项目概况及对被审计单位内部控制制度的检查范围与程序。

b. 提出管理建议书的目的。

c. 其他有关内容。

③ 正文。正文部分应按问题的分类进行排列,每类问题一般应包括以下内容。

a. 对内部控制制度中存在问题及缺陷的简要阐述。

b. 对存在问题的分析评价及说明。

c. 改进建议和理由。

如果因被审计单位对以前年度管理建议书所提出的问题与建议未被采纳,从而扩大了内部控制制度的缺陷或弱点,应当在该部分内明确指出并作重点分析说明。

正文部分是管理建议书的问题与建议部分,是管理建议书的核心部分,它决定管理建议书的质量。因此,对内部控制的缺陷和问题必须写得具体,分析评价意见要客观、公正,改进意见要有针对性并切实可行,理由要写得充分、可信。

④ 说明。说明部分一般应明确说明以下几点。

a. 管理建议书所提出的问题及建议应与符合性测试相关,审计人员实施的会计报表审查有一定的局限性,不可能揭示被审计单位内部控制制度中存在的全部问题。

b. 提供管理建议书不是审计业务的核定内容,而是审计人员为被审计单位提供的审计报告和其他委托项目之外的审计服务,因而不能作为审计报告附件。

c. 管理建议书的提供范围。

⑤ 签发单位。签发单位应为接受委托审计的审计组织。

⑥ 签发日期。签发日期应为外勤审计工作完成日。

以下是一个标准的管理建议书范例。本范例是以某公司为例,由会计师事务所根据《注册会计师管理建议书规则(试行)》的规定出具的管理建议书,管理建议书中列举了对一部分内部控制制度中所存在问题的分析与建议。

管理建议书

管建字〔2019〕第×号

××公司董事会:

我们已经对贵公司2018年度会计报表进行了实地审查验证。在审查中,根据规定的工作程序,我们了解到贵公司内部控制制度中有关会计制度、会计工作机构和人员职责、财产管理制度、内部审计制度等有关方面的情况,并作了分析研究。我们认为,根据贵公司的生产经营规模和管理要求,现有的内部控制制度总体上是比较健全的,但为了适应贵公司进一步扩大经营和提高管理水平的需要,促使内部控制制度更加完善,现将我们发现的内部控制制度方面的某些问题及改进建议提供给你们,希望能引起你们的充分注意,并能具有一定的参考价值。

一、有关会计制度方面问题的评价和建议

贵公司的会计核算符合需要,基本上能够全面、正确地反映经济业务,基本遵守了国家有关会计制度的规定,会计科目的设置,包含了会计核算范围内的基本内容,会计凭证及账务处理等方面基本符合有关要求。但在检查中也发现以下问题。

1. 有关会计科目设置问题

贵公司目前设置的会计科目,主要参照工业企业会计科目的设置要求并结合贵公司的核算特点进行的,与国家现行企业会计科目的设置要求存在一定差别。建议贵公司对照国家现行《企业会计制度》规定,对原有会计科目作必要的调整。

2. 有关会计凭证问题

贵公司在发生销售退回时,只是填制退货发票,退款时没有取得对方的收款收据或汇款银行凭证,会计人员仅根据退货发票进行了相应的会计处理。

我国《会计人员工作规则》对这一内容已作了明确规定,对这一做法的不当之处,我们已向有关人员提出,他们愿意考虑我们的意见。

3. 有关银行存款清查问题

贵公司银行存款与银行对账单未能按月核对并编制银行存款余额调节表,经查询,由于没有按月编制银行存款余额调节表,公司财务部不能及时了解未达账项,在一定程度上影响了财务分析工作。

二、会计工作机构、人员设置及内部稽核制度

贵公司会计工作机构设置比较健全,会计人员职责规定也较明确,但会计人员数量较少,每个人要承担多种职责,对于凭证的复核工作做得不够仔细。在查账过程中,我们发现一些凭证无复核人的签章。我们认为,凭证是记录企业生产经营业务的基本资料,凭证的审核工作是进行会计核算的基本内容,建议你们予以重视。

三、财产管理制度

1. 存货管理中存在的问题

贵公司存货占用的流动资金额度过高,公司流动资金共×××万元,其中存货约占85%,应当成为资金管理的重点。

我们建议贵公司注意以下几个方面工作。

（1）认真做好存货的定期盘点工作。贵公司自上一会计年度终了对存货进行清点至今，再未进行过盘点，公司的存货账与我们抽查的结果有一定差额。我们认为，只有及时获得存货的实存情况，才能够加强对存货的管理，并及时处理有关问题。

（2）积极处理积压产品。贵公司目前产成品占用资金达××万元，占全部存货资金的45％，为了加速流动资金的周转，减少仓储成本和利息支出，建议公司及时进行产品的推销和处理。

（3）加强市场预测。从公司目前情况看，造成产品大量积压的一个重要原因是市场预测问题，公司生产的许多产品在市场上已成为饱和产品，对于市场上的畅销商品，公司尚未形成一定的生产规模，不足以与其他企业竞争。

建议贵公司建立一个专门的市场预测部门，通过对近期、长期的市场情况进行分析预测，控制公司的生产及销售，以求得对存货成本的控制。

2. 固定资产管理中存在的问题

（1）固定资产管理制度不健全。贵公司固定资产一般是根据实际需要购建，对在用及未用固定资产的管理也没有明确的制度规定。我们认为，公司固定资产品种较多，价值大，固定资产管理制度不健全，对固定资产的管理和使用均有不良影响，建议贵公司尽快建立固定资产购建预算制度、固定资产实物管理制度等。

（2）固定资产价值确定不及时。贵公司自开始投资固定资产，直至进入生产期后，固定资产一直按估价入账，未按原价入账。作为投资的固定资产，应按投资时合营各方认定的价格入账；公司购入的固定资产，应按照会计制度规定的原始价值入账。因此，对于已明确单价的固定资产，应及时进行账面价值调整。

（3）固定资产计提折旧的起始时间有误。贵公司从开始投入固定资产至今，一直按投入当月计提固定资产折旧。按《企业会计制度》的规定，固定资产投入当月不应计提折旧，报废当月应照提折旧，建议贵公司对固定资产折旧账目进行调整。

四、内部审计制度方面的问题

贵公司已经建立了内部审计机构和制度。在成立内部审计机构后，内部审计部门发现了公司内部财务管理、其他管理的一些问题，提供了一些有价值的意见，对公司加强内部控制制度起到一定作用，对我们的审计工作也提供了很大帮助。目前公司审计机构存在的一些问题是人员配备比较薄弱，审计工作的组织不很合理，某些管理部门的配合不太默契等。对此，我们建议贵公司做好以下几个方面的工作。

明确内部审计的职责范围，明确各部门相互关系，明确内部审计的性质，使各部门对内部审计部门的工作予以支持。

目前内部审计部门只有一名内部审计师和一名助理人员，公司应为审计部门扩充1~2名从事过审计工作的人员，并且对现在从事辅助工作的人员进行培训，提高专业水平。

我们提供的这份管理建议书，不在委托约定项目之内，是我们基于为企业服务的目的，根据审计过程中发现的内部控制制度问题而提出的，因为我们认为从事财务报表审查的范围是有限的，不可能彻底了解所有的内部控制制度弱点，以及由于这些弱点可能或已经造成的影响。对于上述内部控制制度问题，我们已经与有关管理部门或人员交换过意见，他们已确认上述问题的真实性。

本管理建议书只提供给贵公司,另外,我们是接受贵公司董事会的委托进行审计的,根据他们的要求,请将管理建议书内容转达给他们。

××会计师事务所(印章)

2019年×月×日

11.4 内部审计的审计报告

1. 内部审计报告的含义

内部审计报告是指内部审计人员根据审计计划对被审计单位实施必要的审计程序后,就被审计事项作出审计结论,提出审计意见和审计建议的书面文件。

内部审计人员应当在审计实施结束后,以经过核实的审计证据为依据,形成审计结论、意见和建议,出具审计报告。如有必要,内部审计人员可以在审计过程中提交期中报告,以便及时采取有效的纠正措施改善业务活动、内部控制和风险管理。

2. 内部审计报告的基本要素

内部审计报告主要包括下列要素。

(1) 标题。标题应能反映审计的性质,力求言简意赅,并有利于归档和索引。

(2) 收件人。收件人应当是与审计项目有管理和监督责任的机构与个人。

(3) 正文。正文包括以下主要内容。

① 审计概况,包括审计目标、审计范围、审计内容及重点、审计方法、审计程序及审计时间等。

② 审计依据,即实施审计所依据的相关法律、法规、内部审计准则等规定。

③ 审计发现,即对被审计单位的业务活动、内部控制和风险管理实施审计过程中所发现的主要问题的事实。

④ 审计结论,即根据已查明的事实,对被审计单位业务活动、内部控制和风险管理所作的评价。

⑤ 审计意见,即针对审计发现的主要问题提出的处理意见。

⑥ 审计建议,即针对审计发现的主要问题,提出的改善业务活动、内部控制和风险管理的建议。

(4) 附件。附件应当包括针对审计过程、审计中发现问题所作出的具体说明,以及被审计单位的反馈意见等内容。

(5) 签章。

(6) 报告日期。

(7) 其他。

3. 内部审计报告的编制、复核与报送

审计组应当在实施必要的审计程序后,及时编制审计报告,并征求被审计对象的意见。审计报告的编制应当符合下列要求。

(1) 实事求是、不偏不倚地反映被审计事项的事实。
(2) 要素齐全、格式规范,完整反映审计中发现的重要问题。
(3) 逻辑清晰、用词准确、简明扼要、易于理解。
(4) 充分考虑审计项目的重要性和风险水平,对于重要事项应当重点说明。
(5) 针对被审计单位业务活动、内部控制和风险管理中存在的主要问题或者缺陷,提出可行的改进建议,以促进组织实现目标。

被审计单位对审计报告有异议的,审计项目负责人及相关人员应当核实,必要时应当修改审计报告。

审计报告经过必要的修改后,应当连同被审计单位的反馈意见及时报送内部审计机构负责人复核。内部审计机构应当建立、健全审计报告分级复核制度,明确规定各级复核人员的要求和责任。

内部审计机构应当将审计报告提交被审计单位和组织的适当管理层,并要求被审计单位在规定的期限内落实纠正措施。已经出具的审计报告如果存在重要错误或者遗漏,内部审计机构应当及时更正,并将更正后的审计报告提交给原审计报告接收者。

内部审计机构应当将审计报告及时归入审计档案,妥善保存。

11.5 案例及分析

1. 基本资料

永华会计师事务所注册会计师李义、王力已于20×1年3月10日完成了昌元公司20××年度会计报表的实地审计工作。现正草拟审计报告。有下列情况需注册会计师考虑。

(1) 被审计年度,公司变更了固定资产折旧方法,由原来的快速折旧变为直线折旧,对此不愿在会计报表附注中列报(公司20××年年折旧额为40万元,若按年数总和法计算应提折旧额为65万元)。

(2) 20×1年2月20日,法院最终裁定,20×1年1月承启公司控告昌元公司侵权一案,被告应赔偿原告100万元人民币。

2. 思考讨论要点

(1) 被审计单位变更折旧方法,应作列报。注册会计师应提请被审计单位进行调整。调整分录如下。

借:管理费用(或制造费用)   250 000
  贷:累计折旧   250 000

(2) 公司侵权败诉一事,属于资产负债表日后发生的,虽不影响会计报表金额,但可能影响对会计报表的正确理解,注册会计师应提请被审计单位在会计报表附注中列报。

(3) 草拟审计报告。

审 计 报 告

昌元公司董事会:

我们审计了后附的昌元公司20××年12月31日的资产负债表及该年度的利润表、现金流量表。这些会计报表的编制是昌元公司管理者的责任,我们的责任是在实施审计工作的基础上对这些会计报表发表意见。

我们按照中国注册会计师审计准则的规定执行了审计工作,以合理确信会计报表是否不存在重大错报。审计工作包括在抽查的基础上检查支持会计报表金额和列报的证据,评价管理者在编制会计报表时采用的会计政策和做出的重大会计估计,以及评价会计报表的整体反映。我们相信,我们的审计工作为发表意见提供了合理的基础。

审计中发现,20×1年1月承启公司控告贵公司侵权一案,法院已于2月20日做出最终裁定,贵公司将赔偿承启公司100万元。该事项贵公司未在会计报表附注中列报。

我们认为,除了上述信息未予列报外,上述会计报表符合企业会计准则和《企业会计制度》的规定,在所有重大方面公允地反映了贵公司20××年12月31日的财务状况及20××年度经营成果和现金流量。

永华会计师事务所(公章)　　　　　　　　中国注册会计师:李义　王力
地址:(××)　　　　　　　　　　　　　　20×1年3月10日

本章小结

本章讨论了审计报告的内容、审计报告的类型等,主要介绍审计报告的含义、格式及编写,并以民间审计报告为主进行研究。详细介绍了注册会计师在对会计报表各项目实施了审计程序获取了审计证据,对报表各项目进行了确认后,要对审计结果进行评价,与管理者沟通,对工作底稿进行最终复核等一系列准备工作,并形成审计意见,最终草拟审计报告。明确了审计报告编制的一般原则,审计报告的基本内容,审计报告的意见类型。

复习思考题

1. 单项选择题

(1) 审计报告是审计人员在审计结束后,将审计结果向审计委托人或授权人所作的(　　)。

　　A. 书面报告　　　　　　　　B. 口头报告
　　C. 书面报告或口头报告　　　D. 综合报告

(2) (　　)是审计人员对被审计对象发表综合性审计意见的主要方式。

　　A. 审计结论　　B. 审计意见　　C. 审计决定　　D. 审计报告

(3) (　　)是指对各企业所有者权益及相关的资产、负债的真实性和合法性进行检查验证所做出的证明。

　　A. 审计报告　　　　　　　　B. 验资报告
　　C. 查账报告　　　　　　　　D. 经济效益审计报告

(4) 具有法定证明效力的审计报告是(　　)。

　　A. 国家审计报告　B. 民间审计报告　C. 部门审计报告　D. 单位审计报告

(5) 民间审计报告的主要作用是(　　)。

　　A. 检查　　　　B. 评价　　　　C. 鉴证　　　　D. 监督

(6) 民间审计报告应遵循的要求是(　　)。

　　A. 内容完整　　B. 书写工整　　C. 措辞恰当　　D. 报送及时

（7）在获取充分、适当的审计证据后,注册会计师认为错报单独或汇总起来对财务报表影响重大,但不具有广泛性,这时注册会计师应当出具（　　）的审计报告。

　　A. 无保留意见　　　　　　　　　　B. 保留意见
　　C. 无法表示意见　　　　　　　　　D. 否定意见

（8）注册会计师无法获取充分、适当的审计证据以作为形成审计意见的基础,但认为未发现的错报对财务报表可能产生的影响重大,但不具有广泛性。这时注册会计师应当出具（　　）的审计报告。

　　A. 无保留意见　　　　　　　　　　B. 否定意见
　　C. 无法表示意见　　　　　　　　　D. 保留意见

（9）在获取充分、适当的审计证据后,如果认为错报单独或累积起来对财务报表的影响重大且具有广泛性,这时注册会计师应当出具（　　）的审计报告。

　　A. 无保留意见　　　　　　　　　　B. 否定意见
　　C. 无法表示意见　　　　　　　　　D. 保留意见

（10）如果无法获取充分、适当的审计证据以作为形成审计意见的基础,但认为未发现的错报对财务报表可能产生的影响重大且具有广泛性,这时注册会计师应当出具（　　）的审计报告。

　　A. 无保留意见　　　　　　　　　　B. 否定意见
　　C. 无法表示意见　　　　　　　　　D. 保留意见

（11）根据获取的审计证据,注册会计师得出财务报表整体存在重大错报的结论,注册会计师应当出具（　　）的审计报告。

　　A. 无保留意见　　　　　　　　　　B. 否定意见
　　C. 无法表示意见　　　　　　　　　D. 非无保留意见

（12）注册会计师无法获取充分、适当的审计证据,不能得出财务报表整体不存在重大错报的结论,这时注册会计师应当出具（　　）的审计报告。

　　A. 非无保留意　　　　　　　　　　B. 否定意见
　　C. 无法表示意见　　　　　　　　　D. 保留意见

2. 多项选择题

（1）按审计报告签发主体划分,审计报告可分为（　　）报告。

　　A. 政府审计　　B. 民间审计　　C. 内部审计　　D. 国家审计

（2）按审计报告的详简程度划分,审计报告可分为（　　）报告。

　　A. 复合审计　　B. 详细审计　　C. 简式审计　　D. 详式审计

（3）编写审计报告的基本要求是（　　）。

　　A. 实事求是,客观公正　　　　　　B. 证据确凿,评语公允
　　C. 抓住关键,突出重点　　　　　　D. 文字简练,措辞得体

（4）编写审计报告是一项细致而慎重的工作,一般按（　　）步骤进行。

　　A. 复查审计过程　　　　　　　　　B. 拟订提纲,编写初稿
　　C. 征求被审计单位的意见　　　　　D. 审定并签发审计报告

（5）内部审计具体准则规定,审计概况包括（　　）等内容。

　　A. 审计立项依据　　　　　　　　　B. 审计目的和范围

C. 审计重点					D. 审计标准

(6) 内部审计具体准则规定,内部审计的审计结论是根据已查明的事实,对被审计单位( )所作的评价。

A. 经营活动   B. 管理活动   C. 内部控制   D. 财务活动

(7) 民间审计报告具有( )作用。

A. 鉴证   B. 保护   C. 促进   D. 证明

(8) 民间标准审计报告是注册会计师出具的( )的无保留意见的审计报告。

A. 不含有说明段			B. 不含有强调事项段
C. 不含有其他事项段			D. 不含有其他任何修饰性用语

(9) 非无保留意见的审计报告包括( )。

A. 保留意见的审计报告		B. 否定意见的审计报告
C. 无法表示意见的审计报告		D. 反对意见的审计报告

(10) 民间标准审计报告的正文一般分为( )。

A. 引言段   B. 责任段   C. 意见段   D. 说明段

(11) 内部审计报告应当包括( )因素。

A. 标题、收件人   B. 正文   C. 附件   D. 签章、报告日期

(12) 管理建议书正文部分应按问题的分类进行排列,每类问题一般应包括( )。

A. 对内部控制制度中存在问题及缺陷的简要阐述
B. 对经营活动中存在问题及缺陷的简要阐述
C. 对存在问题的分析评价及说明
D. 改进建议和理由

3. 判断题

(1) 审计报告是审计人员对被审计对象发表综合性审计意见的主要方式。   (   )

(2) 民间审计报告多采用详式审计报告的格式。   (   )

(3) 内部审计报告多采用简式审计报告的格式。   (   )

(4) 内部审计的审计建议是针对审计发现的主要问题提出的改善经营活动和内部控制的建议。   (   )

(5) 审计报告日期是指审计报告定稿日期或报出日期。   (   )

(6) 带强调事项段的无保留意见的审计报告是指注册会计师在出具无保留意见审计意见段之后增加的对重大事项予以强调的段落。   (   )

(7) "意见段"是审计人员在对财务报告审查后所发表的审计意见,它是整个审计报告的核心。   (   )

(8) 审计报告的说明段是指审计报告中位于审计意见段之前用于描述注册会计师对财务报表发表保留意见、否定意见或无法表示意见理由的段落。   (   )

(9) 注册会计师无法获取充分、适当的审计证据,不能得出财务报表整体不存在重大错报的结论,这时,注册会计师应当出具无保留意见的审计报告。   (   )

(10) 民间审计报告应当由注册会计师签名或盖章。   (   )

(11) 对于年度会计报表审查业务,审计机构一般应当提供管理建议书。   (   )

(12) 提供管理建议书不是审计业务的核定内容,而是审计人员为被审计单位提供的审

计报告和其他委托项目之外的审计服务。　　　　　　　　　　　　（　）

4. 综合分析题

（1）在下列各种情况下，审计人员通常应发表何种审计意见（无保留意见、保留意见、否定意见或无法表示意见）？为什么？

① 审计的范围受到一定程度的限制，但审计人员认为并不重要。

② 审计人员未能监督被审计单位库存产品的年终盘点工作，也无法对此采用其他替代程序。

③ 被审计单位存在重大未决诉讼案，诉讼结果难以预料，审计人员认为，除该未决诉讼案外，财务报表中的各方面未曾发现与现行会计制度和其他法规有相悖之处。

（2）某会计师事务所的张会计师，于2019年3月10日结束了对南方汽车制造公司2018年度财务报表审计的实地检查验证工作后，编写了一份审计报告。

审 计 报 告

南方汽车制造公司董事长：

我所接受委托，对贵公司2018年度的资产负债表、利润表和现金流量表进行了审查。我们的审查是根据国家的现行法律、法规和《企业会计制度》的规定，并遵循一般公认的审计准则进行的。在审核过程中，按贵公司指示，采用了在当时条件下我们认为必要的审计程序和方法。通过审查，我们确认，上述财务报表真实地表达了贵公司2018年度的财务状况、经营成果和财务状况的变化，符合国家颁布的《企业会计制度》的规定。

××会计师事务所（公章）　　　　　　　　　　　　　　注册会计师　张××

　　　　　　　　　　　　　　　　　　　　　　　　　　　　2019年3月12日

【要求】 根据审计报告的编写要求，指出上述审计报告中的不恰当之处，并简要说明理由。

参考文献

1. 全国人民代表大会常务委员会.中华人民共和国审计法 1994(2006 年修订).
2. 国务院.中华人民共和国审计法实施条例 1997(2010 年修订).
3. 审计署.中华人民共和国国家审计准则 2011.
4. 中国内部审计协会.中国内部审计准则 2014.
5. 中国注册会计师协会.独立审计准则 2006.
6. 中华人民共和国审计法规编委会.中华人民共和国审计法规与审计准则及政策解读[M].上海:立信会计出版社,2018.
7. 中华人民共和国财政部.企业会计准则 2006[M].北京:经济科学出版社,2006.
8. 中华人民共和国财政部.企业会计准则——应用指南 2006[M].北京:中国财政经济出版社,2006.
9. 蒲萍,甘琼,国燕萍.审计基础与实务[M].2 版.大连:东北财经大学出版社,2018.
10. 秦荣生,卢春泉.审计学[M].9 版.北京:中国人民大学出版社,2017.
11. 张立民,高莹,万里霜.审计学原理与实务[M].2 版.北京:北京交通大学出版社,2013.
12. 常红,穆宁,陈立云,等.审计理论与实务[M].2 版.北京:清华大学出版社,2017.
13. 丁瑞玲,吴溪.审计学[M].4 版.北京:经济科学出版社,2012.
14. 姚瑞马,董建国.审计学原理与实务[M].镇江:江苏大学出版社,2017.
15. 李凤鸣.审计学原理[M].6 版.上海:复旦大学出版社,2014.
16. 朱锦余,张勇.审计学[M].北京:科学出版社,2019.
17. 牛惠.审计学原理[M].北京:中央广播电视大学出版社,2004.
18. 陈力生.审计学[M].3 版.上海:立信会计出版社,2019.
19. 刘明辉,史德刚.审计[M].6 版.大连:东北财经大学出版社,2017.
20. 宋常.审计学[M].8 版.北京:中国人民大学出版社,2018.
21. 阿尔文·阿伦斯,兰德尔·埃尔德,马克·比斯.审计学:一种整合方法[M].英文版·15 版.北京:中国人民大学出版社,2017.
22. 张冬梅,周炳伟,张冬青.审计学基础与案例[M].北京:电子工业出版社,2013.
23. 杨文梅.企业内部审计全流程指南[M].北京:人民邮电出版社,2016.
24. 高雅青,李三喜,于维言.审计整合框架与操作案例分析[M].北京:中国市场出版社,2018.
25. 李晓慧.审计案例与实训[M].2 版.北京:中国人民大学出版社,2017.
26. 李晓慧,郑海英.审计教学案例精选[M].北京:北京大学出版社,2018.
27. 傅胜.审计习题与案例[M].6 版.大连:东北财经大学出版社,2017.
28. 康俊廷.审计利剑[M].北京:中国时代经济出版社,2018.
29. 李敏.资本管理与验资准则[M].上海:上海财经大学出版社,2011.
30. 注册会计师全国统一考试应试指导编写组.审计[M].北京:华文出版社,2019.
31. 审计署审计专业技术资格考试办公室.审计理论与实务[M].北京:中国时代经济出版社,2012.
32. 注册会计师全国统一考试应试指导编写组.会计[M].北京:华文出版社,2019.
33. 注册会计师全国统一考试应试指导编写组.税法[M].北京:华文出版社,2019.